盾构工程施工技术研究

吴永哲　杨云飞　李亚辉　著

天津出版传媒集团
天津科学技术出版社

图书在版编目（CIP）数据

盾构工程施工技术研究 / 吴永哲, 杨云飞, 李亚辉著. -- 天津：天津科学技术出版社, 2021.11
ISBN 978-7-5576-9746-4

Ⅰ.①盾… Ⅱ.①吴… ②杨… ③李… Ⅲ.①隧道施工－盾构法－研究 Ⅳ.①U455.43

中国版本图书馆CIP数据核字(2021)第219884号

盾构工程施工技术研究
DUNGOU GONGCHENG SHIGONG JISHU YANJIU

责任编辑：马　悦
责任印制：兰　毅

出　　版：	天津出版传媒集团
	天津科学技术出版社
地　　址：	天津市西康路35号
邮　　编：	300051
电　　话：	（022）23332490
网　　址：	www.tjkjcbs.com.cn
发　　行：	新华书店经销
印　　刷：	定州启航印刷有限公司

开本 710×1000　1/16　印张 14.25　字数 253 000
2021年11月第1版第1次印刷
定价：69.00元

编写委员会

主　编：吴永哲　杨云飞　李亚辉
副主编：孙　富　王宇阳　李绛峰　陈　冲　岑立辉
编　委：郝保安　相龙胜　叶社保　郭瑞蛟　赵小朋　万　超
　　　　潘　璐　程　威　许梁海　杨俊鹏　刘金龙

前　言

早在20世纪50年代初，盾构及其应用技术就已引起我国政府的重视，但它并没有发展起来。改革开放后，尤其是20世纪末至今，我国经济的快速发展极大地加快了城市化进程。城市规模化发展，给城市居民出行、交通等带来了前所未有的挑战，从而促进了城市地下交通地铁隧道的发展。为缩短与国外在土质地层或以土质地层地质为主条件下全断面开挖技术的差距，加快我国城市地铁、铁路公路隧道及其他地下土质或以土质为主地质条件下的工程建设，如引输水隧洞(道)等，通过引进、消化吸收、创新发展等阶段，目前我国盾构及其应用技术已跻身世界前列。

本书属于盾构工程方面的著作，由盾构工程基本概述、盾构的基本构造与选型、盾构隧道工程施工技术、复合地层的盾构施工技术、盾构工程常见故障等几部分组成。全书以盾构工程为研究对象，分析盾构工程的基本原理、起源与发展、盾构法隧道施工的关键技术、基于环境保护的盾构法施工、复合地层的盾构施工环境、常见的机械故障，并结合施工技术进行相应案例分析，对从事盾构工程、工程设计、工程施工等方面的研究者与工作者具有学习和参考价值。

2021年5月

目 录

第一章 盾构工程基本概述 ……………………………………………… 1
  第一节 盾构的工作原理与分类 …………………………………… 1
  第二节 典型盾构分析 ……………………………………………… 3
  第三节 盾构起源与未来应用发展 ………………………………… 22

第二章 盾构的基本构造与选型 ………………………………………… 36
  第一节 盾构的基本构造与主要参数 ……………………………… 36
  第二节 盾构选型的原则与依据 …………………………………… 50
  第三节 盾构选型的主要步骤与方法 ……………………………… 52
  第四节 盾构形式的选择 …………………………………………… 54

第三章 盾构隧道工程施工技术研究 …………………………………… 59
  第一节 盾构法隧道施工的组装、调试与验收 …………………… 59
  第二节 盾构法隧道施工的关键技术探究 ………………………… 70
  第三节 盾构法施工的安全 ………………………………………… 75
  第四节 基于环境保护的盾构法施工 ……………………………… 82

第四章 复合地层的盾构施工技术研究 ………………………………… 89
  第一节 复合地层的盾构施工环境 ………………………………… 89
  第二节 复合地层的盾构施工技术探究 …………………………… 106

第五章　盾构工程常见故障与施工问题 129

 第一节　常见的机械故障分析 129
 第二节　常见的液压系统与电气系统故障分析 135
 第三节　常见的灾害与预防措施分析 154

第六章　盾构工程施工典型案例 159

 第一节　水压平衡盾构工程案例 159
 第二节　软土地层盾构施工案例 168
 第三节　复合盾构施工案例 195

参考文献 215

第一章　盾构工程基本概述

第一节　盾构的工作原理与分类

一、盾构及其工作原理

盾构，其英文名称为"shield machine"，是一种用于隧道暗挖施工，具有金属外壳，壳内装有整机及辅助设备在其掩护下进行土体开挖、土渣排运、整机推进和管片安装等作业，而使隧道一次成型的机械。

盾构是一种隧道掘进的专用工程机械，现代盾构集机、电、液、传感、信息技术于一体，具有开挖切削土体、输送土渣、拼装隧道衬砌、测量导向纠偏等功能。盾构已广泛用于地铁、铁路、公路、市政、水电隧道工程。

盾构的工作原理就是一个钢结构组件沿隧道轴线边向前推进边对土壤进行掘进。这个钢结构组件的壳体称"盾壳"。盾壳对挖掘出的还未衬砌的隧道段起着临时支护的作用，承受周围土层的土压、地下水的水压，将地下水挡在盾壳外面。掘进、排土、衬砌等作业在盾壳的掩护下进行。

"盾"——"保护"，指盾壳；

"构"——"构筑"，指管片拼装。

开挖面的稳定方法是盾构工作原理的主要方面，也是盾构区别于岩石掘进机的主要方面。岩石掘进机国内一般称为TBM。TBM是"tunnel boring machine"的缩写，通常定义中TBM是指全断面岩石隧道掘进机，是以岩石地层为掘进对象。岩石掘进机与盾构的主要区别就是不具备承受泥水压、土压等维护掌子面稳定的功能，而盾构施工主要由稳定开挖面、掘进及排土、管片衬砌及壁后注浆三大要素组成。

二、盾构分类

（一）按断面形状分类

盾构根据其断面形状可分为单圆盾构、复圆盾构（多圆盾构）、非圆盾构。其中复圆盾构可分为双圆盾构和三圆盾构；非圆盾构可分为椭圆形盾构、矩形盾构、类矩形盾构、马蹄形盾构、半圆形盾构；复圆盾构和非圆盾构统称为"异形盾构"。

（二）按直径不同分类

盾构根据直径的不同，可分为以下几类：盾构直径 0.2～2 m，称为微型盾构；盾构直径 2～4.2 m，称为小型盾构；盾构直径 4.2～7 m，称为中型盾构；盾构直径 7～12 m 称为大型盾构；盾构直径 12 m 以上，称为超大型盾构。

（三）按支护地层的形式分类

盾构按支护地层的形式分类，主要分为自然支护式、机械支护式、压缩空气支护式、泥浆支护式、土压平衡支护式 5 种类型。

（四）按开挖面与作业室之间隔板的构造分类

盾构按开挖面与作业室之间隔板构造的不同，可分为敞开式和闭胸式两种，具体划分见图 1-1。

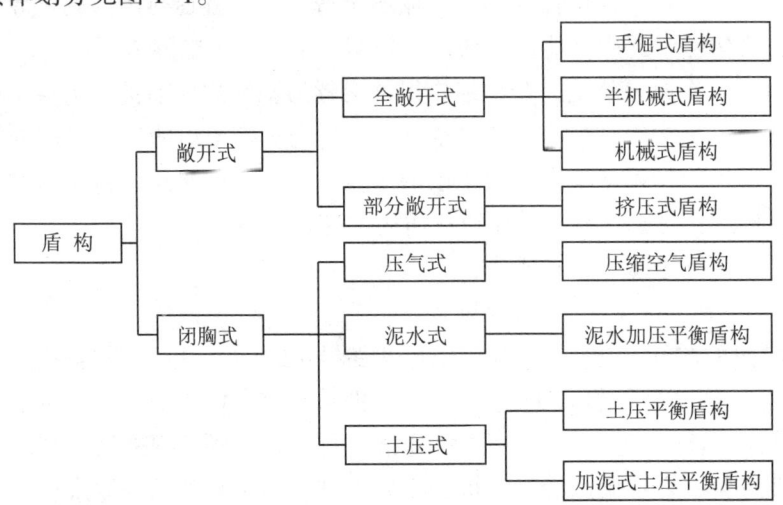

图 1-1 盾构的分类

第二节 典型盾构分析

盾构按支护地层的形式，可分为敞开式盾构（自然支护式、机械支护式）、压缩空气盾构（压缩空气支护式）、泥水盾构（泥浆支护式）、土压平衡盾构（土压平衡支护式），它们分别适用于相应的土层结构。

一、敞开式盾构

（一）概述

敞开式盾构分为全敞开式和部分敞开式。全敞开式盾构在隧道工作面上没有封闭的压力补偿系统，不能抵抗土压和地下水压。根据开挖方法的不同，全敞开式盾构分为以下几种类型：

（1）手掘式盾构；

（2）半机械式（部分断面开挖）盾构；

（3）机械式（全断面开挖）盾构。

全敞开式盾构也称为敞开工作面盾构，其英文名称为"open face shield"，简称 OF 盾构。全敞开式盾构一般适用于开挖面自稳性强的围岩。如果施工地层的自然稳定性不足，就必须采用机械手段使地层稳定。全敞开式盾构在地下水位以下的地层或渗漏地层掘进时，必须用井点法降低地下水位，地基可通过注浆或冻结法处理。全敞开式盾构适用于各种非黏性和黏性地层。其优点是当隧道工作面上有部分或全部由岩石或漂石组成时也可以使用，并且可用手工或半机械化掘进非圆形断面。

部分敞开式盾构也称普通闭胸式盾构（closed face shield，简称 CF 盾构），或称普通挤压式盾构，主要有两种类型：

（1）正面全部胸板封闭，挤压推进；留有可调节进土孔口的面积，局部挤压推进；

（2）正面网格上覆全部或部分封板，或装调节开挖面积的闸门，挤压或局部挤压推进。

（二）手掘式盾构

手掘式盾构是指采用人工开挖隧道工作面的盾构。手掘式盾构是盾构的基本形式，其正面是敞开式的，开挖采用铁锹、风镐、碎石机等开挖工具人工进行。对开挖面一般采取自然的对土压力支护及利用机械挡板支护。按不同的地质条件，开挖面可全部敞开人工开挖；也可用全部或部分的正面支撑，根据开挖面土体自立性适当分层开挖，随挖土随支撑。开挖土方量为全部隧道排土量。这种盾构便于观察地层和清除障碍，易于纠偏，简易价廉，但劳动强度大，效率低，如遇正面坍方，易危及人身及工程安全。在含水地层中需辅以降水、气压或土壤加固。

这种盾构由上而下进行开挖，开挖时按顺序调换正面支撑千斤顶，开挖出来的土从下半部用皮带输送机装入出土车。采用这种盾构的基本条件是：开挖面至少要在挖掘阶段无坍塌现象，因为挖掘地层时盾构前方是敞开的。

手掘式盾构从砂性土到黏性土地层均能适用，因此较适应于复杂的地层。该形式的盾构在开挖面出现障碍物时，由于正面是敞开的，较易排除。由于这种盾构造价低廉，发生故障也少，因此是最为经济的盾构。

由于手掘式盾构掘进速度较低，劳动强度大，劳务费用高，因此在发达国家，这种盾构已基本被淘汰，只在个别情况下使用，如短程掘进（因短程隧道采用机械化或半机械化盾构掘进时不经济）、开挖面有障碍物、巨大砾石等场合。

在技术不发达且劳务费用低廉的国家中，手掘式盾构也被应用于长隧道的掘进。

在没有辅助措施时，手掘式盾构只适用于开挖面自稳性强的围岩。对开挖面不能自稳的围岩和渗漏地层，可与气压、降水、化学注浆等稳定地层的辅助施工法同时使用。施工中可根据具体情况采用压缩空气施工法，或采取改良地层、降低地下水位等措施。

手掘式盾构不一定是圆形断面，也可以是矩形或马蹄形断面。

（三）半机械式盾构

由于手掘式盾构开挖速度很慢，且工人的工作条件也极差，在此基础上，开发了半机械式盾构。半机械式盾构是介于手掘式和机械式盾构之间的一种形式，它更接近于手掘式盾构。它是在敞开式盾构的基础上安装机械挖土和出土装置，以代替人工劳动，因而具有省力和高效等特点。机械挖土装置前后、左右、上下均能活动。它有反铲式、铣削头式，或为反铲和铣削头可互换式，或为反铲和铣削头两者兼有的形式。它的顶部与手掘式盾构相同，装有活动前檐、正面支撑千斤顶等。

半机械式盾构开挖及出土都采用专用机械，配备液压反铲或铣削头等掘进机械，配备皮带输送机或螺旋输送机等出渣机械，或配备具有掘进与出渣双重功能的挖装机械。施工时必须充分考虑了确保作业人员的安全，并选用噪声小的设备。为防止开挖面坍塌，盾构装备了活动前檐和半月形千斤顶，经常采用液压操作的胸板，胸板置于单独的区域或在盾壳的周边辅助地支撑隧道工作面。半机械式盾构适用土质以洪积层的沙、沙砾、固结粉沙和黏土为主。也可用于软弱冲积层，但须同时采用压气施工法，或采用降低地下水位、改良地层等辅助措施。

半机械式盾构的开挖装置有如下形式：

（1）盾构工作面下半部分装有铲斗、铣削头等。

（2）盾构工作面上半部分装有铲斗、下半部分装有铣削头。

（3）盾构中心装有铣削头。

（4）盾构中心装有铲斗。

半机械式盾构比手掘式盾构更适用于良好地层。第一种形式适用于开挖面需作支撑的地层，后三种形式适用于能自立的地层。第二种形式大多适用于亚黏土与沙砾的夹层。第三种形式大多适用于固结黏土层、硬质砂土层。第四种形式大多适用于黏土和沙砾混合层。

半机械式盾构也适于掘进非圆形断面的隧道。例如，日本铁道建设公司高崎建设局在北陆新干线施工时使用的 ECL 盾构。ECL 是英文 "extruded concrete lining" 的缩写，意为挤压混凝土衬砌，即以现浇灌注的混凝土代替传统的管片衬砌。隧道断面为马蹄形，隧道长 3 580 m，土质为软岩和中硬岩。这种盾构机械化程度高，挤压混凝土衬砌与盾构掘进同步进行。

ECL 盾构工法即挤压混凝土衬砌法，掘进与衬砌同时进行施工，不使用常规的管片，而是在掘进的同时将混凝土压入围岩与内模板之间，构筑成与围岩紧密结合的混凝土衬砌。由于用现浇混凝土直接衬砌，所以不需要进行常规盾构施工法的管片安装和壁后同步注浆等施工。

（四）机械式盾构

当地层能够自立，或采用辅助措施后能够自立时，在盾构的切口部分，安装与盾构直径相适应的大刀盘，以进行全断面敞开式机械开挖。机械式盾构是一种采用紧贴着开挖面的旋转刀盘进行全断面开挖的盾构，全称为全敞开式机械式盾构，前面装备有旋转式刀盘，增大了盾构的掘进能力；开挖的土砂通过旋转铲斗和斜槽装入皮带输送机；围岩开挖和排土可以连续进行；适用土质同手掘式及半机械式盾构。

机械式盾构的开挖机构采用最多的是大刀盘形式，它有单轴式、双重转动式、多轴式等，其中单轴式使用得最为广泛。

机械式盾构除改善作业环境和省力外，还能显著提高推进速度，缩短工期。与手掘式和半机械式盾构相比，其造价高。若隧道长度短时，不够经济。

（五）挤压式盾构

挤压式盾构在日本也称为"盲式盾构（blind type shield）"。挤压式盾构在挤压推进时，对地层土体的扰动较大，地面易产生较大的隆陷变化，在地面有建筑物的地区不宜使用。

挤压式盾构仅适用于自稳性很差、流动性很大的软黏土和粉砂质围岩，不适用于含砂率高的围岩和硬质地层。若液性指数过高，则流动性过大，也不能获得稳定的开挖面。由于适用地质范围窄，所以目前已很少采用。挤压式盾构主要有盖板式、螺旋排土式、网格挤压式。

1. 盖板式挤压盾构

利用隔板将开挖面全部封闭，只在一部分上设有面积可调的排土盖板。盾构正面贯入围岩向前推进，使贯入部位土砂呈塑性化流动，由盖板部位进行排土。开挖面的稳定是靠调节盖板开口的大小和排土阻力，使千斤顶推力和开挖面土压达到平衡来实现的。

2. 螺旋排土式挤压盾构

利用封板将开挖面封闭，盾构正面贯入围岩向前推进，使贯入部位土砂呈塑性化流动，由螺旋输送机进行排土。开挖面的稳定是靠调节螺旋输送机的转速和螺旋输送机出土闸门的开度，使千斤顶推力和开挖面土压达到平衡来实现的。

3. 网格挤压式盾构

网格挤压式盾构在软土层中常被采用。它具有的特点是，进土量接近或等于全部隧道出土量，且往往带有局部挤压性质，盾构正面装钢板网格，在推进中可以切土，而在停止推进时可起稳定开挖面的作用。切入的土体可用转盘、皮带输送机、矿车或水力机械运出。这种盾构如在土质较适当的地层中精心施工，地表沉降可控制到中等或较小的程度。在含水地层中施工，需要辅以疏干地层的措施。

网格挤压式盾构是利用盾构切口的网格将正面土体挤压并切削成为小块，并以切口、封板及网格板侧向面积与土体间的摩擦阻力平衡正面地层侧向压力，达到开挖面的稳定。其具有结构简单、操作方便、便于排除正面障碍物等特点。

网格挤压式盾构正面网格开孔出土面积较小，适宜在软弱黏土层中施工，当处在局部粉砂层时，可在盾构土仓内采用局部气压法来稳定正面土体。根据出土方式的不同，网格挤压式盾构可分为干出土与水力出土两种类型。

二、压缩空气盾构

使用压缩空气抑制地下水侵入已经有很长的历史了。早在1828年，在泰晤士河隧道的建造中，当Brunel遇到了大量水侵入时，Callodan就已经提出了使用压缩空气的建议。1886年，Greathead首次在盾构施工中引入了这种工法。

压缩空气盾构的原理是空气压力与地下水的静水压力保持平衡，因此也称为"气压平衡（air pressure balance）盾构"，简称APB盾构。但空气压力不能直接抵抗土压，土压由自然或机械的支撑承受。

压缩空气盾构适用于黏土、黏砂土及多水松软地层。该盾构包括所有采取以压缩空气为支护材料的盾构，开挖可以是手掘式、机械式，断面可为部分或全断面。早期的压缩空气盾构施工时要在隧道工作面和止水隧道之间封闭一个相对较长的工作仓，大部分工人经常处于压缩空气下。后来开发的压缩空气盾构只是开挖仓承压，称为局部气压盾构，日本称为"限量压缩空气盾构"。这类盾构装有密封隔板，可将经过加压的工作面密封起来，使其与完成的隧道断面隔离，能在大气压下安全地操作设备。

压缩空气的压力应大于或等于隧道工作面底部的水压，由于水压是有明显的梯度的，因此，在顶部过剩的压力会使空气进入地层。当土壤颗粒由于气流失去平衡时，覆土层较浅的隧道工作面就有可能泄露而引起"喷发"，可能引起灾难性的后果。由于压缩空气盾构有"喷发"的危险，且工作条件极差，现已被泥水盾构所取代。

三、泥水盾构

（一）泥水盾构的构成

泥水盾构也称泥水加压平衡盾构（slurry pressure balance shield），简称SPB盾构。泥水盾构是在机械式盾构的前部设置隔板，装备刀盘及输送泥浆的送排泥管和推进盾构的推进油缸。在地面上还配有泥水处理设备。

泥水盾构由以下5大系统构成：

（1）一边利用刀盘挖掘整个开挖面一边推进的盾构掘进系统；

（2）可调整泥浆物性，并将其送至开挖面，保持开挖面稳定的泥水循环系统；

（3）综合管理排泥状态、泥水压力及泥水处理设备运转状况的综合管理系统；

（4）泥水分离处理系统；

（5）壁后同步注浆系统。

泥水盾构利用循环悬浮液的体积对泥浆压力进行调节和控制，采用膨润土悬浮液（俗称泥浆）作为支护材料。开挖面的稳定是将泥浆送入泥水室内，在开挖面上用泥浆形成不透水的泥膜，通过该泥膜的张力保持水压力，以平衡作用于开挖面的土压力和水压力。开挖的土砂以泥浆形式输送到地面，通过泥水处理设备进行分离，分离后的泥水进行质量调整，再输送到开挖面。

泥水盾构的发展有三个技术发展体系，即日本、英国和德国技术体系。到目前则只有日本和德国两个主要的发展体系。以日本的泥水盾构为基础开发出土压平衡盾构，而德国的泥水盾构则促使混合型盾构的开发。德国和日本体系的主要区别是，德国体系的泥水盾构在泥水仓中设置了气压仓，而日本体系的泥水盾构的泥水仓全是泥水。

1. 日本体系

日本一般采用直接控制型泥水盾构。直接控制型泥水盾构的泥水系统采用泥水平衡模式，其流程如下：送泥泵从地面泥浆调整槽将新鲜泥浆输入盾构泥水仓，与开挖泥土进行混合，形成稠泥浆，然后由排泥泵输送到地面泥水分离站，经分离后排除渣土，而稀泥浆流向调整槽，再对泥浆密度和浓度进行调整后，重新输入盾构循环使用。泥水仓中泥浆压力可通过调节送泥泵转速或调节控制阀开度来进行调节。由于送泥泵安在地面，控制距离长而产生延迟效应，不便于控制泥浆压力，因此常用调节控制阀的开度来进行泥浆压力调节。

2. 德国体系

德国采用间接控制型泥水盾构，其泥水系统的工作特征是由泥浆和空气双重回路组成，因此也称为"D"模式或气压复合模式。

气压复合模式泥水盾构在泥水仓内插装一道半隔板，在半隔板前充以压力泥浆，在半隔板后面盾构轴心线以上部分充以压缩空气，形成空气缓冲层，气压作用在半隔板后面与泥浆的接触面上。由于接触面上气、液具有相同压力，因此，只要调节空气压力就可以确定和保持在开挖面上相应的泥浆支护压力。当盾构掘进时，有时由于泥浆的流失，或推进速度的变化，送、排泥浆量将会失去平衡，气液接触面就会出现上下波动现象。这时通过液位传感器，根据液位的高低变化来操纵送泥泵转速，使液位恢复到设定位置以保持开挖面支护液压的稳定。也就是说送泥泵输出量随液位下降而增加，随液位上升而减小。另外，在液位最高和最低处设有限位器，当液位达到最高位时，停止送泥泵；当液位降低到最低位时，则停止排泥泵。由于空气缓冲层的弹性作用，当液位波动时，对支护泥浆压力变化无明显影响。

间接控制型泥水盾构与直接控制型泥水盾构相比，操作控制更为简化，对开挖面土层支护更为稳定，对地表变形控制也更为有利。

(二) 开挖面稳定机理

1. 泥膜形成机理

泥水盾构是通过在泥水仓中适当压力的泥浆，使其在开挖面形成泥膜，支撑隧道开挖面的土体，并由刀盘切削土体表层的泥膜，与泥水混合后，形成高密度的泥浆，然后由排泥泵及管道将泥浆输送到地面，进行分离处理。

在泥水平衡的理论中，泥膜的形成是至关重要的，当泥水压力大于地下水压力时，泥水按达西定律渗入土壤，形成与土壤间隙成一定比例的悬浮颗粒，被捕获并积聚于土壤与泥水的接触表面，泥膜就此形成。随着时间的推移，泥膜的厚度不断增加，渗透抵抗力逐渐增强。当泥膜抵抗力远大于正面土压时，产生泥水平衡效果。

2. 泥膜形成的基本要素

泥水盾构施工时稳定开挖面的机理为：以泥水压力来抵抗开挖面的土压力和水压力以保持开挖面的稳定，同时控制开挖面变形和地基沉降；在开挖面形成不透水性泥膜，保持泥水压力有效作用于开挖面。

从泥水平衡理论中可以看出，在泥水盾构法施工中，尽快形成不透水的泥膜是一个相当关键的环节。

在开挖面，随着加压后的泥水不断渗入土体，泥水中的砂土颗粒填入土体孔隙中，可形成不透水的泥膜。而且由于泥膜形成后减小了开挖面的压力损失，泥水压力可有效作用于开挖面，从而可防止开挖面的变形和崩塌，并确保开挖面的稳定。因此，在泥水盾构施工中，控制泥水压力和控制泥水质量是两个重要的课题。

为了保持开挖面稳定，必须可靠而迅速地形成泥膜，以使压力有效作用于开挖面。因此，泥水应具有以下特性。

(1) 泥水的密度。为保持开挖面的稳定，即把开挖面的变形控制到最小限度，泥水密度应比较高。从理论上讲，泥水密度的提高，能使泥水屈服值升高，同时使泥膜的稳定性增强。实验证明，高密度的泥水可以产生高质量的泥膜，泥水密度最好能达到开挖土体的密度。但是，大密度的泥水会引起泥浆泵超负荷运转以及泥水处理困难；而小密度的泥水虽可减轻泥浆泵的负荷，但因泥粒渗水量增加，泥膜形成慢，对开挖面稳定不利。因此，在选定泥水密度时，必须充分考虑土体的地层结构，在保证开挖面稳定的同时，也要考虑设备能力。

（2）含砂量。在强透水性土体中，泥膜形成速度与掺入泥水中砂粒的最大粒径以及含砂量（砂粒重/黏土颗粒重）有密切关系，这是因为砂粒具有填堵土体孔隙的作用。为了充分发挥这一作用，砂粒的粒径应比土体孔隙大，而且含量适中。

（3）泥水的黏性。泥水必须具有适当的黏性，以起到以下效果：防止泥水中的黏土、砂粒在泥水仓底部沉积，保持开挖面稳定；提高黏性，增大阻力，防止逸泥；使开挖下来的弃土以流体输送，经泥水处理设备，将泥水分离。

（4）泥水压力。土体一经盾构开挖，其原有的应力即被释放，并将产生向应力释放面的变形。此时，为控制地基沉降，保持开挖面稳定，必须向开挖面施加一个相当于释放应力大小的力。泥水盾构中由泥水压力抵消开挖面的释放应力。

虽然渗透体积随泥水压力上升而上升，但它的增加量远小于压力的增加量，而增加泥水压力，将提高作用于开挖面的有效支承压力。因此，开挖面在高质量泥水条件下，增加泥水压力会提高开挖面的稳定性。在决定泥水压力时，主要应考虑开挖面的水压力、土压力及预留压力。

3.掘进速度与泥膜的关系

泥水盾构处于正常掘进状态时，刀具并不直接切削土体，而是对刀盘正面已形成的泥膜进行切削。在切削后的一瞬间又形成了下一层泥膜。由于盾构刀盘转速是一定值，而且盾构推进速度最大能力受到一定限制，因此掘进速度只与切入土体的深度有关，而和泥膜无关。但是，当泥水盾构处于不正常掘进状态时，特别当泥水质量和泥水压力达不到设计要求时，泥膜需经过较长时间才能形成，这样就制约了掘进速度。高质量泥水形成泥膜的时间为 1～2s。

（三）地质适应范围

泥水盾构最初是在冲积黏土和洪积砂土交错出现的特殊地层中使用的，由于泥水对开挖面的作用明显，因此在软弱的淤泥质土层、松动的砂土层、沙砾层、卵石沙砾层、沙砾和坚硬土的互层等地层中均适用。

目前，泥水加压盾构工法对地层的适用范围不断扩大，即使处于恶化的施工环境和存在地下水等的不良条件下，由于有相应的处理方法，因而几乎能适应所有的地层。

1.黏性土层

黏土矿物经相互间电化学结合而形成的黏性土层，近似变质了的琼胶块状体，由泥水比重和加压带来的力容易形成对开挖面的稳定，无论黏性土层的软弱状态如何，都适合于用泥水盾构施工。泥水盾构也适用于粉砂土地层施工。

2. 砂层

不含水的砂层由于漏浆，不能保持对开挖面的加压和稳定。通常，在含有某一数量的粉砂土、黏土的冲积层中，几乎都有一定的含水量，全部都是细砂的地层是少见的，干燥的松弛砂也很少有，由于砂层内摩擦角有许多是在28°左右，所以大部分可用泥水加压来保持开挖面的稳定。松弛的含水量多的砂层，在其他盾构工法中很难保持土层稳定，可采用泥水盾构，并提高其泥水密度、黏度和压力。

3. 砾石层

对于水分多、不含有作为黏合剂的粉砂土及黏土等的砾石层和有大直径的砾石层，可采用泥水盾构施工，并在泥水仓内安装砾石破碎装置。

4. 贝壳层

贝壳层大多含有水并存在于土体中，相对于砾石层更加坚硬，开挖面较难稳定，但使用大直径泥水盾构能较好地适应这种地层。

泥水盾构能适用于各类地质的土层，对开挖面难以稳定的土质特别有效，还能克服地面条件和其他地下条件的因素所造成的种种困难，如上部是河或海等有水体的地方、有道路和建筑物的地方，以及适合于要减少沉降的地方等。在这些场所采用泥水加压盾构，无论在工法上，还是经济上都是有效的。

四、土压平衡盾构

（一）概述

土压平衡（earth pressure balance）盾构，简称 EPB 盾构。土压平衡盾构是在机械式盾构的前部设置隔板，使土仓和排土用的螺旋输送机内充满切削下来的泥土，依靠推进油缸的推力给土仓内的开挖渣土加压，使土压作用于开挖面以使其稳定。土压平衡盾构的支护材料是土壤本身。土压平衡盾构由盾壳、刀盘、刀盘驱动、螺旋输送机、皮带输送机、管片安装机、人仓、液压系统等组成。

土压平衡盾构的工作原理如下：刀盘旋转切削开挖面的泥土，破碎的泥土通过刀盘开口进入土仓，泥土落到土仓底部后，通过螺旋输送机运到皮带输送机上，然后输送到停在轨道上的渣车上。盾构在推进油缸的推力作用下向前推进。盾壳对挖掘出的还未衬砌的隧道起着临时支护作用，承受周围土层的土压、承受地下水的水压，并将地下水挡在盾壳外面。掘进、排土、衬砌等作业在盾壳的掩护下进行。

（二）基本配置

1. 刀盘

刀盘是机械化盾构的掘削机构，刀盘结构应根据地质适应性的要求进行设计，必须能适合围岩条件，在确保开挖面稳定的情况下，提高掘进速度。刀盘设计时，应充分考虑刀盘的结构形式、刀盘支承方式、刀盘开口率、刀具的布置等因素。

刀盘具有三大功能：

（1）开挖功能。刀盘旋转时，刀具切削隧道掌子面的土体，对掌子面的地层进行开挖，开挖后的渣土通过刀盘的开口进入土仓。

（2）稳定功能。支撑掌子面，具有稳定掌子面的功能。

（3）搅拌功能。对于土压平衡盾构，刀盘对土仓内的渣土进行搅拌使渣土具有一定的塑性，然后通过螺旋输送机将渣土排出。

盾构的刀盘结构形式与工程地质情况有着密切的关系，不同的地层应采用不同的刀盘结构形式。土压平衡盾构的刀盘有两种形式，即面板式和辐条式。

面板式刀盘在中途换刀时安全可靠，但开挖土体进入土仓时易黏结、易堵塞，在刀盘上易形成泥饼。

辐条式刀盘开口率大，辐条后设有搅拌叶片，土砂流动顺畅，不易堵塞。但不能安装滚刀，且中途换刀安全性差，需加固土体，费用高。

辐条式刀盘对砂、土等单一软土地层的适应性比面板式刀盘较强；但辐条式刀盘不能安装滚刀，在风化岩及软硬不均地层或硬岩地层掘进时，宜采用面板式刀盘。

2. 刀盘驱动

刀盘驱动方式有三种，一是变频电机驱动，二是液压驱动，三是定速电机驱动。由于定速电机驱动，刀盘转速不能调节，一般不采用。现将变频驱动与液压驱动加以比较，具体见表1-1。

表1-1　刀盘驱动方式比较表

项　目	①变频驱动	②液压驱动	备　注
驱动部外形尺寸	大	小	一般情况下，①：②为(1.5～2)：1
后续设备	少	多	②需要液压泵、油箱、冷却装置等
效率(%)	95	65	液压系统效率低

续表

项　目	①变频驱动	②液压驱动	备　注
启动电流	小	小	①变频启动电流小；②无负荷启动电流小
启动力矩	大	小	①启动力矩可达到额定力矩的120%
启动冲击	小	较小	①利用变频软启动，冲击小；②控制液压泵排量，可缓慢启动，冲击较小
转速控制、微调	好	好	①变频调速；②控制液压泵排量，可以控制转速和进行微调
噪声	小	大	液压系统噪声大
隧道内温度	低	高	液压系统传动效率低、功率损耗大、温度高
维护保养	容易	较困难	液压系统维护保养要求高，保养较为复杂

3. 刀盘支承

刀盘的支承方式有中心支承方式、中间支承方式和周边支承方式（图1-2）三种。在设计时应考虑盾构直径、土质条件、排土装置等因素。

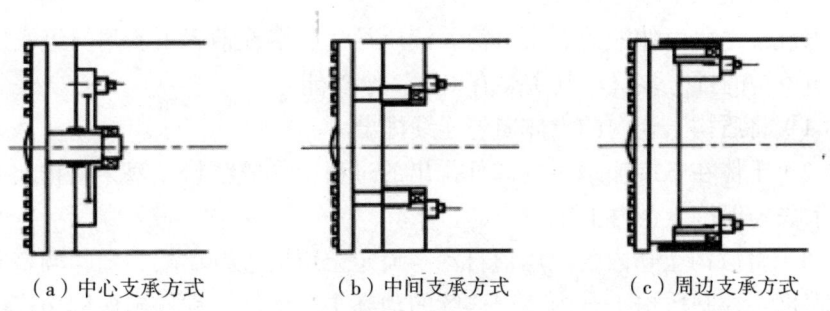

(a) 中心支承方式　　(b) 中间支承方式　　(c) 周边支承方式

图1-2　刀盘的支承方式

（1）中心支承方式。一般用于中小型直径的盾构。该方式刀盘旋转切削土体时，土仓内土体的流动空间和被直接搅拌的范围大，土体流动顺畅，土体搅拌混合效果良好，黏土附着的可能性少，不易引起堵塞，开挖面压力较稳定，因而盾构掘进效果较好，改善了盾构控制地面沉降的性能。但由于机内空间狭小，处理大石块、卵石比较困难。

（2）中间支承方式。结构上较为平衡，主要用于中大型直径的盾构。当用于小直径盾构时，应认真考虑防止中心部位黏结泥饼等问题。由于中间支承的存在，将盾构土仓分隔成两个区域，中心区域占土仓内相当大的空间。当刀盘旋转切削土体时，中心区域以外部分的土体流动顺畅，易于搅拌；中心区域内的土体流动较差，当切削土体黏性较大并长期积聚于中心区域时，中心区域土体逐渐增多并最终形成泥饼，会完全丧失流动性。内外两个区域的土体流动性差异较大，土体搅拌混合的效果难以确保。刀盘采用中间支承方式的盾构在黏性土（包括粉细砂）中施工时，若处理不好，土仓内切削土体搅拌效果不易满足要求，并可能会因黏附堵塞形成泥饼，造成出土不畅，阻力增大，开挖面压力控制不稳定。因而，盾构掘进效果受到影响，且对控制地面沉降不利。

（3）周边支承方式。一般用于小直径盾构，机内空间较大，砾石处理较为容易。该方式易在刀盘的外周部分黏结泥土，在黏性土中使用时，应充分研究如何防止黏附的问题。

4. 膨润土添加系统及泡沫系统

膨润土添加系统和泡沫系统是盾构掘进的调节媒介。采用该系统，对于不同的地质条件，通过添加塑流化改性材料，改善盾构土仓内切削土体的塑流性，既可实现平衡开挖面水土压力，又能向外顺畅排土，拓宽了土压平衡盾构的适应范围。

5. 螺旋输送机

螺旋输送机由伸缩筒、出渣筒、液压马达、螺旋轴、出渣闸门组成，是土压平衡盾构的排土装置。其主要有以下3个功能：

（1）将盾构土仓内的土体向外连续排出。

（2）土体在螺旋输送机内向外排出的过程中形成密封土塞，阻止土体中的水分散失，保持土仓内土压的稳定。

（3）将盾构土仓内的土压值自动与设定土压值进行比较，随时调整向外排土的速度，控制盾构土仓内实现连续的动态土压平衡过程，确保盾构连续正常向前掘进。

6. 皮带输送机

皮带输送机将渣土从螺旋输送机的出渣口转运到停在轨道上的渣车内。

7. 同步注浆系统

同步注浆的目的主要有以下3个方面。

（1）及时填充盾尾建筑空隙，支撑管片周围岩体，有效地控制地表沉降。

(2)凝结的浆液作为盾构施工隧道的第一道防水屏障,防止地下水或地层的裂隙水向管片内泄漏,增强盾构隧道的防水能力。

(3)为管片提供早期的稳定并使管片与周围岩体一体化,限制隧道结构蛇行,有利于盾构姿态的控制,并能确保盾构隧道的最终稳定。

8. 盾尾密封系统

盾尾密封系统是盾构正常掘进的关键系统,盾构法隧道施工所发生的安全事故常常在盾尾。铰接式盾构的盾尾密封系统包括铰接密封和盾尾密封。

(1)铰接密封。铰接密封一般有3种形式:一种是采用一道或多道橡胶唇口式密封;另一种是采用石墨石棉或橡胶材料的盘根加气囊式密封;还有一种是双排气囊式密封。

(2)盾尾密封。盾尾止水采用钢丝刷密封装置(图1-3),是集弹簧钢、钢丝刷及不锈钢金属网于一体的结构。盾尾油脂泵向每道钢丝刷密封之间供应油脂,以提高止水性能。

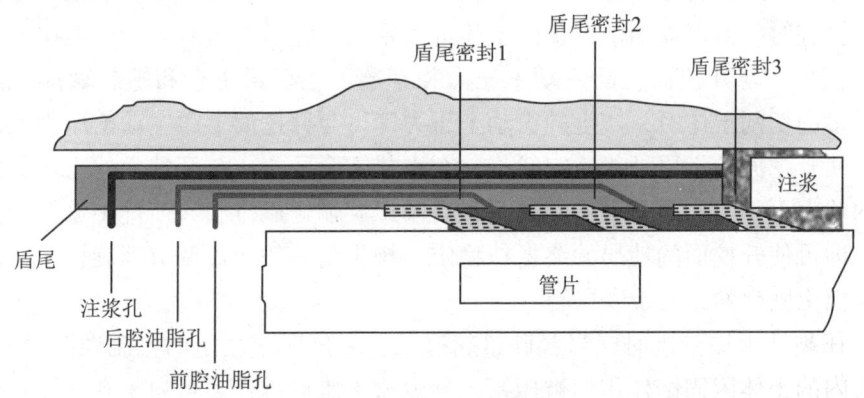

图1-3 采用三道钢丝刷的盾尾密封系统

9. 管片安装机

管片安装机有两种形式,即机械抓取式和真空吸盘式。

10. 数据采集系统

数据采集系统具有采集、处理、储存、显示、评估出现的与盾构有关的数据功能。采用该系统,可输出环报、日报、周报等数据;有各种参数的设定、测量、掘进、报警,以及历史曲线和动态曲线。所有采集数据均能保存下来,供日后分析、判断和参考。

11. 导向系统

导向系统随时掌握和分析盾构在掘进过程的各种参数,是指导盾构正常掘进不可缺少的条件。导向系统由经纬仪、ELS 靶、后视棱镜、计算机等组成，能连续不断地提供关于盾构姿态的最新信息。导向系统通过适当的转向控制，可将盾构控制在设计隧道线路允许的公差范围内。导向系统的主要基准点是由一个从激光经纬仪发射出的激光束，经纬仪安装在盾构后方的管片上。目前较先进的导向系统是 VMT 导向系统和 PPS 导向系统。

（三）开挖面稳定机理

开挖土仓由刀盘、切口环、隔板及螺旋输送机组成。土压平衡盾构就是将刀盘开挖下来的土渣填满土仓，在切削刀盘后面及隔板上各焊有能使土仓内土渣强制混合的搅拌棒。借助盾构推进油缸的推力通过隔板进行加压，产生泥土压力，这一压力作用于整个作业面，使作业面稳定，刀盘切削下来的土渣量与螺旋输送机向外输送量相平衡，维持土仓内压力稳定在预定的范围内。

土仓内的土压力通过土压传感器进行测量，并通过控制推进力、推进速度、螺旋输送机转速来控制。盾构在粉质黏土、粉质砂土和砂质粉土等黏性土层中掘进时，由刀盘切削下来的土体进入密封土仓后，可对开挖面地层形成被动土压力，与开挖面上的主动土压力相平衡。在密封土仓和螺旋输送机内有足够多的切削土体时，产生的被动土压力即可与开挖面上的主动土压力大致相等，使开挖面的土层处于稳定状态。在密封土仓的土压与开挖面的土压保持平衡的状态下，盾构向前推进的同时，启动螺旋输送机排土，使排土量等于开挖量，即可使开挖面的地层始终保持稳定。排土量一般通过调节螺旋输送机的转速和出土闸门的开度予以控制。

在黏性土层推进时，当含砂量超过某一限度时，泥土的塑流性明显变差，土仓内的土体因固结作用而被压密，导致渣土难以排送，可向土仓内注水或泡沫、泥浆等，以改善土体的塑流性。

在砂性土层施工时，由于砂性土流动性差，砂土的摩擦力大、渗透系数高、地下水丰富等原因，土仓室内压力不易稳定，所以需进行土渣改良。向开挖的土仓里注入膨润土或泡沫剂，然后进行强制搅拌，使沙质土泥土化，具有塑性和不透水性，使土仓内的压力容易稳定。

土压平衡盾构开挖面的稳定由下列各因素的综合作用而维持。

（1）土仓内的土压力平衡地层压力和水压力。

（2）螺旋输送机调节排土量。

（3）适当保持泥土的流动性，根据需要调节添加剂的注入量。

开挖面稳定系统必须保持填充在土仓内的泥土压力，调节排土量，以便能平衡开挖面的地层土压力和水压力。

当土仓内的土压力大于地层压力和水压力时,地表将隆起,见图1-4。
当土仓内的土压力小于地层压力和水压力时,地表将下沉,见图1-5;

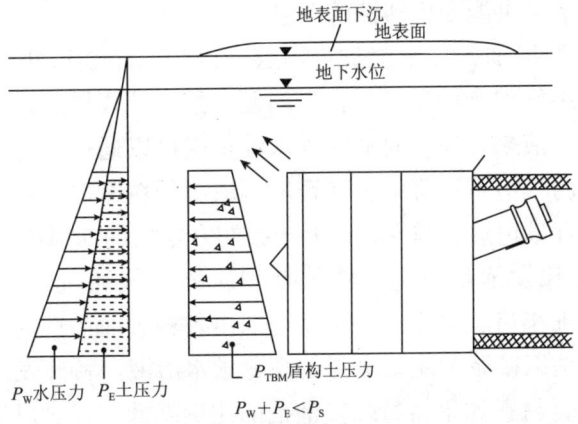

图1-4 土仓压力大于水压力及土压力之和,地面隆起

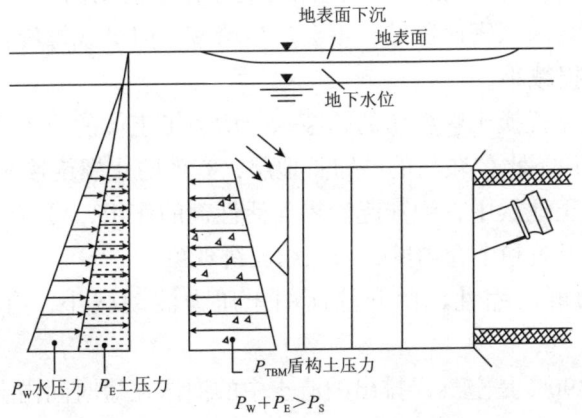

图1-5 土仓压力小于水压力及土压力之和地面下陷

(四)地质适应范围

土压平衡盾构主要应用在黏稠土壤中,该类型土壤富含黏土、亚黏土或淤土,具有低渗透性。这种土质在螺旋输送机内压缩形成防水土塞,使土仓和螺旋输送机内部产生土压力,来平衡掌子面的土压力和水压力。

土压平衡盾构用开挖出的土料作为支撑开挖面稳定的介质,对作为支撑介质的土料,要求其具有良好的塑性变形、软稠度、内摩擦角小及渗透率小。一般土壤不完全具有这些特性,需进行改良。改良的方法通常为加水、膨润土、黏土、CMC、聚合物或泡沫等,根据土质情况选用。

有软稠度的黏质粉土和粉砂是最适合使用土压平衡盾构的土层。根据土层的稠度，有时不需要水或只需要加很少量的水。通过搅拌装置在土仓内的搅拌，十分黏着的土层也能变成塑性的泥浆。

随着含砂率的增加，加水就显得不够，因为它不能减小内摩擦角。增大的渗水性必须解决好螺旋输送机的密封问题。细土粒含量的缺乏可以通过加入黏土和膨润土悬浮液来补偿。对非黏透水性土层可以通过注射泡沫进行改良处理。粒状结构中的气泡可以降低土浆密度，减小颗粒摩擦，使土浆混合物在较宽的形变范围内有最理想的弹性，以利于控制开挖面的支撑压力。

泡沫是用特殊发泡剂、泡沫添加剂和压缩空气通过泡沫发生器制成的 $30 \sim 400 \mu m$ 的细小齿状气泡。特殊发泡剂由各种表面活性剂经过特别调配制成，泡沫添加剂是以矿浆为主要原料的高分子水溶液。特殊发泡剂的水溶液称为 A 型特殊发泡材料；如果将特殊发泡剂的比例降低，代之以泡沫添加剂，所形成的水溶液称之为 B 型特殊发泡材料。泡沫剂的主要技术特点如下：

（1）在砂土及砂卵石地层中，泡沫的支撑作用使切削土体的流动性增强，土仓内的渣土不会因压密而固结，不会产生堵塞，刀盘或螺旋输送机的驱动扭矩减小，刀具磨损减小。

（2）微细泡沫置换土颗粒中的孔隙水，增强了土体的止水性，能较容易地开挖强渗透性或地下水位较高的砂卵石地层，有效防止螺旋输送机喷涌。

（3）在黏性土地层中，泡沫起着界面活性剂的作用，可有效防止切削下来的黏性土附着于刀盘和土仓内壁，防止结泥饼现象。

（4）泡沫的可压缩性，使开挖面的土压力波动减小，有利于开挖面的稳定。

（5）泡沫的 90% 是空气，排出的渣土中的泡沫在短时间内会逐渐消除，很快就可以恢复到注入泡沫前的状态，不会造成环境污染。

泡沫剂的适用范围见图 1-6。图中 I 区为 A 型特殊发泡材料的适用范围；II 区为 B 型特殊发泡材料的适用范围；II 区既可使用 A 型特殊发泡材料，也可使用 B 型特殊发泡材料。A 型特殊发泡材料，主要用于黏性土及含水量较少的沙质土；B 型特殊发泡材料制成的泡沫比 A 型特殊发泡材料制成的泡沫更稳定，尤其是止水性能更佳，主要用于含水沙砾地层及地下水位较高的沙质土。

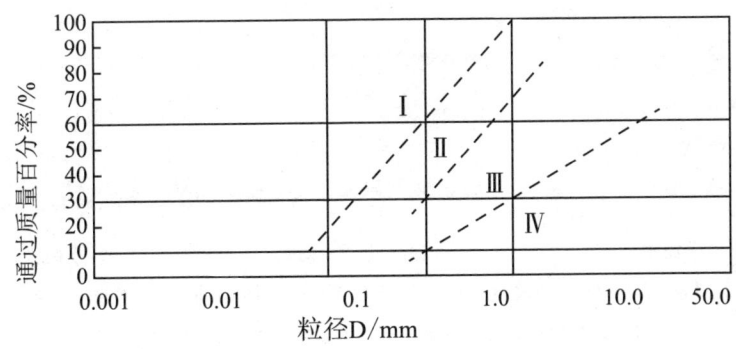

Ⅰ-A型特殊发泡材料适用范围；Ⅱ-A或B型特殊发泡材料适用范围；Ⅲ-IB型特殊发泡材料适用范围；
Ⅳ-泡沫剂与聚合物混合适应范围

图1-6　泡沫剂适用范围

五、复合盾构

（一）概述

当某一段隧道穿越不同地层结构时，用以上任一形式的盾构都不适于单独将此段隧道掘进贯通，而根据相应土层情况要用两台或多台盾构，在隧道掘进长度较短时很不经济，或由于条件限制，使布置多台盾构非常困难，需将以上不同形式的盾构进行组合。在结构空间允许的情况下，将不同形式盾构的功能部件同时布置在一台盾构上，掘进过程中可根据地质情况进行功能或工作方式的切换和调整；或对不同形式盾构的功能部件进行类似模块化设计，掘进时根据土层情况进行部件调整和更换。这样一台盾构在不同的地层经转换后可以以不同的工作原理和方式运行，这类盾构称为复合盾构，也称混合盾构。

复合盾构可以根据土层地质和水文条件做调整，其本质上是对开挖面支撑方式以及刀具、出渣运输系统和其他设备的调整。复合盾构的组合模式有压缩空气/敞开式盾构、泥水式/敞开式盾构、土压平衡/敞开式盾构、泥水式/土压平衡盾构、敞开式/泥水式/土压平衡盾构、敞开式/压缩空气/土压平衡盾构等。

图1-7为三模式复合盾构，可转换的三种工作模式为泥水式/土压平衡式/敞开式。

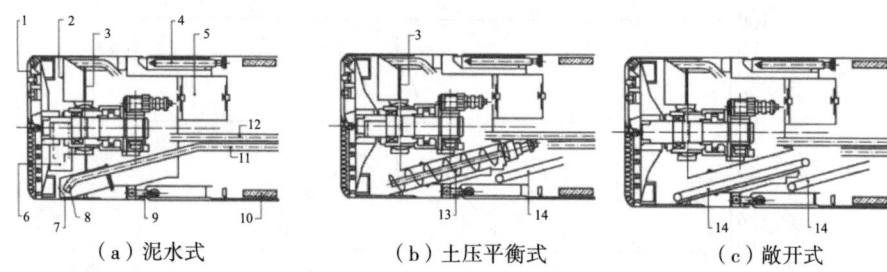

(a) 泥水式　　　　(b) 土压平衡式　　　　(c) 敞开式

1-刀盘；2-沉潜墙；3-隔板；4-推进缸；5-入仓；6-破碎机；7-格栅；8-吸泥管；9-铰接缸；10-管片；11-排泥管；12-进泥管；13-螺旋输送机；14-皮带输送机

图 1-7　三模式复合盾构

（二）结构特点

复合盾构是指既适用于软土，又适用于硬岩的一类盾构，主要用于既有软土又有硬岩的复杂地层施工。复合盾构的主要特点是刀盘上既安装切刀和刮刀等软土刀具，又安装滚刀等硬岩刀具。

复合盾构的另一个主要特点是一般具有两套出渣系统。从开挖仓内输出开挖土渣，泥水盾构、土压平衡盾构、敞开式盾构是完全不同的，一般泥水模式使用泥浆管，土压平衡模式使用螺旋输料机，敞开式使用皮带输送机。因此，在混合式盾构中至少装有两套出渣系统。

对于泥水式/土压平衡盾构，转换到泥水模式时，必须安装一台碎石机或靠人工去除大砾石。设计在泥水式和土压平衡模式下都可以使用的刀盘是完全可能的，即使要更换刀盘也不存在问题，只要有竖井即可。沉潜墙是德国体系泥水式盾构的一个特征，在土压平衡模式下，沉潜墙转化成了压力隔板，因此必须设计成可以承受较大的负载。沉潜墙下部的开口可关闭，使用伸缩式螺旋输送机，螺旋输送机在泥水模式下缩回。

六、复合式土压平衡盾构

复合式土压平衡盾构，既属于土压平衡盾构，也属于复合盾构。此类盾构只有一套出渣装系统，即螺旋输送机，主要系统和功能部件按土压平衡盾构配置，但具有三种掘进模式，即敞开模式、半敞开模式（压缩空气加气模式）、土压平衡模式。

（一）敞开式掘进模式

在掌子面足够稳定并且涌水能够被控制时，采用敞开式掘进模式作业（图 1-8）。在敞开式掘进模式下，开挖刀具切削隧道掌子面的土体，切削土进入土仓，通过位于土仓底部的螺旋输送机将渣土排出。

在敞开式掘进模式下，在土仓的底部，要有足够的渣土供螺旋输送机出渣用，土仓的其他空间是空的。

在敞开式作业模式下，土仓通过螺旋输送机的出料口与隧道相通。关闭出料口闸门，土仓将会在瞬间被压力封闭。当推进停止时，可以随时进入开挖仓而无须采取其他措施。

（二）半敞开式掘进模式（加气模式）

在掌子面具有足够的自稳能力，且水压小于 0.15 MPa，在掌子面可以稳定的地层中时，采用半敞开式掘进模式进行掘进（图 1-9）。在进行半敞开式作业时，隧道掘进速度近似于敞开式作业。土仓下部是刀盘切削下来的渣土，上部为压缩空气。半敞开式作业的开挖和推进与敞开式作业基本一致。在进行半敞开式作业时，当土仓内气压 ≤ 0.1 MPa 时，不会发生螺旋输送机出渣喷涌现象；当 0.15 MPa < 土仓内气压 ≤ 0.15 MPa 时，可能会发生出渣喷涌现象，但可以控制。

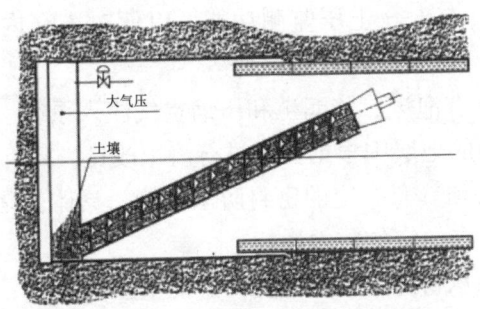

图 1-8　敞开式掘进模式

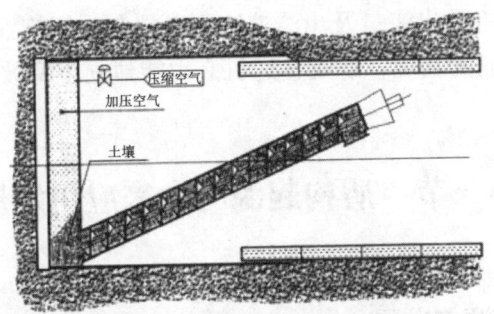

图 1-9　半敞开式掘进模式

(三) 土压平衡掘进模式

土压平衡掘进模式用于围岩不稳定或水压高、水量大的地层。采用土压平衡模式施工时，可以通过添加剂注入系统加入泥浆、聚合物或泡沫，以改善渣土的塑流性。在土压平衡模式下工作时，要很好地控制螺旋输送机的转速和出渣量，以防止土仓中压力下降过大，而造成地面下沉。土压平衡模式就是在盾构开挖时，利用土仓内的土压或加注辅助材料产生的压力来平衡开挖面的土压及地下水压力，以避免掌子面坍塌或地层失水过多而引起地表下沉的一种盾构掘进模式。渣土改良系统是土压平衡掘进原理的重要组成部分。渣土改良的目的是降低渣土的内摩擦角，进而降低刀盘的扭矩，增加渣土的流动性，降低渣土的渗透性，最终达到堵水、减磨、降扭及保压的效果。

土压平衡式掘进模式主要用于开挖面不能自稳或地下水较多，以及流塑性的软黏土地层和砂土层的盾构施工。土压平衡掘进可以有效地防止过大的地面沉降。

复合式土压平衡盾构在土压平衡模式下工作时，必须具备以下功能特点：

（1）盾构必须具有土仓土压监测功能，以便对土仓内的土压进行监控和调节。

（2）盾构必须具有泡沫、膨润土和压缩空气注入系统。注入这些不同的附加材料，可以在不同的地层中根据需要进行渣土改良。

（3）盾构本身必须具有一定的密封防水性能，具体就是指主轴承、铰接密封和盾尾密封必须具有一定的防水性能。

（4）刀盘的主轴承密封必须能承受一定的土压力。

（5）人仓是用于在压力模式下人员进出土仓的通道，也是土压平衡盾构必不可少的重要部件之一。

（6）螺旋输送机的出渣量及出渣速度可以控制，螺旋输送机必须可以随时关闭，并具有防喷涌的功能，螺旋输送机必须能建立土塞效应。

第三节 盾构起源与未来应用发展

一、盾构的起源与发展

盾构是目前世界最先进的隧道施工特种专用机械。在发达国家，使用盾构施工已占隧道总量的 90% 以上。国外盾构经历了 4 个发展阶段：一是以 Brunel

盾构为代表的手掘式盾构（1825—1876 年）；二是以机械式、气压式盾构为代表的第二代盾构（1876—1964 年）；三是以闭胸式盾构为代表（泥水加压平衡式、土压平衡式）的第三代盾构（1964—1984 年）；四是以大直径、大推力、大扭矩、高智能化、多样化为特色的第四代盾构（1984 年至今）。

（一）盾构的起源

1806 年，法国工程师马克·布鲁诺尔（Marc Isambard Brunel）发现船的木板中，有一种蛀虫（船蛆）钻出孔道，船蛆是一种蛤，头部有外壳，在钻穿木板时，分泌出液体涂在孔壁上形成坚韧的保护壳，用以抵抗木板潮湿后的膨胀，以防被压扁。在蛀虫钻孔并用分泌物涂在四周的启示下，布鲁诺尔发现了盾构掘进隧道的原理，并在英国注册了专利。布鲁诺尔专利盾构由不同的单元格组成，每一个单元格可容纳一个工人独立工作，并对工人起到保护作用。所有的单元格牢靠地装在盾壳上。当一段隧道挖完后，由液压千斤顶将整个盾壳向前推进。1818 年，布鲁诺尔完善了盾构结构的机械系统，设计成用全断面螺旋式开挖的封闭式盾壳，衬砌紧随其后。

盾构的问世至今已有 200 多年的历史。1825 年，马克·布鲁诺尔第一次在伦敦泰晤士河下用一个断面高 6.8 m、宽 11.4 m 的矩形盾构修建了世界上第一条盾构法隧道。

马克·布鲁诺尔矩形盾构由 12 个邻接的框架组成，每一个框架分成 3 个工作仓，每个仓可容纳一个工人独立工作，并对工人起到保护作用。每个工作仓都牢固地装在盾壳上，当掘进完一段隧道后，由螺杆将鞍形框架向前推进，紧接着后部砌砖。

开始时，由于没有掌握抵制泥水涌入隧道的方法，隧道施工因被淹而停工。1828 年 1 月 12 日，第一次出现因洪水停工。伦敦地下铁道公司的 Callodam 曾向布鲁诺尔提出采用压缩空气来抵制泥水涌入隧道的建议，然而布鲁诺尔未采纳。在经历了 5 次特大洪水后，直到 1843 年才完成了这条全长只有 370 m 的隧道。

盾构最初称为小筒（cell）或圆筒（cylinder），1866 年，莫尔顿在申请专利中第一次使用了"盾构"（Shield）这一术语。

（二）圆形盾构的开发

1869 年，英国人詹尼斯·亨利·格瑞海德（Janes Henry Greathead）用圆形盾构再次在泰晤士河底修建了一条外径为 2.18 m、长 402 m 的隧道，并第一次采用了铸铁管片。由于隧道基本上是在不透水的黏土层中掘进，所以在控制地下水方面没有遇到什么困难。格瑞海德圆形盾构后来成为大多数盾构的模型。

(三) 泥浆盾构的开发

1874年，詹尼斯·亨利·格瑞海德开发了液体支撑隧道工作面的盾构，通过液体流，土料以泥浆的形式排出，具体见图1-10。

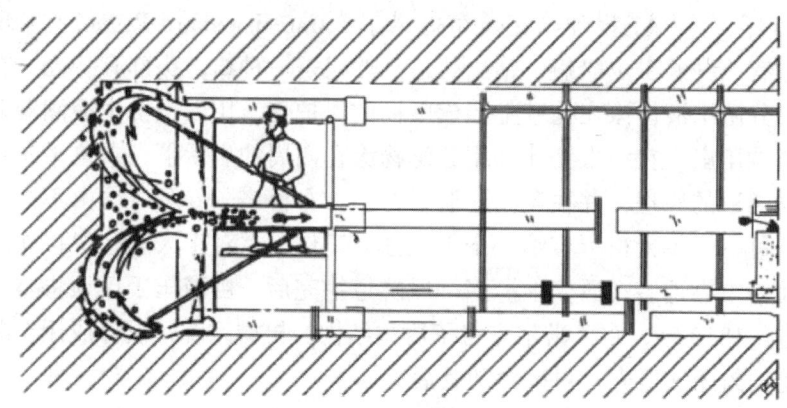

图1-10　格瑞海德泥浆盾构（1874年专利）

(四) 压缩空气的使用

劳德·考克让施于1830年发明了气闸，它能使人们从常压空间进入到加压的工作仓。1879年，在安特卫普首次采用压缩空气掘进隧道，但未使用盾构。

1886年，詹尼斯·亨利·格瑞海德在伦敦地下施工中，将压缩空气方法与盾构掘进相结合使用。压缩空气在盾构掘进中的使用，标志着在承压水地层中掘进隧道的一个重大进步，填补了隧道施工的空白，促进了盾构在世界范围内的进一步推广。

(五) 机械化盾构的开发

在Brunel开发盾构之后的另一个进步是用机械开挖代替人工开挖。第一个机械化盾构的专利是在1876年由英国人约翰·狄克英森·布伦敦和姬奥基·布伦敦申请的。这台盾构采用了半球形旋转刀盘，开挖土渣落入径向装在刀盘上的料斗中，料斗将土渣转运到皮带输送机上（图1-11）。

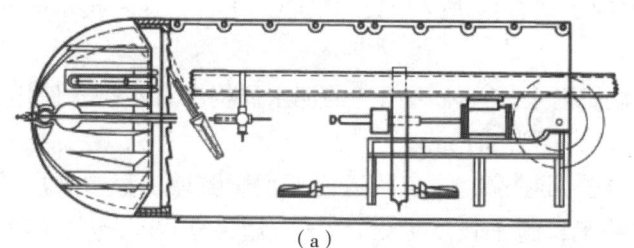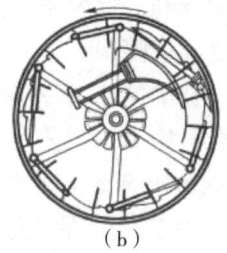

图 1-11　布伦敦机械化盾构（1876 年专利）

1896 年，英国人普莱斯开发了一种辐条式刀盘机械化盾构，并于 1897 年起成功应用在伦敦的黏土地层施工中。它第一次将格瑞海德圆形盾构与旋转刀盘结合在一起，在 4 个辐条式刀盘上装有切削工具，刀盘通过一根长轴由电机驱动。

（六）第一台德国盾构的开发

1896 年，德国人哈姬（Haag）在柏林为第一台德国盾构申请了专利。这是一台用液体支撑隧道工作面并把开挖仓密封作为压力仓的盾构（图 1-12）。

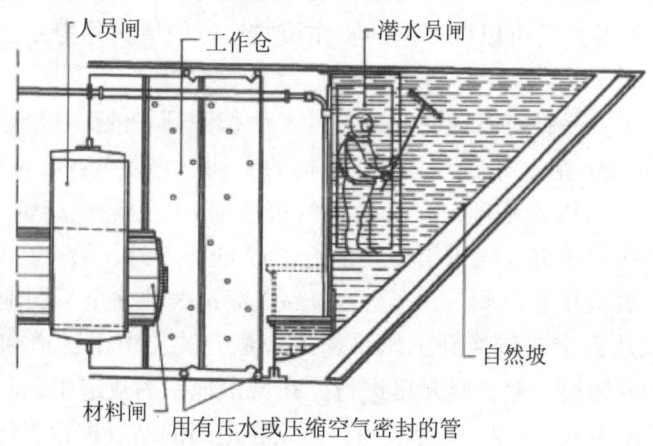

图 1-12　德国哈姬泥浆盾构（1896 年专利）

（七）泥水加压盾构的开发与应用

最初的泥浆盾构通过喷射水流将土料以泥浆的形式排出。但水不能支护开挖面，无法阻止开挖面不停地流动。这种情况与充满水的挖槽相类似，从而提出在开挖面用类同槽壁法的支护，而膨润土泥浆可在无黏聚力土槽沟中支护掘出开挖面，这样就诞生了泥水加压平衡盾构。

1964 年，英国摩特·亥、安德森和约翰·巴勒特申请了泥水加压平衡盾构的专利。但由于英国当时缺乏适合促进这种技术的隧道工程，这种技术的发展受到了限制。

1967年，第一台用刀盘切削土体和水力出渣的泥水盾构在日本投入使用，这台盾构由三菱公司制造，其直径为3.1 m。

1970年，日本铁道建设公司在京叶线森崎运河下羽田隧道工程中采用了直径为7.29 m的泥水盾构施工，施工长度为1 712 m，施工获得了极大成功，这是当时直径最大的泥水盾构。

（八）复合盾构的开发

根据开挖面稳定以及掘进、出土模式的不同，盾构可分为敞开式、半敞开式、土压平衡式、泥水式等，它们都适用于相应的土层结构。当某一段隧道穿越不同地层结构时，用以上任一形式的盾构都不适于单独将此段隧道掘进贯通，而根据相应土层情况要用两台或多台盾构，在隧道段掘进长度较短时很不经济，或由于条件限制使布置多台盾构非常困难。此时需将以上不同形式的盾构进行组合，在结构空间允许的情况下，将不同形式盾构的功能部件同时布置在一台盾构上，掘进过程中可根据地质情况进行功能或工作模式的切换。这种在不同的地层经转换后可以以不同的工作模式运行的盾构称为复合盾构（也称混合盾构）。

复合盾构主要是针对欧洲的地质条件、由德国开发的。1985年，Wsyss & Freytay公司和海瑞克公司申请了复合盾构的专利。它以 Wsyss & Freytay 公司拥有专利的泥水盾构为基础，有其独特的沉浸墙 / 压力隔板结构，通过转换，可以土压平衡或压缩空气盾构模式运行。1993年9月，第一台外径为7.4 m的多模式复合盾构用在巴黎一段长1 600 m、穿过3种完全不同地层的隧道工程中，它可以从泥水式转换到土压平衡式或敞开式。由于隧道和盾构空间有限，工作模式的转换一般在竖井里进行。在城市地铁的建造中，隧道掘进一般由车站分成长度为0.5～2 km的区间，可以在适当的站点进行工作模式转换。

二、盾构在我国的发展与应用

（一）手掘式盾构的开发与应用

我国盾构的开发与应用始于1953年，当时东北阜新煤矿用手掘式盾构修建了直径为2.6 m的疏水巷道。

1962年2月，上海城建局隧道工程公司结合上海软土地层对盾构进行了系统的试验研究，研制了一台直径4.16 m的手掘式普通敞胸盾构（图1-13），在两种有代表性的地层进行掘进试验,用降水或气压来稳定粉砂层及软黏土地层。在经过反复论证和地面试验后,选用由螺栓连接的单层钢筋混凝土管片作为隧道衬砌,环氧煤焦油作为接缝防水材料。隧道掘进长度 68 m,试验获得了成功,并采集了大量的盾构法隧道施工数据资料。

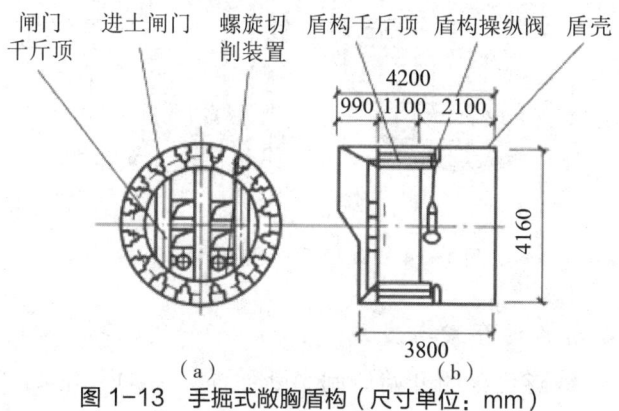

图 1-13 手掘式敞胸盾构(尺寸单位:mm)

(二)网格挤压式盾构的开发与应用

1965 年 3 月,由上海隧道工程设计院设计,江南造船厂制造的两台直径 5.8 m 的网格挤压盾构,于 1966 年完成了两条平行的隧道,隧道长 660 m,地面最大沉降达 10 cm。1966 年 5 月,中国第一条水底公路隧道——上海打浦路越江公路隧道工程主隧道采用由上海隧道工程设计院设计、江南造船厂制造的直径 10.22 m 的网格挤压盾构施工,辅以气压稳定开挖面,在水深为 16 m 的黄浦江底顺利掘进隧道,掘进总长度 1 322 m。打浦路隧道于 1970 年底建成通车。此次所用的网格盾构有所改进,敞开式施工可转换为闭胸式施工。

1973 年,施工方采用一台直径 3.6 m 的水力机械化出土网格盾构和两台直径 4.3 m 的网格挤压盾构,在上海金山石化总厂修建了一条污水排放隧道和两条引水隧道。1980 年,上海市进行了地铁 1 号线试验段施工,研制了一台直径 6.412 m 网格挤压盾构,采用泥水加压和局部气压施工,在淤泥质黏土地层中掘进隧道 1 130 m。1982 年,上海外滩的延安东路北线越江隧道工程 1 476 m 圆形主隧道采用上海隧道股份设计、江南造船厂制造的直径 11.3 m 网格挤压水力出土盾构施工,如图 1-14 所示。

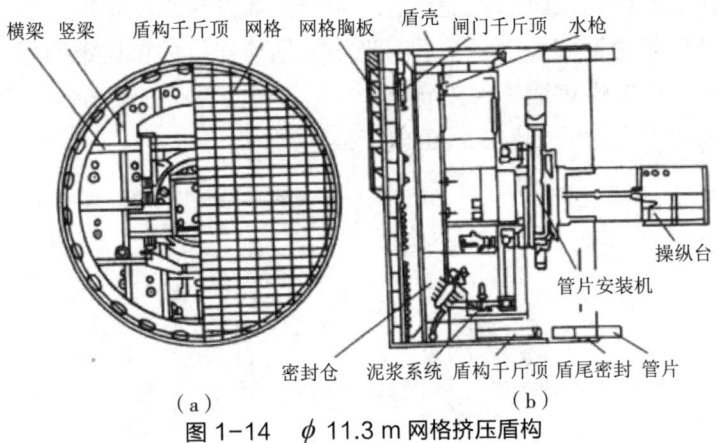

图 1-14 φ11.3 m 网格挤压盾构

（三）插刀盾构的开发与应用

1986年，中铁隧道集团开始研制半断面插刀盾构，并成功用于修建北京地铁复兴门折返线。半断面插刀盾构将"盾构法"与"浅埋暗挖法"紧密结合，取消了小导管超前注浆，在盾构壳体和尾板的保护下，进行地铁隧道上半断面的开挖。半断面插刀盾构能全液压传动、电控操作，可自行推进、转向、调头，能有效控制地面沉降，减轻工人劳动强度，施工速度较快，日均进尺达 3～4 m。

（四）盾构的引进

1990年，上海地铁1号线工程全线开工，18 km 区间隧道引进了7台由法国 FCB 公司制造的 φ6.34 m 土压平衡盾构。

1996年，上海延安东路隧道南线工程，总长 1 300 m，采用从日本引进的 φ11.22 m 泥水盾构施工（图1-15）。

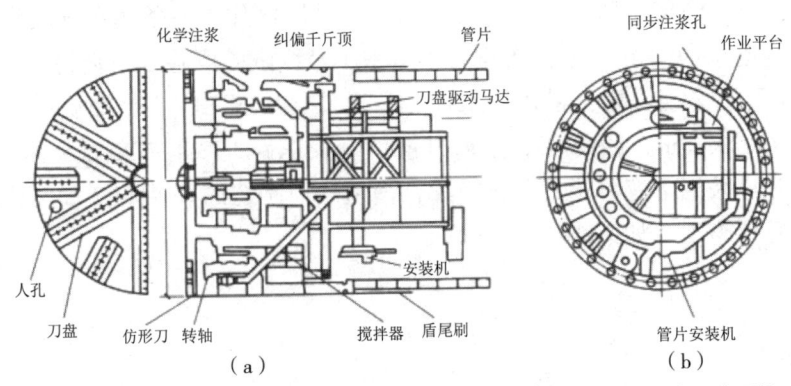

图 1-15 用于上海延安东路隧道南线工程施工的 φ11.22 m 日本泥水盾构

(五) 中国应用盾构的特点

在新一轮的隧道及地下工程建设中，盾构法将发挥更为重要的作用，但也面临着诸多问题和挑战，中国应用盾构的特点可归纳为以下几个方面。

1. 地质条件多样化

我国隧道及地下工程建设地域分布十分广泛，地质条件差异巨大，东有以上海、杭州等地区为代表的软弱土地层；南有以广州、深圳为代表的软硬不均复合地层；北有以北京地区为代表的典型砂卵石地层；西有以成都为代表的富水砂卵石地层。加之我国东北哈尔滨等地的冻土、云南昆明的泥炭质土，西北地区，如西安、兰州等地的老黄土，武汉、南京等地越江地铁中的高磨耗卵砾石地层，重庆、青岛、福州等地的高硬度岩层等。目前，盾构施工中还有很多问题没有有效解决。例如，软黏土地层隧道施工的稳定性问题，隧道结构的震陷问题，砂卵石、卵砾石等地层面临的高磨耗问题，大粒径漂石、孤石的通过问题，以及老黄土地层导致的遇水塌陷、地裂缝等，既是未来有待解决的典型问题，也是我国盾构隧道修建技术的研究方向。同时，当穿越高强度地层、完好坚硬岩时，盾构法技术会受到极大的挑战，如何考虑TBM法、钻爆法等与盾构法相结合，甚至多工法的有机融合，是未来建设中需要面对的普遍问题。

根据地质勘察资料，我国的地层磨损性共分4个区，即极易磨损区、易磨损区、中等磨损区和低磨损区。

(1) 极易磨损区。我们将砂卵石含量很高、上软下硬、极硬岩和花岗岩球状风化体岩层等复杂地层划分为极易磨损区。极易磨损区土体物理力学参数特征为：卵石含量高于50%，内摩擦角大于或等于35°，石英含量很高；地层中孤石粒径大、强度高、分布多；基岩岩石饱和单轴抗压极限强度大于150 MPa。极易磨损区常发生的刀具失效类型有滚刀裂缝、刀圈断裂，切刀和周边刮刀磨损、脱落和崩断，贝壳刀磨损等。盾构选型方面，应配置滚刀、切刀、周边刮刀和超前刀，并增大刀盘开口率，允许破碎后的卵石通过刀盘面，以降低刀具磨损。极易磨损区的城市分布、地层情况及建议配置刀具类型见表1-2。

表1-2 极易磨损区城市分布、地层情况及建议配置刀具类型

地 层	城 市	建议配置刀具类型
砂卵石地层	北京、广州、成都	滚刀＋切刀＋周边刮刀＋超前刀

续　表

地　层	城　市	建议配置刀具类型
上软下硬地层	广州、深圳	滚刀＋切刀＋周边刮刀＋超前刀
极硬岩地层	广州、深圳	
花岗岩球状风化体岩层	深圳	

（2）易磨损区。易磨损区特点包括砾石、圆砾广泛分布，卵石含量低于50%，内摩擦角30°～35°，石英含量高，地层中含孤石，基岩岩石饱和单轴抗压极限强度较大（大于或等于100MPa）。易磨损区常发生的刀具失效类型有滚刀磨损，切刀、周边刮刀磨损，齿刀磨损和中心刀磨损等。盾构选型方面，可适当配置滚刀或切刀，增大刀盘开口率，允许较多大粒径卵石通过刀盘面，以降低刀具磨损。易磨损区城市分布，地层情况及建议配置刀具类型见表1-3。

表1-3　易磨损区城市分布、地情情况及建议配置刀具类型

城　市	地层描述	建议配置刀具类型
沈阳	粉质黏土，中粗砂，砾砂和圆砾地层	切刀＋周边刮刀＋贝壳刀
厦门	黏性土，细砂，中细砂混粉质黏土，中粗砂混砾、卵石。含砂黏性土内摩擦角最大值30°左右，砾石主要成分为石英、长石，且砾石含量高	滚刀＋切刀＋先行刀＋中心刀＋周边刮刀
武汉	黏性土、含碎石黏性土地层、含孤石，中风化基岩岩石饱和单轴抗压极限强度最大值接近100MPa	滚刀＋切刀＋中心刀＋周边刮刀
哈尔滨	粉砂、中砂、砾石内摩擦角接近35°，颗粒成分为石英、长石	滚刀＋切刀＋中心刀＋周边刮刀
大连	卵石(透镜体状)＋含碎石粉质黏土(厚层状)＋碎石，下伏基岩为板岩、石英岩和凝灰岩。卵石含量高、粒径大，成分为石英岩	滚刀＋切刀＋先行刀＋中心刀＋周边刮刀
长沙	粗砂＋圆砾＋卵石(含砂、碎石)，石英质，卵石粒径较大	滚刀＋切刀＋周边刮刀

续表

城 市	地层描述	建议配置刀具类型
南宁	圆砾(厚层状)+砾砂,圆砾层中砾石颗粒较大,含量高,以石英岩、硅质岩为主	滚刀+切刀+先行刀+周边刮刀
昆明	圆砾,碎石含量高(50%以上),粒径较大,卵石、砾石成分主要为砂岩、石英等,下伏基岩灰岩为次坚石	滚刀+切刀+先行刀+周边刮刀
南京	砂土+含砾粉质黏土(内摩擦角接近30°),砾石含量较高,磨圆度差,主要成分为石英	滚刀+切刀+先行刀+周边刮刀
东莞	黏性土+风化岩,上软下硬,地面以下5～25m范围内微风化,岩石饱和单轴抗压极限强度101MPa,局部含球状风化体	滚刀+切刀+先行刀+周边刮刀
乌鲁木齐	粉土+砾石土	切刀+先行刀+中心刀+周边刮刀

（3）中等磨损区。中等磨损区的地层为局部含卵石的中粗砂且卵石含量较高（20%～30%），粉质黏土层中黏粒含量高,极易在刀盘中心结泥饼,进而造成刀具偏磨。中等磨损区常发生的刀具失效类型有滚刀偏磨、刀圈断裂、刮刀脱落等。盾构选型方面,以切刀和刮刀为主,部分配置滚刀,调整刀盘开口率,允许存在的大粒径卵石通过刀盘面,以降低刀具磨损。中等磨损区的城市分布、地层情况及建议配置刀具类型见表1-4。

表1-4 中等磨损区城市分布、地层情况及建议配置刀具类型

城 市	地层描述	建议配置刀具类型
西安	黄土为主,局部为含卵石的中、粗砂	滚刀+切刀+周边刮刀
太原	粉土(局部夹中砂透镜体)+中粗砂(矿物成分主要为石英、长石、云母等,级配不良)	切刀+周边刮刀
宁波	砂质粉土+淤泥质(粉质)黏土+粉质黏土	切刀+周边刮刀
南昌	砾砂+粗砂(内摩擦角最大36.5°)+砾砂夹圆砾,母岩成分以石英岩、砂岩为主,圆砾含量较高,粒径较大,中粗砂充填,砂成分以石英、长石为主	切刀+周边刮刀+周边保径刀+撕裂刀+鱼尾刀+滚刀

续　表

城市	地层描述	建议配置刀具类型
合肥	粉质黏土＋黏土＋全～中风化泥质砂岩（极软岩）	辐条式刀盘：切刀＋撕裂刀＋鱼尾刀＋周边刮刀＋保径刀＋圆环保护刀＋超挖刀＋贝壳刀
兰州	卵石层厚度较大，为砂土充填，充填程度高，母岩以石英及长石砂岩为主	滚刀＋切刀＋周边刮刀

（4）低磨损区。低磨损区的软土地层以黏性土为主，地层均匀、单一，很少或不含粗粒土，或者砾石埋深较深，几乎不在盾构机掘进范围内。盾构在此类地层中施工时受力均匀，能顺利运转和前进。低磨损区常发生的刀盘刀具失效类型有刀盘中心结泥饼、刀具偏磨等。盾构选型方面，以刮刀为主，盾构施工中添加土体改良材料，避免发生结泥饼或开挖面失稳，以降低刀具的损坏率。低磨损区的城市分布、地层情况及建议配置刀具类型见表1-5。

表1-5　低磨损区分布、地层情况及建议配置刀具类型

城　市	地层描述	建议配置刀具类型
上海	黏性土（软土层）	中心鱼尾刀＋切刀＋周边刮刀
天津	黏性土	
郑州	厚层砂质黄土、黏性土	
长春	地层以粉质黏土、黏土、粗砂为主	
苏州	粉质黏土＋粉土＋粉砂＋碎石土（埋深较深，地面40 m以下）	
杭州	黏性土＋淤泥质（粉质黏土），粉细砂、砾砂和圆砾埋深较深	
石家庄	黏性土＋含卵砾石中砂＋卵石层内摩擦角局部达40°，但埋深较深（地面40 m以下）	
无锡	黏性土	
贵阳	黏土＋强～中风化泥岩（软岩）	

续　表

城　市	地层描述	建议配置刀具类型
常州	黏性土 + 粉砂	中心鱼尾刀 + 切刀 + 周边刮刀
温州	粉细砂 + 黏土 + 淤泥质黏土	
徐州	粉砂 + 粉土 + 黏土	
济南	黏性土 + 粉砂	
西宁	黏性土	

2. 盾构种类多样化

（1）按压力平衡方式分类：敞开式盾构、土压平衡盾构、泥水盾构。

（2）按适应地质分类：软土盾构、复合盾构、硬岩盾构（习惯称为岩石掘进机或 TBM）。

3. 越江跨海常态化

我国水系众多，尤其在东南沿海地区与长江、黄河沿线，河湖较为密集，滨江、临湖城市的穿江越河在所难免。我国上海先后建成轨道交通 4 号线越江隧道、轨道交通 5 号线虹梅南路—金海路越江隧道、轨道交通 12 号线利津路站—复兴岛站区间越江隧道等城轨交通越江隧道；我国武汉轨道交通 2 号线于 2011 年首次采用地铁盾构隧道形式穿越长江；我国兰州轨道交通 1 号线也面临穿越黄河的问题；福州地铁仅 1～6 号线穿越闽江、乌龙江多达 8 次。选择抗水压能力更强，但造价较高的泥水平衡盾构，还是充分利用土压平衡盾构的抗水压极限，其决策将直接影响隧道施工与运营的安全性与经济性。此外，如何根据江河地质情况选择刀盘刀具，进行优化配置，并合理处理运营期间水下复杂因素对隧道结构的不利影响，也至关重要。

4. 结构断面多元化

随着近年我国盾构装备制造技术与隧道施工技术的不断进步，不同形式、不同大小盾构隧道结构的实践成为可能。一方面，随着我国城市规模的不断扩张，市郊轨道交通不断拓展、市域联系加强，长距离地铁区间不断出现，这些区间设计时速往往较高、长度较长，常规地铁盾构隧道管片直径 6.0 m、6.2 m 的断面已不能满足要求，直径 7.0 m、8.0 m 等中型断面不断涌现。例如，东莞地铁 R2 线、深圳地铁 11 号线等，其最高设计速度为 120 km/h，同时区间隧道长达 3 km 以上，为了减少列车运行阻力，节约能源，提高旅客乘车舒适度，首次采用了外径6.7 m的管片;蒙华铁路陕西靖边的白城隧道拟采用马蹄形断面盾构;宁波地铁采用类矩形断面盾构。

5. 建设环境复杂化

一直以来,城市地铁的修建都面临穿越城市建筑密集区的挑战,特别是在现今城市建设速度加快的大背景下,隧道穿越城市密集建筑群、水库、高铁线路、桥基等重要建(构)筑物的情况更是屡见不鲜。同时,近距离交叉、斜交等问题对于施工和结构安全都提出了挑战。例如,深圳地铁罗—大区间隧道,不但需要穿越多个密集建筑群,还需应对多种形式的隧道交叉结构问题;北京地铁4号线动物园至白石桥区间隧道,采用盾构法施工,与地铁9号线区间暗挖法隧道以约15°的小角度空间立体交叉,4号线盾构隧道在上,9号线暗挖法隧道在下。在北京、上海、广州等一线城市,地下空间利用飞速发展,浅层地下空间利用日趋饱和,为提高城市功能,创造更加宜居的环境,迫切需要进行地下50~100 m范围内地下空间的开发利用。

6. 地下空间深度化

现在我国城市地铁无论是车站还是区间,都正面临着向大深度拓展的挑战。在车站方面,如成都地铁天府广场站,共分为4层,深达地下30 m;深圳地铁车公庙枢纽站,集地铁、的士、公交换乘站于一体,为1号线、7号线、9号线、11号线、4条线的大型换乘枢纽站。在区间隧道方面,我国北京近期正在建设中的地铁3号线与16号线,由于需长距离下穿埋置较深的既有暗挖车站和既有线,隧道最大埋深分别深达38 m和34.5 m;北京地铁大兴机场线,将与地铁3号线、R19快线的6条隧道上下并行,其中北京地铁大兴机场线与R19快线将采用全线重叠形式,最大埋深将达40 m以上。深圳地铁9号线也出现了大深度多线重叠的困难情况。大深度隧道的建设需求,一方面对施工技术提出了高要求,另一方面对既有的结构分析理论、设计方法也带来了极大挑战。而复杂地下交叉结构的实现及其长期的安全性保障,更是难上加难,值得在以后的建设过程中不断探索。

7. 与国外的差距

盾构制造工艺复杂,技术附加值高,目前国际上只有中国、德国、美国、日本、法国、加拿大等少数几个国家的企业具有自主设计及制造盾构的能力,且造价高昂。

国际上能够自主设计制造盾构的厂家主要有:德国海瑞克公司,其主要技术优势是超大直径、特长距离和超高水压条件下的盾构技术;日本IHI公司,其主要技术优势是土压平衡盾构、大直径泥水盾构异型盾构;美国罗宾斯公司（Robbins），其主要技术优势是以岩石掘进机领域为主，涉及盾构设计、制造领域较晚；加拿大罗浮特公司，其为集盾构设计、制造与维护于一体的全方位服务企业，进入中国市场晚，已被辽宁三三工业有限公司收购；日本三菱集团，其技术优势主要涉及土压平衡盾构、泥水加压平衡盾构、多圆盾构等；日本川崎重工业株式会社，其技术优势侧重于超大直径和高水压条件下的盾构装备设计与制造；日本小松集团，其技术优势主要涉及土压平衡盾构、泥水加压平衡盾构、字母盾构等。

5年以前，国产盾构在我国盾构市场的占有率仅10%左右，当时大量的盾构依赖德国海瑞克、日本小松、法国NFM等制造，外国盾构在我国盾构市场占有率高达90%，处于绝对垄断地位。

近5年以来，我国盾构技术发展迅速，目前国产盾构市场占有率（约85%）处于绝对优势，但我国盾构设计制造业的总体技术水平与德国、日本等国仍存在以下方面的差距：

德国、日本等国，在长期的实践探索过程中，已经形成了一套针对隧道地质条件的盾构设计理论、盾构模拟试验方法和系统的经验数据，如日本早在1969年就编制《盾构施工法指南》，1986年编制《隧道标准规范（盾构篇）及解说》。目前我国尚没有十分完善的地质适应性设计理论。近年来，国产盾构从无到有，从有到优，虽然技术进步较快，但基本处于跟踪模仿阶段，在部分技术方面，知其然，不知其所以然，部分前沿技术仍处于"复制""粘贴"式的仿造阶段。因此，部分国产盾构仍然存在质量不稳定因素，主要体现为地质适应性较差、部分关键部件寿命短等问题；在理论指导方面具体表现在刀具及刀盘设计技术、地质适应性设计方面缺少完整的理论依据、经验数据和可靠的试验数据；我国各个地区的地质条件相差很大，盾构施工普遍存在盾构与其需掘进地段地质条件之间适应性较差的问题。国内部分盾构制造企业仍然依靠国外盾构制造商的技术支持。

第二章 盾构的基本构造与选型

第一节 盾构的基本构造与主要参数

隧道的断面形状往往决定着施工所用盾构的刀盘形状,盾构刀盘的形状决定着盾构的外形,因此,所谓盾构的形状也就是指其外形,亦即其刀盘的形状。

尽管盾构的种类繁多,但就其功能而言,其基本构造一般由壳体、切削系统、推进系统、管片拼装系统、渣土输送系统、注浆系统、盾尾密封、台车等基本零部件和系统组成。

一、壳体

壳体用于保护人和设备在地下安全掘进,承受土体压力和掘进过程中千斤顶的推力。壳体由切口环、支撑环、隔板和盾尾组成。

(一) 切口环 (前盾)

切口环位于盾构前端,设有刃口,施工时可以切入砂土层中,在它的保护下,可在开挖面实施安全开挖。切口环的长度主要决定于支撑、开挖方法,挖土机具和操作人员工作的方便。在稳定地层中切口环上下宽度可以相等;在淤泥、流沙地层中切口环的顶部比底部长,犹如帽檐,既能掩护工作空间,又减小了盾构底部长度。某些盾构设备有千斤顶操纵的活动前檐,以增加掩护长度。机械化盾构的切口环中需容纳各种专门挖土设备。在局部气压式、泥水平衡和土压平衡盾构中,因切口环部分的压力高于隧道内的常压,因此,在切口环和支撑环之间用密闭隔板封住,保证压力不外溢。

(二) 支撑环 (中盾)

支撑环是盾构承受一切荷重的核心部分,亦即承受盾构支撑环周围的全部荷载，是刚性较好的圆环骨架结构。其前面紧接切口环，后部是盾尾，所以支撑环位于盾构中部。沿支撑环内周安置盾构推进千斤顶，支撑环内布置拼装机及相应液压设备、动力设备和控制室。局部气压盾构在支撑环内还要布置人行加压与减压闸等。

（三）隔板

大型盾构由于空间较大，一般在其盾壳内设置水平隔板和竖直隔板以增加盾构刚度。水平隔板起系杆作用承受拉力，竖直隔板承受压力。为了便于工作面开挖，可将水平隔板设置为可伸缩的工作平面和相应的千斤顶驱动，还可在水平隔板上安设所有液压动力设备（如油箱、油泵、液压马达等）、操纵控制台、衬砌拼装机等。隔板数量和分隔情况视盾构直径大小和工作方便确定，水平隔板之间净距应不小于 180～200 cm。

（四）盾尾

盾尾的基本形状是圆筒形薄壳体，作用是掩护管片拼装作业，设置注浆、注脂管道和盾体尾部密封。从施工考虑，盾尾厚度应尽可能薄，以减小地层与衬砌管片间的空隙，减小注浆量及对地表扰动；但考虑盾构转弯、调姿等的施工要求，盾壳受力复杂，尤其是盾尾发生大变形将直接影响管片拼装作业，严重时可能造成盾尾被管片卡住，盾构不能正常推进，这就要求盾尾不仅应有一定的强度，还应有足够的刚度。盾尾密封是防止水、泥及注浆材料等从空隙间进入盾构。密封装置一般是在盾尾设置 2～3 道钢丝刷，通过在空隙中注入特殊油脂实现密封。

二、切削系统

切削系统由刀盘、刀具、刀盘驱动系统和集中润滑系统等组成。

（一）刀盘

盾构刀盘是钢结构焊接件，盾构作业对象一般是土质地层，在土质地层施工的盾构刀盘一般是辐条式结构，在辐条两边安装可切削土体的切削刀具，刀盘中心安装鱼尾形（或类似）刀具，如果地质条件需要，还可在辐条中部沿半径方向设置多把先行（超前）刀。因盾构需要正反转，所以辐条两边的切削刀具背靠背安装。因为切削刀具切削下来的渣土要通过刀盘开口进入泥土室（或泥土仓），为衡量开口大小，定义盾构刀盘开口率为盾构刀盘开口面积占刀盘总面积的百分比。开口率是盾构刀盘的主要参数之一，其大小关系着盾构刀盘适应地质地层的能力。一般条件下，软土地层均匀性比较好，如砂层、黏土层等地质条件配置大开口率刀盘，开口率可取为40%～75%；复合地层，亦即岩土互层地质条件，或者施工地质地层需要布置较密刀具的盾构刀盘，刀盘开口率需要配置得小些，可取为10%～35%。如果盾构在施工过程中，需要带压换刀，刀盘开口率还需要适当减小。所谓复合地层，亦即除土质地质条件外，还具有岩石质的地层，在刀盘上除设置切削土体的切削刀具外，还应设置专门破碎岩石的刀具——盘形滚刀这种刀盘，一般称为辐板式结构。如果施工地质全是岩石，则应采用全断面岩石掘进机施工，刀盘不设开口，刀盘上设置破碎岩石的盘形滚刀，这种刀盘称为面板式结构。破碎的岩碴落至洞底，由刀盘上设置的刮碴铲斗铲起运转至刀盘上部，再由刀盘上设置的溜碴槽滑落到皮带输送机运出。

（二）刀具

盾构刀具的几何形状和尺寸参数应与施工地质特点相适应，再考虑盾构刀具在切削断面不同位置与切削土体的作用及要求均不同，并且又要求盾构刀盘上全部刀具应能协调作业，因此盾构刀具设计应充分考虑上述因素。

盾构刀具类型主要分为滚动破岩类刀具和切削类刀具两大类。滚动破岩类刀具主要是盘形滚刀，而切削类刀具又可分为切削刀、先行刀（超前刀）、鱼尾刀、仿形刀、边刮刀等多种类型。

1. 切削刀

土或渣土流经的刀刃面称为前刀面，前刀面与垂直于刀刃中点旋转切线方向的平面之间的夹角称为前角，用 β 表示，见图2-1所示。切削刀的前角和后角随切削地质地层特性的不同而变化，变化范围一般为5°～20°，其中，黏土地层取值宜稍大些，砂卵石地层取值宜稍小些。

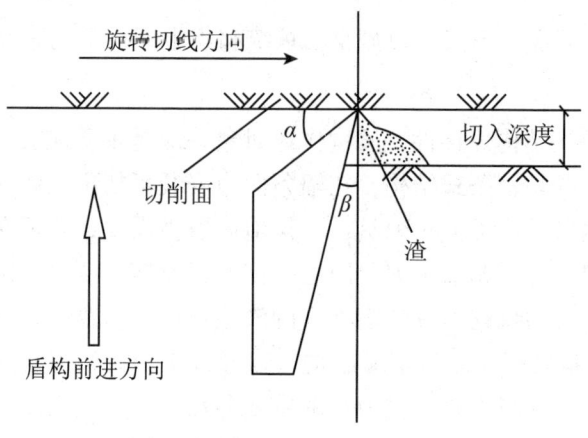

图2-1 切削刀及其切削作业示意图

2. 先行刀（超前刀）

先行刀切削刃一般比切削刀的切削刃窄，其功能是将土体切割分块，增加切削土体的流动性，为切削刀创造良好的切削条件，从而有效降低切削刀的切削阻力，减少切削刀的摩擦损耗，提高切削刀具的切削效率。从切削土体的过程可以看出，先行刀超前于切削刀到达切削土体的一定深度，因此，先行刀又称为超前刀。先行刀的设计及在刀盘上的设置主要考虑与切削刀协同切削作业。对一些土质地层采用先行刀，如松散体地层，尤其是砂卵石地层使用效果十分明显。

另外，先行刀也包括贝壳刀，贝壳刀的基本形状如图 2-2 所示，贝壳刀更换方法如图 2-3 所示。

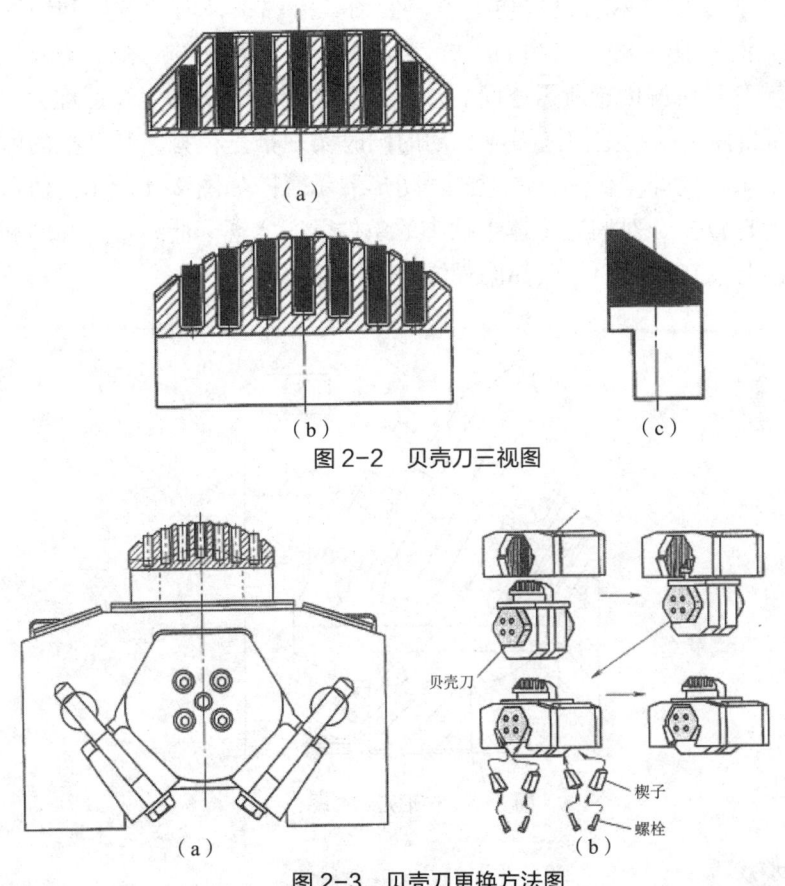

图 2-2　贝壳刀三视图

图 2-3　贝壳刀更换方法图

3. 鱼尾刀

盾构刀盘不同位置（安装半径）的切削刀，尽管刀盘转一圈都随刀盘转过

360°，在刀盘轴线上衡量走了一个螺距（刀具切深），但不同安装半径的切削刀走过的轨迹长度却是不等的，从刀盘外周至刀盘旋转中心，切削刀具走过的周向轨迹长度逐渐减小，至刀盘旋转中心点理论上可视为其周向轨迹长度等于零，亦即越靠近刀盘旋转中心，切削土体受刀具的扰动越小，相应土体的流动状态越来越差。而且，受刀盘结构和强度的制约，刀盘中心支撑部位（直径约 1.5 m）一般不布置切削刀。因此，为改善刀盘中心部位对土体的切削效果，一般设计一把尺寸较大的鱼尾刀安装在刀盘旋转中心部位，鱼尾刀根部设计成锥体，刀刃超前其他切削刀具刀刃 600 mm 左右。实际应用发现，这样既解决了盾构刀盘中心部分土体的切削问题，又从整体上提高了盾构的掘进效果。

4. 仿形刀（超挖刀）

盾构一般在辐条两端设置仿形刀，借助其沿辐条径向地伸出和缩回（径向伸出最大值一般在 80～130 mm），对洞壁土体进行超挖切削，为盾构曲线段推进、转弯或纠偏创造所需空间。从这个意义上讲，仿形刀又可称为"超挖刀"，亦即当伸出的超挖刀随刀盘转动的同时实现推进挖掘，其开挖的轨迹就可以确定下来，此即"仿形"的意义。仿形刀示意图如图 2-4 所示。仿形挖掘使盾构在超挖量少、对周边土体干扰小的条件下，实现了曲线推进和顺利转弯及纠偏，因此，在盾构上一般都设置仿形刀。

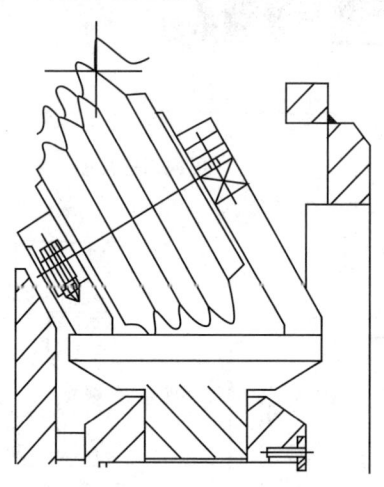

图 2-4　仿形刀示意图

5. 盘形滚刀

盘形滚刀是破岩刀具，主要用于岩土互层地质或含有岩石质地质地层施工的盾构刀盘上。盘形滚刀在盾构刀盘上的布置如图 2-5 所示，盘形滚刀在全断面岩石掘进机上的布置根据在刀盘上分布的位置和作用不同划分为中心滚刀、正滚刀、过渡滚刀和边滚刀，如图2-5所示。盘形滚刀按刀刃的多少，可分为单刃滚刀、双刃滚刀和三刃滚刀，如图2-6所示；单刃和双刃盘形滚刀局部剖面图如图2-7所示；它的具体构件包括刀圈、刀体、刀轴和心轴等。其中，刀圈是可拆的，磨损后可更换。盘形滚刀刃上还可以镶嵌硬质合金，称为球齿盘形滚刀，如图2-8所示；盘形滚刀刃还可以做成齿状，称为楔齿滚刀，如图2-9所示。

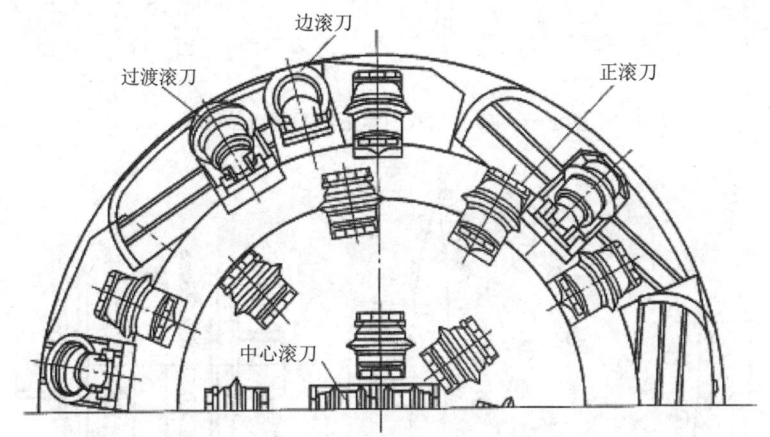

图2-5　滚刀在刀盘上的布置

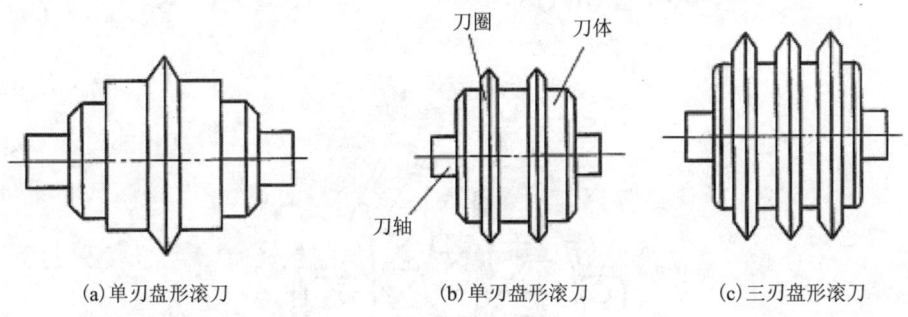

(a) 单刃盘形滚刀　　　(b) 单刃盘形滚刀　　　(c) 三刃盘形滚刀

图2-6　盘形滚刀类型

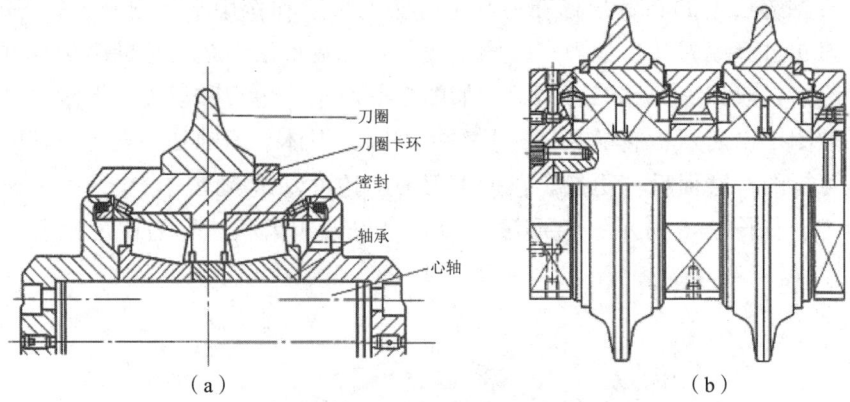

图 2-7 单刃和双刃盘形滚刀局部剖面图

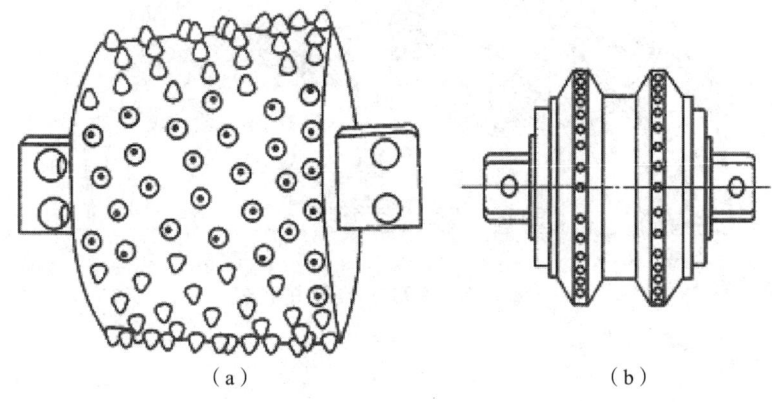

图 2-8 球齿滚刀图

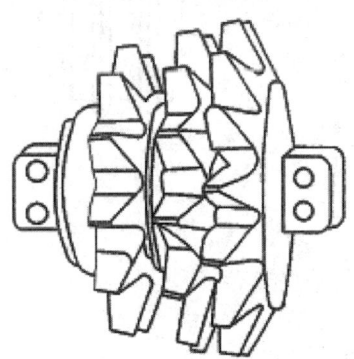

图 2-9 楔齿滚刀

盘形滚刀刀刃角一般设计为 60°、75°、90°、120° 或平刃等多种，如果作业的岩石硬度很高，则用刀刃角较大的盘形滚刀，反之岩石条件较软的情况下用刀刃角较小的盘形滚刀。而在更软的岩层中，刀刃角小的盘形滚刀很容易陷入里面而使掘进效率降低，此时如果使用刀刃角较大或者做平刃的盘形滚刀，破岩效果会更好。图2-10位刀具破岩原理示意图。

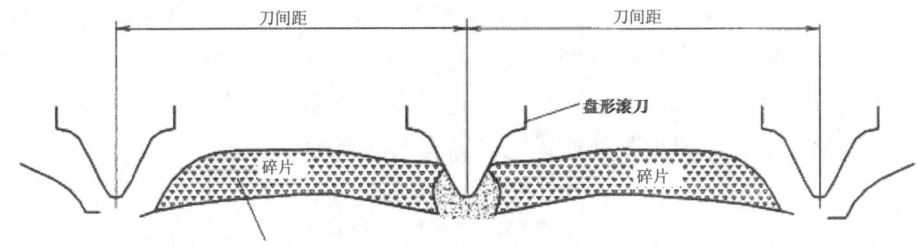

图2-10　刀具破岩原理示意图

随着盘形滚刀的磨损加剧，会使楔形刀刃和岩石表面的接触区域逐渐变大，此时要保持和原来的切深进行掘进作业，需要给盘形滚刀施加更大推力。如果维持原推力继续进行掘进作业，则会因为滚刀达不到设定的切深而降低掘进机工作的稳定性。平刃盘形滚刀磨损前后和岩石的接触面积没什么太大变化，所以平刃盘形滚刀在工程中得到了更好的推广使用。不同半径的盘形滚刀能够承受的额定推力是不一样的，常见的17 in（英寸）（432 mm）盘形滚刀额定推力为200 kN，19 in（英寸）（483 mm）的则为260 kN。

盘形滚刀直径不同，其承载能力也不相同，盘形滚刀直径与其承载能力间的关系如表2-1所示。

表2-1　滚刀直径及承载能力

直径	in	11	12	13	14	$15\frac{1}{2}$	$16\frac{3}{8}$	17	19	21
	mm	279	305	330	356	394	416	432	483	534
额定推力/kN			100	100	150	200	200	200	260	300
最大推力/kN				130	190	250	250	250	310	

三、刀盘驱动系统

盾构的掘进施工是由刀盘的旋转和推进同时进行来实现的，刀盘驱动系统是实现刀盘旋转功能的系统。刀盘驱动系统主要由固联在刀盘上的大齿圈、与大齿圈啮合的小齿轮、减速器和刀盘动力装置等部组件组成,如图 2-11 所示。其中刀盘动力装置为液压马达的称为液压驱动,为电动机的称为电机驱动,电机驱动又可分为变频电机驱动和定速电机驱动。液压驱动和电机驱动是目前盾构刀盘驱动的两种主要形式。虽然盾构刀盘工作转速低,但由于地质构造复杂、刀盘作业直径较大,因此,要求刀盘驱动系统需具备大功率、大转矩输出、抗冲击、转速双向连续可调;在满足使用要求的前提下尽可能减小装机功率,实现节能降耗等工况特点;此外,还要求刀盘驱动系统必须具有高可靠性和良好的操作性能。刀盘驱动形式比较如表 2-2 所示。

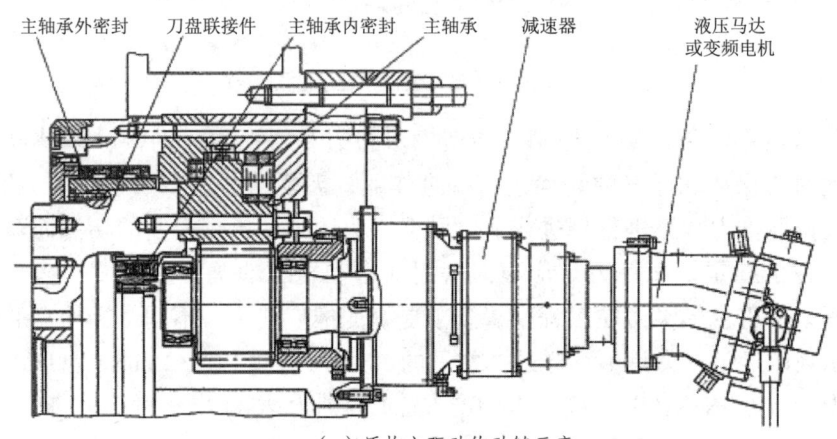

(a)盾构主驱动传动链示意

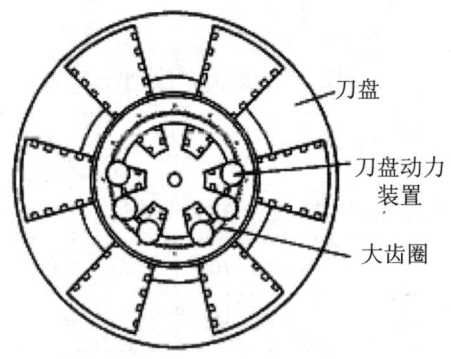

(b)刀盘驱动布置

图 2-11 刀盘驱动系统示意图

(一)液压驱动

刀盘液压驱动主要由液压泵站、阀组、管路、驱动液压马达、减速器、大小齿轮副、三滚子轴向径向主轴承及密封等组成。其中，三滚子轴向径向主轴承基本结构如图 2-12 所示，D_c 为与刀盘连接螺栓分布圆直径，D_o 为滚子滚道直径，H 为轴承厚（高）度。主轴承上压圈和其下压圈组成主轴承外圈并与盾构推进装置（或主驱动箱体）连接，带内齿轮的主轴承内圈（亦即大齿圈）通过螺栓与刀盘连接，大齿圈与减速器输出端的小齿轮啮合从而驱动刀盘旋转。刀盘转速可通过液压控制系统（液压驱动）或电气控制系统（电机驱动）调节，其中液压驱动系统便于刀盘调速及过载保护。

表2-2 刀盘驱动形式比较

驱动形式	变频电机驱动	定速电机驱动	液压驱动
外形尺寸	中	大	小
后续设备	少	少	较多
效率	0.95	0.9	0.65
启动力矩	大	较小	较大
启动冲击	小	大	较小
转速微调控制	好	不能无极调速	好
噪声	小	小	大
盾构温度	低	较低	较高
维护保养	易	易	较复杂

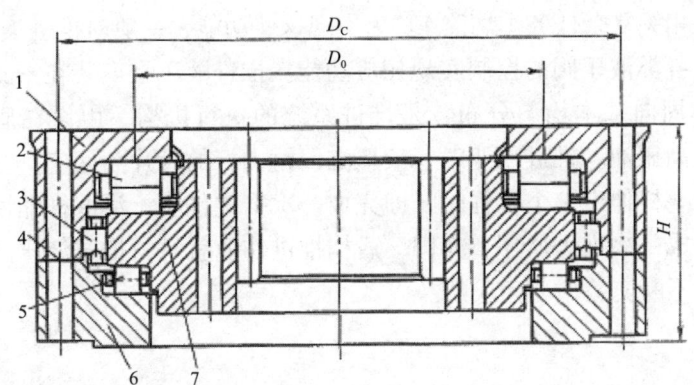

1-上压圈；2-主推力滚柱；3-径向滚柱；4-调整垫片；5-反推力滚柱；6-下压圈；7-内圈

图 2-12 三滚子轴向径向主轴承结构图

（二）电机驱动

刀盘变频电机驱动系统主要由变频电机、减速器、大小齿轮、三滚子轴向径向主轴承及密封等组成。变频电机驱动刀盘旋转，刀盘速度可调，有较大扭矩储备，传动效率高。变频驱动设备费用高，但是具有较高的传动效率，较低的能源消耗，可节省电力费用；液压驱动具有良好的抗冲击能力和过载保护性能，可靠性高。因此，两种驱动方式在盾构上都得到了广泛应用。

盾构不同驱动方式及其特点如表2-3所示。

表2-3　盾构不同驱动方式及其特点

驱动方式	特点	
电驱动、带摩擦式离合器	成本低，当最优先考虑投资成本时选用	
电驱动、变频控制、无级变速	启动电流小，效率高，价格高，对环境要求高，特别对潮湿较为敏感	特别适用于开挖直径大、岩性变化大的地质地层
液压驱动、无级变速	效率低，维修技术高，价格高	

四、推进系统

盾构推进系统一般都采用液压系统，由推进液压缸、液压泵、液压阀件及液压管路等组成。某盾构推进液压缸分布截面示意图如图2-13所示。推进系统是推动盾构向前运动的系统，一般还要求盾构能够实现曲线行进、纠偏以及姿态控制等相关复杂任务（功能）。为实现这些功能，一般对推进液压缸编号、分组并通过各类液压阀的控制实现相应功能。推进液压缸安装在密封舱隔板后部，沿盾体周向基本均匀分布，是推进系统的执行机构，由设在盾构后部的液压泵提供高压油。推进作业时，液压缸以衬砌好的管片为底座，活塞杆不断伸出；当活塞杆伸出一个行程时，即完成一次推进作业；活塞杆缩回，管片衬砌，从而完成一次推进循环。亦即，盾构推进作业就是由推进液压缸活塞杆的伸出和缩回不断交替循环完成的。

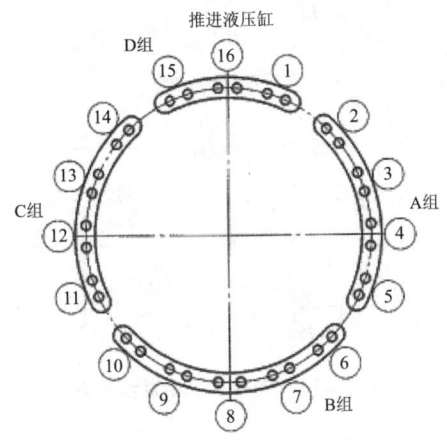

图 2-13　某盾构推进液压缸分布截面示意图

推进液压缸在选型和配置时须满足下列要求：

（1）推进系统不仅要满足盾构在掘进中推力的需求，还要根据管片拼装要求进行布置。

（2）推进液压缸的推力和数量须根据盾构外径、总推力、管片结构和隧道路线等因素确定。

（3）推进液压缸要尽量选用质量小、耐久性好、结构紧凑的油缸，通常选用高压油缸；一般情况下推进液压缸等间距配置在盾构壳体内侧附近，位置的确定要兼顾管片的强度。

（4）配置推进液压缸时，要使推进油缸轴线平行于盾构轴线。

五、集中润滑系统

盾构切口环与刀盘间的滑动副、刀盘大轴承、刀盘超挖系统油缸活动部件、螺旋输送机的螺杆支撑轴承和刀盘回转中心回转节等处滑动、滚动或转动等相对运动部位的灵活性需要良好的润滑，以保证相对运动部件的正常工作和盾构的正常施工作业，因此，在盾构上设置有集中润滑系统。

盾构集中润滑一般采用双线式消耗型润滑系统，如图 2-14 所示。双线式消耗型集中润滑系统主要包括贮油器、润滑泵（油泵）、换向阀、双线分配器、控制装置、两条主油管道、差压传感器等。

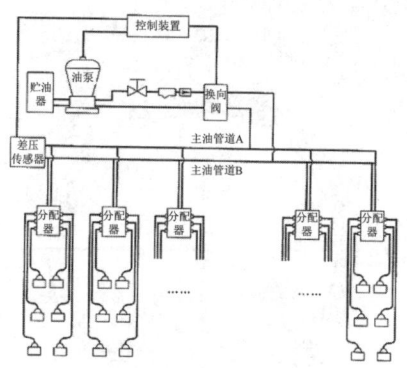

图 2-14 双线式集中润滑系统

贮油器、润滑泵和换向阀通常安置在盾构后配套台车上，润滑泵输出润滑剂，经换向阀交替由两条供油管道输送到双线分配器，再通过双线分配器定量分配到各润滑点。众多分配器呈并联连接于主管道上。由于管路上的压力存在沿程损失，所以，润滑泵到供油点的管道越短，分配器就会先开始动作，因此，差压传感器安装于油泵到供油点的管道最长的分配器后面。当所有的分配器向润滑点供油完成后，差压传感器将动作信号一并发送至控制装置，控制装置调节换向阀变向，使润滑泵为另一条管道供油。

双线分配器工作原理如图 2-15 所示。图 2-15（b）所示为通过换向阀切换至供油管道 3b 时的供油情况，经供油管道 3a 输送至双线分配器中的控制活塞 4a 上腔并对其进行加压，此时控制活塞 4a 下腔与供油管道 3b 连通卸荷（双线分配器有两个油口，分别与两条供油管道连接，当其中一条供油时，另一条则向贮油器开放）。图 2-15（a）所示由润滑泵输送来的润滑剂，随着控制活塞 4a 下移，工作活塞 4b 上腔与控制活塞 4a 上腔连通，工作活塞 4b 下腔与下出油管 6 连通，其下腔的润滑剂经下出油管 6 压送到润滑点，完成第一周期的给油动作。分配器活塞按相同的顺序反向进行前述动作，润滑剂从上出油管 5 压送到另一润滑点。

分配器每口给油量由工作活塞 4b 的直径和行程确定，通过调节调整螺钉来改变工作活塞 4b 的行程，就可实现规定油量范围内的油量大小调节。

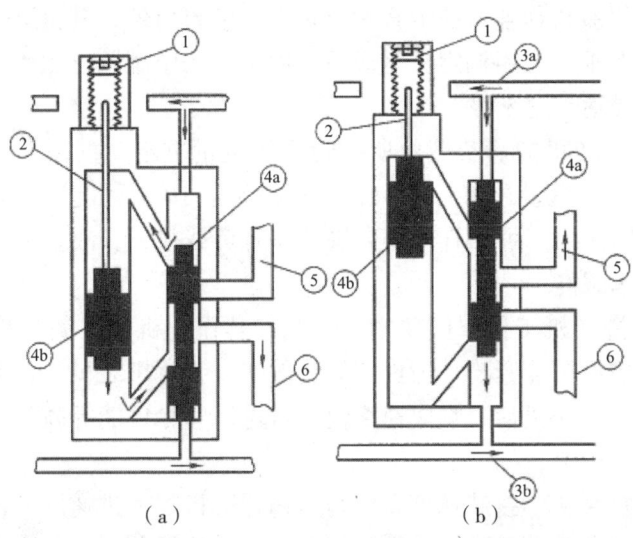

1—调整螺钉;2—指示杆;3a/3b—供油管道;4a—控制活塞;4b—工作活塞;5—上出油管;6—下出油管

图 2-15 双向出油结构的双线分配器工作原理图

盾构集中润滑系统是保障盾构顺利掘进施工的重要装置。若集中润滑系统发生故障,输送不到或输送不够充分的润滑脂,运动副将很快磨损,从而加快该部位失效,如刀盘与切口环滑动部位的唇口密封,主要靠集中润滑系统起密封和润滑作用,若润滑脂不充分,将加速唇口密封的磨损;特别是当唇口密封油脂压力不足时,外部泥沙还容易进入刀盘大轴承,严重威胁盾构施工。

六、管片拼装系统

作为盾构重要组成部分的管片拼装机一般安装在盾构主机的中盾和盾尾之间。在掘进一环距离后,管片拼装机在隧洞壁上安装预制好的管片,形成永久性支护。管片拼装的速度和质量直接影响整个隧洞施工工程的效率和质量,提高管片拼装机的工作效率和可靠性,有助于缩短施工周期,节约成本,提高工程施工过程的安全性。

管片拼装系统具有的特点如下:①六自由度,动作灵活、精度高;②框架式回转机身,整体刚性好;③扣头螺钉为优质合金锻件精加工而成,承载能力强;④伸缩内筒、外筒为热轧方钢管整体机加而成,强度高;⑤齿圈模数大,承载力强,耐磨损;⑥电液比例控制,精度高、反应快;⑦液压驱动,回转扭矩大。

在工程作业中,管片拼装机作为低速、重载工程机械,应满足以下要求:

（1）管片拼装机作业时抓取管片质量大且频繁启停，其粗调机构的定位精度应满足预设要求；在粗调定位完成后，微调机构做微调应能使管片螺纹孔对合，定位精度要达到毫米级。

（2）管片拼装机的静负载由所夹管片的重量决定。直径为 6 m 左右的隧道，其一片管片的重量在 3.5～5 t；而直径大于 10 m 的隧道，其一片管片的重量将达到 9～12 t。可见管片拼装机工作时负载很大，故要求其整机机构有很大的刚度和承载能力。

（3）管片拼装机工作空间狭窄，因此，其作业机构在满足相应功能要求的同时，结构应尽可能紧凑。为提高拼装效率，管片拼装机须在满足拼装精度的前提下，具有动作灵活、响应速度快等特点，即尽可能提高其动作速度和加速度。

（4）管片拼装机的拼装速度要能与盾构掘进机的前进速度一致，故对拼装效率有一定的要求，然而随之而来的复杂的动载荷问题不容忽视，所以不仅要求管片拼装机具有较高的稳定性，还要有足够的可靠性。

管片拼装机一般有单举重臂和双举重臂两类，单举重臂管片拼装机，通常用于小型盾构上，目前盾构大多是用双举重臂管片拼装机。因为单举重臂和双举重臂管片拼装机在原理上基本相似，这里只介绍双举重臂管片拼装机。管片拼装机主要由管片夹持机构、提升系统、平移系统、回转系统及真圆保持装置等构成。管片拼装工艺流程中，管片夹持机构从管片供给装置的真空吸盘或吊环螺栓抓取管片，通过大臂油缸适当收缩、移动盘体平移、旋转盘体旋转等，将待安装管片定位到待安装位置；然后，通过控制系统将基本就位的管片进行适当俯仰、横摇和回转等操作工序将基本就位的管片精确定位到安装位置；最后用配套的螺栓、螺母拧紧，一片管片的安装就基本完成了。

第二节　盾构选型的原则与依据

盾构选型是盾构法隧道施工安全、环保、优质、经济、快速建成的关键工作之一。盾构选型应从安全适应性（也称可靠性）、技术先进性、经济性等方面综合考虑，所选择的盾构形式要能尽量减少辅助施工法，并确保开挖面稳定和适应围岩条件，同时要综合考虑以下因素：

（1）可以合理使用的辅助施工法，如降水法、气压法、冻结法和注浆法等。

（2）满足工程隧道施工长度和线形的要求。

（3）后配套设备、始发设施等能与盾构的开挖能力配套。

（4）盾构的工作环境。

不同形式的盾构所适应的地质范围不同，盾构选型总的原则是安全适应性第一位，以确保盾构法施工的安全可靠；在安全可靠的情况下再考虑技术的先进性，即技术先进性第二位；然后再考虑盾构的价格，即经济性第三位。盾构施工时，施工沿线的地质条件可能变化较大，在选型时一般选择适合于施工区大多数围岩的机型。

盾构选型时主要遵循下列原则：

（1）应对工程地质、水文地质有较强的适应性，首先要满足施工安全的要求。

（2）安全适应性、技术先进性、经济性相统一，在安全可靠的情况下，考虑技术先进性和经济合理性。

（3）满足隧道外径、长度、埋深、施工场地、周围环境等条件。

（4）满足安全、质量、工期、造价及环保要求。

（5）后配套设备的能力与主机配套，满足生产能力与主机掘进速度相匹配，同时具有施工安全、结构简单、布置合理和易于维护保养的特点。

（6）盾构制造商的知名度、业绩、信誉和技术服务。

根据以上原则，对盾构的形式及主要技术参数进行研究分析，以确保盾构法施工的安全、可靠，选择最佳的盾构施工方法和最适宜的盾构。盾构选型是盾构法施工的关键环节，直接影响盾构隧道的施工安全、施工质量、施工工艺及施工成本。为保证工程的顺利完成，对盾构的选型工作应非常慎重。

二、盾构选型的依据

盾构选型应以工程地质、水文地质为主要依据，综合考虑周围环境条件、隧道断面尺寸、施工长度、埋深、线路的曲率半径、沿线地形、地面及地下构筑物等环境条件，以及周围环境对地面变形的控制要求的工期、环保等因素。同时，参考国内外已有盾构工程实例及相关的盾构技术规范、施工规范及相关标准，对盾构类型、驱动方式、功能要求、主要技术参数、辅助设备的配置等进行研究。选型时的主要依据如下：

（1）工程地质、水文地质条件：颗粒分析及粒度分布，单轴抗压强度，含水率，砾石直径，液限及塑限，N 值，黏聚力 C，内摩擦角 ϕ，土粒密度，孔隙率及孔隙比，地层反力系数，压密特性，弹性波速度，孔隙水压，渗透系数，地下水位（最高值、最低值、平均值），地下水的流速、流向，河床变迁情况等。

（2）隧道长度、隧道平纵断面及横断面形状、尺寸等设计参数。

（3）周围环境条件：地上及地下建构筑物分布，地下管线埋深及分布，沿线河流、湖泊、海洋的分布，沿线交通情况、施工场地条件，气候条件，水电供应情况等。

（4）隧道施工工程筹划及节点工期要求。

（5）宜用的辅助工法。

（6）技术经济比较。

第三节　盾构选型的主要步骤与方法

一、盾构选型的主要步骤

（1）在对工程地质、水文地质条件，周围环境，工期要求，经济性等充分研究的基础上，选定盾构的类型；对敞开式、闭胸式盾构进行比选。

（2）在确定选用闭胸式盾构后，根据地层的渗透系数、颗粒级配、地下水压、环保、辅助施工方法、施工环境、安全等因素，对土压平衡盾构和泥水盾构进行比选。

（3）根据详细的地质勘探资料，对盾构各主要功能部件进行选择和设计（如刀盘驱动形式、刀盘结构形式、开口率，刀具种类与配置，螺旋输送机的形式与尺寸，沉浸墙的结构设计与泥浆门的形式，破碎机的布置与形式，送泥管的直径等），并根据地质条件等，确定盾构的主要技术参数。在选型时应进行盾构的主要技术参数详细计算主要包括刀盘直径，刀盘开口率，刀盘转速，刀盘扭矩，刀盘驱动功率，推力，掘进速度，螺旋输送机功率、直径、长度，送排泥管直径，送排泥泵功率、扬程等。

（4）根据地质条件，选择与盾构掘进速度相匹配的盾构后配套施工设备。

二、盾构选型的主要方法

（一）根据地层的渗透系数进行选型

地层的渗透系数对于盾构的选型是一个很重要的因素。通常，当地层的渗

透系数小于 10^{-7} m/s 时，可以选用土压平衡盾构；当地层的渗透系数在 10^{-7} m/s ～ 10^{-4} m/s 之间时，既可以选用土压平衡盾构，也可以选用泥水式盾构；当地层的渗透系数大于 10^{-4} m/s 时，宜选用泥水盾构。根据地层的渗透系数与盾构类型的关系，若地层以各种级配富水的砂层、沙砾层为主时，宜选用泥水盾构；其他地层宜选用土压平衡盾构。

（二）根据地层的颗粒级配进行选型

一般来说，细颗粒含量多，渣土易形成不透水的流塑体，容易充满土仓的每个部位，在土仓中可以形成压力，以平衡开挖面的土体。盾构类型与颗粒级配的关系详见图 2-16，图中黏土、淤泥质土区，为土压平衡盾构适用的颗粒级配范围；砾石粗砂区，为泥水盾构适用的颗粒级配范围。粗砂、细砂区，可使用泥水盾构，也可经土质改良后，使用土压平衡盾构。

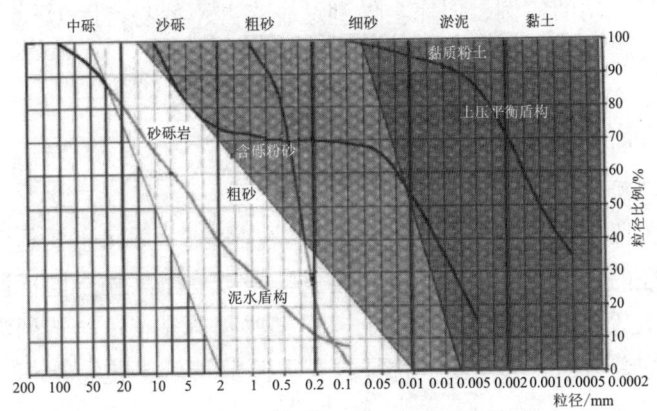

图 2-16　盾构类型与地层颗粒级配的关系

一般来说，当岩土中的粉粒和黏粒的总量达到 40% 以上时，通常宜选用土压平衡盾构，相反的情况则选择泥水盾构比较合适。粉粒的绝对大小通常以 0.075 mm 为界。

（三）根据地下水压进行选型

当水压大于 0.3 MPa 时，适宜采用泥水盾构。如果采用土压平衡盾构，螺旋输送机难以形成有效的土塞效应，在螺旋输送机排土闸门处易发生渣土喷涌现象，引起土仓中土压力下降，导致开挖面坍塌。

当水压大于 0.3 MPa 时，如因地质原因需采用土压平衡盾构，则需增大螺旋输送机的长度，或采用二级螺旋输送机，或采用保压泵。

（四）盾构选型时必须考虑的特殊因素

盾构选型时，在实际实施时，还需解决理论的合理性与实际的可能性之间的矛盾，必须考虑环保、地质和安全因素。

1. 环保因素

对泥水盾构而言，虽然经过过筛、旋流、沉淀等程序，可以将弃土浆液中的一些粗颗粒分离出来，并通过汽车、船等工具运输弃渣，但泥浆中的悬浮或半悬浮状态的细土颗粒仍不能完全分离出来，而这些物质又不能随意处理，这就出现了使用泥水盾构的一大难题。降低污染、保护环境是选择泥水盾构面临的十分重要的课题，需要解决的是，如何防止将这些泥浆弃置在江河湖海等水体中，避免造成范围更大、更严重的污染。

要将弃土泥浆彻底处理达到作为固体物料运输的程度也是可以做到的，国内外都有许多成功的实例，但完全做到这一点并不容易，因为：

（1）处理设备贵，增加了工程投资。

（2）用来安装这些处理设备需要的场地较大。

（3）处理时间较长。

2. 工程地质因素

盾构施工段工程地质的复杂性主要反映在基础地质（主要是围岩岩性）和工程地质特性的多变方面。在一个盾构施工段或一个盾构合同标段中，某些部分的施工环境适合选用土压平衡盾构，但某些部分又很适合选用泥水盾构。盾构选型时应综合考虑，并对不同选择进行风险分析后择其优者。

3. 安全因素

从保持工作面的稳定、控制地面沉降的角度来看，当隧道断面较大时，使用泥水盾构要比使用土压平衡盾构的效果好一些，特别是在河湖等水体下、在密集的建筑物或构筑物下及上软下硬的地层中施工时。在这些特殊的施工环境中，施工过程的安全性将是盾构选型时的一项极其重要的参考标准，如北京铁路地下直径线最终选择了泥水盾构。

第四节　盾构形式的选择

在选择盾构形式时，最重要的是要以保持开挖面稳定为基础进行选择。为选择合适的盾构形式，除需对土质条件、地下水进行调查以外，还要对用地环境、竖井周围环境、安全性、经济性进行充分考虑。

近几年以来，由竖井或渣土处理而影响盾构形式选择的实例不断增加。另外，在一些实例中，施工经验也会成为盾构选型的重要影响因素。因此，在选型时，有必要邀请具有制造同类盾构经验的国内外知名盾构制造商进行技术交流；可邀请国内盾构隧洞设计、科研、施工方面的专家进行选型论证和研究，并应参照类似工程的盾构选型及施工情况。

（一）土压平衡盾构

土压平衡盾构主要适用于粉土、粉质黏土、淤泥质粉土、粉砂层等黏稠土壤的施工，在黏性土层中掘进时，由刀盘切削下来的土体进入土仓后由螺旋输送机输出，在螺旋输送机内形成压力梯降，保持土仓压力稳定，使开挖面土层处于稳定状态。盾构向前推进的同时，螺旋输送机排土，使排土量等于开挖量，即可使开挖面的土层始终保持稳定。排土量通过调节螺旋输送机的转速和出土闸门的开度予以控制。

当含砂量超过某一限度时，泥土的塑流性明显变差，土仓内土体因固结作用而被压密，导致渣土难以排送，需向土仓内注入水、泡沫、泥浆等添加材料，以改善土体塑流性。在砂性土层施工时，由于砂性土流动性差、砂土摩擦力大、渗透系数高、地下水丰富等原因，土仓内压力不易稳定，须进行渣土改良。

根据以上分析，土压平衡盾构主要分为两种，一种是适用于含水量和粒度组成比较适中，开挖面土砂可直接流入土仓及螺旋输送机内，从而维持开挖面稳定的土压式盾构；另一种是对应于砂粒含量较多而不具有流动性的土质，需通过注入水、泡沫、泥浆等添加材料，使泥土压力可以很好地传递到开挖面的加泥式土压平衡盾构。

土压平衡盾构根据土压力的状况进行开挖和推进，通过检查土仓压力，不但可以控制开挖面的稳定性，还可以减少对周围地基的影响。土压平衡盾构一般不需要实施辅助工法。

加泥式土压平衡盾构可以适用于冲积沙砾、砂、粉土、黏土等固结度比较低的软弱地层、洪积地层以及软硬不均地层，在土质方面的适用性最为广泛。但在高水压下（大于 0.3 MPa），仅用螺旋输送机排土难以保持开挖面的稳定性，还需安装保压泵或进行切削土的改良（图 2-17）。

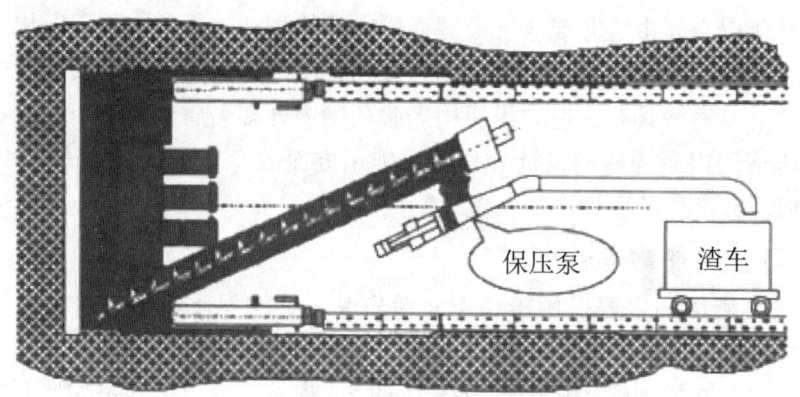

图 2-17 在高水压地层盾构需安装防喷涌的保压泵

(二) 泥水盾构

泥水盾构通过施加略高于开挖面水土压力的泥浆压力来维持开挖的稳定。

除泥浆压力外,合理选择泥浆的状态也可增加开挖面的稳定性。泥水盾构比较适合于河底、江底、海底等高水压条件下的隧道施工。

泥水盾构使用送排泥泵通过管道从地面直接向开挖面进行送排泥,开挖面完全封闭,具有高安全性和良好的施工环境。既不对围岩产生过大的压力,也不会受到围岩压力的反压,对周围地基影响较小。一般不需辅助施工。特别是在开挖断面较大时,控制地表沉降方面优于土压平衡盾构。

泥水盾构适用于冲积形成的沙砾、砂、粉砂、黏土层、弱固结的互层,以及含水率高、开挖面不稳定的地层;洪积形成的沙砾、砂、粉砂、黏土层,以及含水率很高、固结松散、易于发生涌水破坏的地层。但对于难以维持开挖面稳定性的高透水地层、砾石地层,有时也要考虑采用辅助工法。

根据控制开挖面泥浆压力方式的不同,泥水盾构有两种:一种是日本体系的直接控制型,另一种是德国体系的间接控制型(即气压复合控制型)。直接控制型的泥水仓为单仓结构形式;间接控制型的泥水仓为双仓结构,前仓称为开挖仓,后仓称为气垫调压仓。开挖仓内完全充满受压的泥浆后平衡外部水土压力,开挖仓内的受压泥浆通过沉浸墙的下面与气垫仓相连。

隧道开挖过程中,直接控制型泥水盾构开挖仓内的泥水压力波动较大,一般在 $\pm(0.05 \sim 0.1)$ MPa 之间变化,见图 2-18。

间接控制型泥水盾构的气垫调压仓通过压缩空气系统精确进行控制和调节压力,开挖仓内的压力波动较小,一般为 $\pm(0.01 \sim 0.02)$ MPa,泥浆管路内的浮动变化将被准确、迅速平衡,减少了外界压力的变化对开挖面稳定造成的影响，见图 2-19。

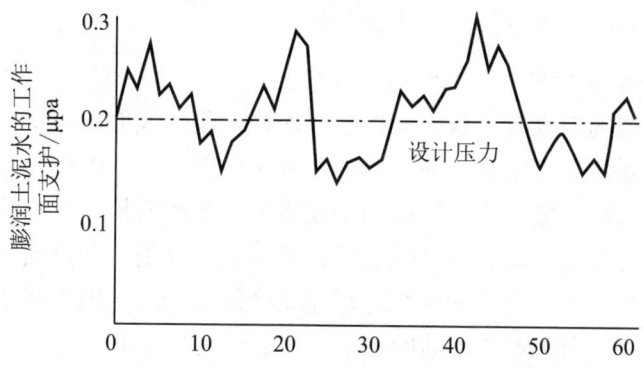

图 2-18　直接控制型泥水盾构压力波动曲线图

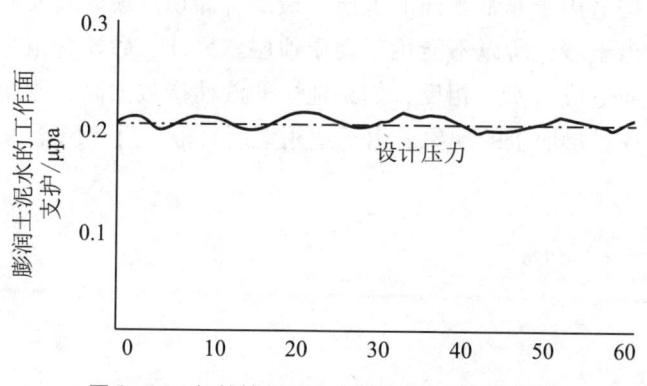

图 2-19　间接控制型泥水盾构压力波动曲线图

（三）手掘式盾构

手掘式盾构由于头部敞开，因此比较适用于软硬不均的开挖面，以及砾石、卵石等地层。手掘式盾构以开挖面能够长时间自稳为基本条件，在开挖面不够稳定时，需通过注浆进行地基加固；在地下水位较高会有涌水而影响开挖面稳定性时，需采取降水等辅助措施。

一般来说，洪积形成的沙砾、砂、固结粉砂、黏土层易于自稳，最适于使用手掘式盾构。冲积形成的松散砂、粉砂、黏土层，开挖面不能自稳，需采用辅助措施。手掘式盾构直到 20 世纪 70 年代末期一直得到较广泛应用。由于目前不依靠辅助施工的闭胸式盾构的使用优势，现在手掘式盾构已基本被淘汰。

（四）半机械式盾构

半机械式盾构适用于开挖面可以自稳的围岩条件。适合的土质主要是洪积形成的沙砾、砂、固结粉土及黏土，对于软弱的冲积层是不适用的。在使用辅助工法方面同手掘式盾构，目前已基本淘汰。

（五）机械式盾构

机械式盾构的刀盘有面板式和辐条式两种。面板式刀盘的机械式盾构是通过面板来维持开挖面稳定，并通过开口率解决块石、卵石的排出问题；辐条式刀盘的机械式盾构一般用于开挖面易于稳定的小断面盾构，针对块石、卵石使用。机械式盾构与手掘式、半机械式盾构相同，主要用于开挖面可以自稳的洪积地层中。对开挖不易自稳的冲积地层应结合压气施工、地下降水、注浆加固等辅助工法使用。由于需使用辅助工法，目前已基本被淘汰。

（六）挤压式盾构

挤压式盾构适用于非常软弱的地层，最适合冲积形成的粉质砂土层。由于是从开口部排出土砂，所以不能用于硬质地层。另外，砂粒含量如果太大，会出现土砂压缩而造成堵塞。相反，如果地层的液性指数太高，则很难控制土砂的流入，会出现过量取土的现象。由于适用地层有限，近年已不采用。

第三章 盾构隧道工程施工技术研究

第一节 盾构法隧道施工的组装、调试与验收

一、盾构的现场组装与调试

(一) 盾构组装调试程序

盾构组装一般宜按下列程序进行：组装场地的准备→始发基座安装→行走轨道铺设→吊装设备准备并就位→将后配套各部件组装成拖车总成，包括结构、设备、管路等→将连接桥与后配套组装连接→主机中体组装→主机前体组装→刀盘组装→主机前移，使刀盘顶至掌子面→管片安装机轨道梁下井安装→管片安装机安装→盾尾安装→反力架及反力架钢环的安装→主机与后配套对接→附属设备的安装及管路连接。盾构组装调试流程如图 3-1 所示。

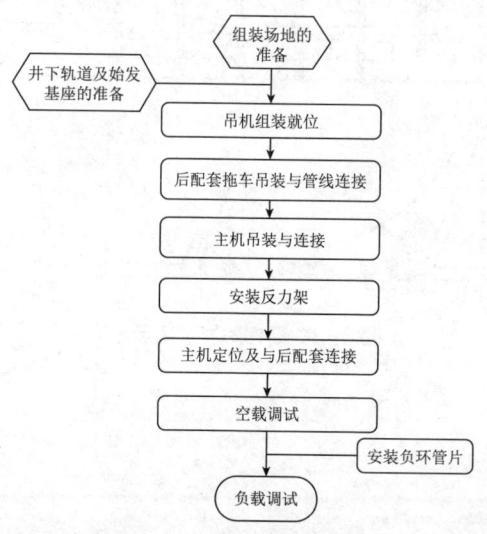

图 3-1 盾构组装调试流程

盾构的组装场地一般分为3个区，即后配套拖车存放区、主机及配件存放区、吊机存放区。

吊装设备一般采用1台履带吊、1台汽车吊、2台液压千斤顶，以及相应的吊具，它们的吨位和能力取决于盾构最大部件的重量和尺寸。

在组装盾构前安装调试好门吊，使组装更加灵活，有利于缩短组装时间。

组装盾构所需工具设备可按下述项目准备：拉伸预紧扳手、液压扭力扳手、风动扳手、扭力扳手、棘轮扳手、重型套筒扳手、内六角扳手、开口扳手、管钳、普通台虎钳、导链、吊带、油压千斤顶、弯轨器、轨道小车、液压小推车等，其规格型号因盾构型号及制造厂家的要求而异。

（二）始发基座的安装

盾构始发基座（也称始发架）的形式详见图3-2。盾构组装前，在组装井内精确放置始发基座并定位固定，然后铺设轨道。

盾构始发基座一般采用钢结构，预制成榀。始发基座的水平位置按设计轴线准确进行放样。将基座与工作井底板预埋钢板焊接牢固，防止基座在盾构向前推进时产生位移。盾构始发基座的安装如图3-3所示。

盾构基座安装时，应使盾构就位后的高程比隧道设计轴线高程高约30mm，以利于调整盾构初始掘进的姿态。盾构在吊入始发井组装前，须对盾构始发基座安装进行准确测量，确保盾构始发时的正确姿态。

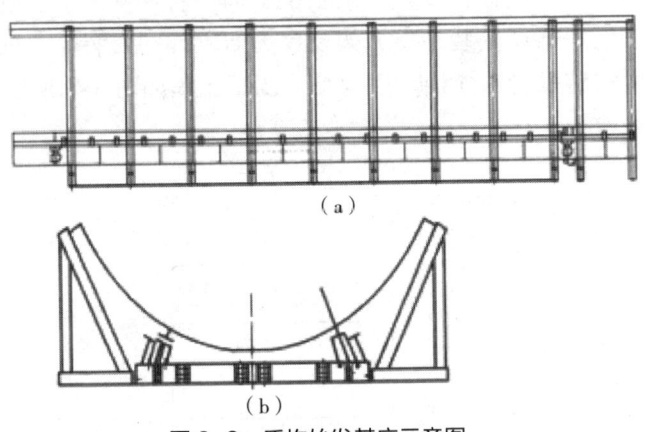

图3-2 盾构始发基座示意图

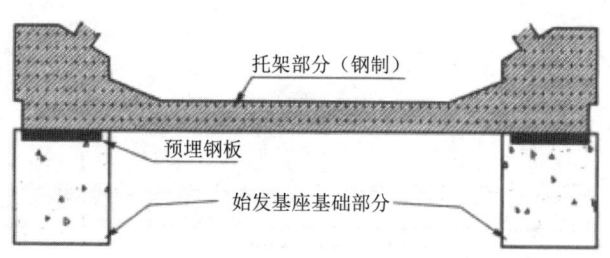

图 3-3 盾构始发基座的安装

1. 始发基座轴线安装测量

始发基座的轴线在吊入始发井时必须进行标记，当基座吊入始发井后，先对照始发井底部测量准确的轴线及始发井两端端墙上的中心标记，采用投点仪辅以钢丝的投点的方法，对基座进行初步安放，然后在始发井圈梁上的轴线点同时架设经纬仪，将轴线点投入始发井底部，调节基座，使基座的轴线标记点与设计轴线点位于同一竖平面内。安装完成后，须用盘左及盘右进行检测，确保盾构始发基座轴线标志点的误差均在 3 mm 以内，以达到相应规范的要求。

2. 始发基座高程安装测量

根据始发基座的结构尺寸，须计算基座上表面的设计高程值。在始发基座轴线位置安装完成后，进行基座的高程测量。用水准仪将所需要的高度放样于始发井两侧侧墙上，并做出明显的标志。所放样的高程点要有足够的密度，盾构工作井共需标设 6 个高程标志点，6 个高程标志均匀分布在始发井侧墙的两侧。高程标志完成后，对所有标志进行复核，任意两个标志间的高程互差不超过 2 mm，且与绝对高程的差值不超过 1 mm，为始发基座的精确安装提供保障。始发基座安装时，在相对应的高程标志间拉小线，进行基座的初步安装，完成后，用水准仪进行精测，对基座的高程进行微调，达到设计高程的精度要求（允许偏差为 0～3 mm）。考虑到在进行轴线及高程微调时两者之间互相影响，在完成整个基座的安装后，须进行全面细致的复核，以确保盾构始发基座的准确安装。

（三）盾构组装顺序

1. 后配套拖车下井

各节拖车下井顺序为从后到前的顺序，如盾构有 4 节拖车时，其下井顺序为：4 号拖车→3 号拖车→2 号拖车→1 号拖车。拖车下井后，组装拖车内的设备及其相应管线，由电瓶机车牵引至指定的区域，拖车间由连接杆连接在一起，见图 3-4。

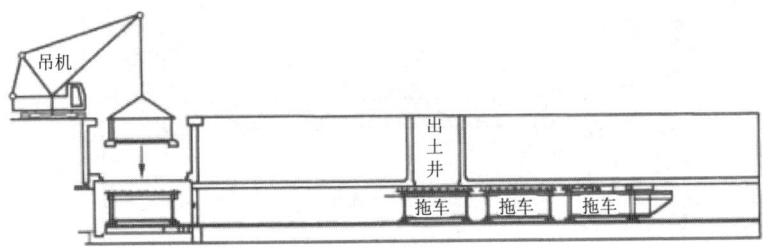

图 3-4　后配套拖车及设备桥下井

2. 设备桥下井

设备桥（也称连接桥）长度较长，下井时须由汽车吊与履带吊配合着倾斜下井。下井后其一端与 1 号拖车由销子连接，另一端支撑在现场施焊的钢结构上，然后将上端的吊机缓缓放下后移走吊具。用电机车将 1 号拖车与设备桥向后拖动，将设备桥移出盾构组装竖井，1 号拖车与 2 号拖车连接，见图 3-5。

3. 螺旋输送机下井

螺旋输送机长度较长，下井时须由汽车吊与履带吊配合倾斜下井。2 台吊机通过起、落臂杆和旋转臂杆使螺旋输送机就位。螺旋输送机下井后，摆放在矿车底盘上，用手动葫芦拖至指定区域，见图 3-6。

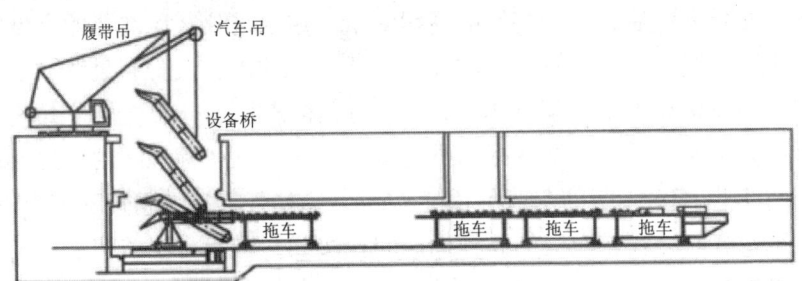

图 3-5　设备桥下井

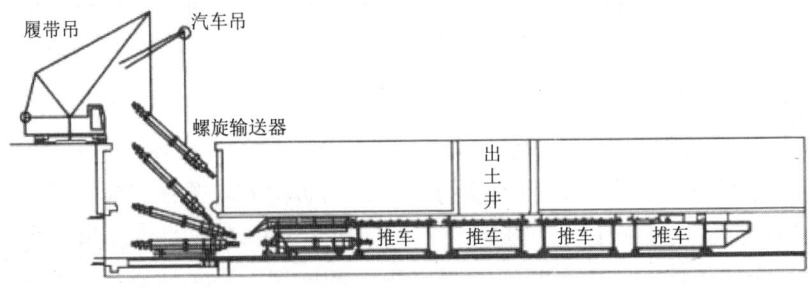

图 3-6　螺旋输送机下井

4.中盾下井

中盾在下井前将两根软绳系在其两侧,向下吊运时,由人工缓慢拖动,防止中盾扭动,吊机缓慢下钩,使中盾自然下垂,由平放翻转至立放状态送到始发基座上,见图3-7。

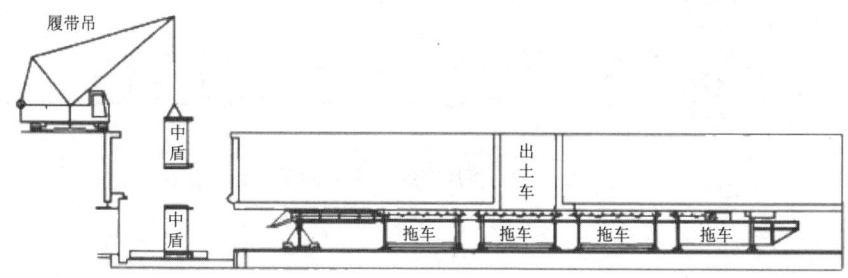

图3-7 中盾下井安装

5.前盾下井

前盾翻转及下井同中盾,送到始发基座上后进行与中盾的对位,安装与中盾的连接螺栓。

6.安装刀盘

刀盘翻转及下井同中盾。送到始发基座上后安装密封圈及连接螺栓,见图3-8。

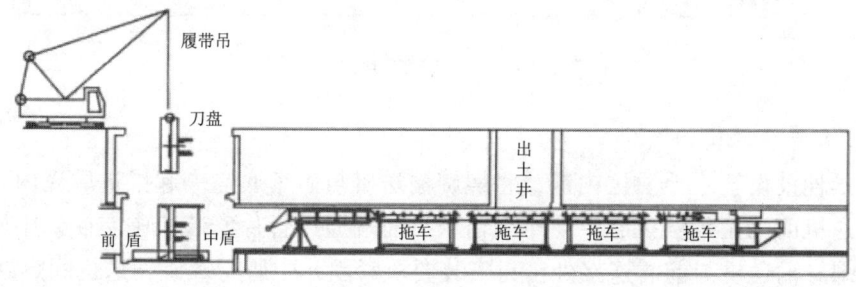

图3-8 刀盘下井安装

7.主机前移

主机前移,使刀盘顶到掌子面。在始发基座两侧的盾构外壳上焊接顶推支座,前移一般由两个液压千斤顶完成。

8.安装管片安装机

管片安装机翻转及下井与中盾相同,下井安装后再进行两个端梁的安装,见图3-9。

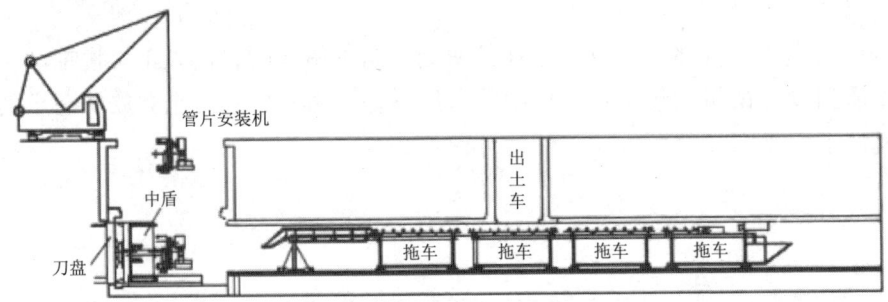

图 3-9　管片安装机下井安装

9. 盾尾下井

盾尾焊接完成后,在汽车吊与履带吊配合下,倾斜着将盾尾穿入管片安装机梁,并与中盾对接,见图 3-10。

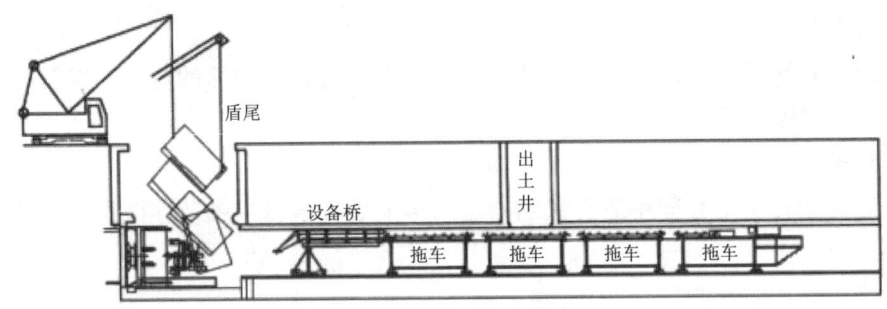

图 3-10　盾尾下井安装

10. 安装螺旋输送机

延伸铺设轨道至盾尾内部,将螺旋输送机与矿车底盘一起推进盾壳内。螺旋输送机前端用导链拉起,使螺旋输送机前端通过管片安装机中空插到中盾内部。螺旋输送机与前盾连接处密封安装要求紧固,中盾与螺旋输送机固定好。

11. 反力架及负环钢管片的安装

在盾构主机与后配套连接之前,开始进行反力架的安装。反力架端面应与始发基座水平轴垂直,以便盾构轴线与隧道设计轴线保持平行。反力架与车站结构连接部位的间隙要垫实,保证反力架的安全稳定,见图 3-11。

盾构反力架的作用是在盾构始发掘进时,提供盾构向前推进所需的反作用力。盾构始发掘进前应首先确定钢反力架的形式,并根据盾构推进时所需的最大推力进行校核,然后根据设计加工盾构钢反力架,待钢反力架安装完毕后,方可进行始发掘进。

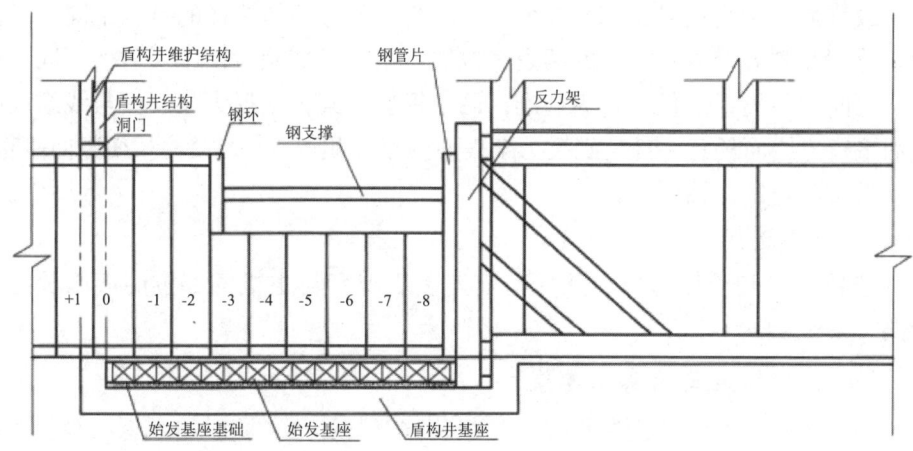

图 3-11　反力架及负环钢管片的安装

进行盾构反力架形式的设计时，应以盾构的最大推力及盾构工作井轴线与隧道设计轴线的关系为设计依据。

钢反力架预制成形后，由吊车吊入竖井，由测量给出轴线位置及高程，进行加固。反力架要和端墙紧贴，形成一体，保证有足够的接触面积。如反力架和端墙之间出现缝隙，在反力架和端墙之间补填钢板，钢板要分别与反力架、洞口圆环焊牢。安装完毕后要对反力架的垂直度进行测量，保证钢反力架与盾构推进轴线垂直。

盾构反力架安装质量直接影响初始掘进时管道的质量，其中钢反力架的竖向垂直及与设计轴线相垂直是主要因素。钢反力架安装必须注意以下事项。

（1）钢反力架中心放样。钢反力架中心的安装采用水准仪配合经纬仪进行。其中，经纬仪架设于盾构始发端的圈梁轴线点上，后视另一轴线点，将轴线点投向反力架中心标志处，指挥反力架左右平移，直至与轴线重合。然后，用水准仪测量中心标志的绝对高程，指挥钢反力架上下移动，达到设计的高程值。由于反力架的中心不是影响始发掘进的主要因素，安装时反力架的中心误差控制在 15 mm 以内。

（2）钢反力架与轴线及自身垂直放样。钢反力架中心放样完成后，须使反力架面在竖直方向上垂直，且此面与盾构设计轴线垂直。放样时，首先使用水平尺使钢反力架在竖直方向上基本垂直，然后使用经纬仪将轴线引入始发井底部，在靠近反力架处的设计轴线上设站，后视另一轴线点，将经纬仪置于 0°，旋转 90°，在始发井侧墙一侧放样两点，再用倒镜在始发井另一侧墙处同样放样两点。

放样后，须再旋转经纬仪180°，检查是否与起初放样的点位于同一平面内。分别在侧墙上方及下方的两点间拉线，用直尺准确量出钢反力架不同部位与线之间的距离，以任一点为基准，调节钢反力架，使反力架表面与线组成的线面平行（线面任意一部位到反力架表面的距离相等），使反力架面竖向垂直，且反力架面与设计轴线垂直。

12. 管线连接

连接电气和液压管路，从后向前连接后配套与主机各部位的液压及电气管路。

（四）盾构组装的总体要求

（1）盾构组装前必须制订详细的组装方案与计划，同时组织有经验的作业人员组成组装班组，并在组装施工前对组装人员进行技术和安全培训。

（2）盾构的运输必须由具有资质的专业大件运输公司运输进场。

（3）盾构吊装由具有资历的专业队伍负责起吊。

（4）应根据履带吊机（一般采用250 t）对地基承载力的要求，对其工作区域进行处理，如浇筑钢筋混凝土路面、铺设钢板等，防止地层不均匀沉陷。

（5）盾构主机吊装之前必须对始发基座进行准确定位。

（6）大件组装时应对盾构始发井端头墙进行严密的观测，掌握其变形与受力状态，保证始发井结构安全。

（7）大件吊装时一般以90 t汽车吊辅助翻转。

（8）组装前对所使用设备、工具进行安全检查，以保证组装过程的安全顺利进行。每班作业前按起重作业安全操作规程进行技术交底，严格按有关规定执行。

（9）由专人负责大件运输和现场吊装、组装的秩序维护，确保组装安全。

（10）机械部件组装前需要弄清其结构及安装尺寸的关系、螺栓连接紧固的具体要求等，同时自始至终保持清洁。

（11）组装前必须检查泵、阀等液压件的封堵是否可靠，如有情况，必须进行现场清洗；管件在组装前如果没有充满油液，也必须进行严格清洗。

（12）高低压设备和电气元件的安装，严格执行制造厂所提供的有关标准和我国电力电气安装的有关规定、标准。

（五）盾构组装要点

（1）组装前必须熟知所组装部件的结构、连接方式及技术要求。

（2）组装工作必须本着"由后向前，先下后上，先机械后液压、电气"的原则。

（3）对每一拖车或部件进行拆包时必须做好标记，注意供应商工厂组装标记，如 VRT→表示隧道掘进方向，NL2 表示 2 号拖车，L 表示左侧，R 表示右侧。

（4）液压管线的连接必须保证清洁，禁止使用棉纱等易脱落线头的物品擦拭。

（5）组装过程中严禁踩踏、扳动传感器、仪表、电磁阀等易损部件。

（6）组装场内的氧气瓶、乙炔瓶必须定点存放、专人负责。

（7）组装工具必须由专人负责，专用工具必须严格按照操作规程使用。

（8）对盾构所有部件的起吊必须保证安全、平稳、可靠。

（六）盾构的调试

盾构的调试按阶段可划分为工厂调试和施工现场调试。现场调试又分为井底空载调试、试掘进重载调试。工厂调试阶段的工作是对设计、制造质量及主要功能进行调试；井底空载调试阶段的工作是在盾构吊到井底后，按照井底调试大纲，对其总装质量及各种功能进行检查和调试；试掘进重载调试，是试掘进期间进行的重载调试，经调试并验收合格后即可正式交付使用。

1. 空载调试

盾构组装完毕后，即可进行空载调试。空载调试的目的主要是检查盾构各系统和设备是否能正常运转，并与工厂组装时的空载调试记录进行比较，从而检查各系统是否按要求运转，速度是否满足要求。对不满足要求的，要查找原因。主要调试内容为配电系统、液压系统、润滑系统、冷却系统、控制系统、注浆系统的调试，以及各种仪表的校正。

以土压平衡盾构为例，空载调试的内容如下。

（1）确认每台电机的接线情况，各种管路、信号线路的连接情况。

（2）确认各种紧急按钮是否有效。

（3）确认液压油箱的油位和各减速箱的油位。

（4）确认液压泵运转是否正常。

（5）在有危险的部位放置警示牌。

（6）排掉各活塞泵内的空气。

（7）接通电源，确认各部分电压是否符合要求。

（8）确认各漏电保护开关是否有效。

（9）检查各电动机的转向是否正常。

（10）排掉润滑油管路内空气，并确认转换压力和各油路分配阀运行情况是否良好。

（11）依次对每台液压泵进行无负荷运转，直到泵内无空气混入的声音为止。

（12）通过控制室启动各液压油泵和刀盘马达，检查运转是否正常。

（13）随时观察各种管路是否漏油。

（14）对推进和铰接系统，检查推进油缸和铰接油缸的伸缩情况，管路有无泄漏现象及其泵站的运转情况。

（15）对管片拼装机进行运行确认。

①对拼装机的控制系统，即有线操作和无线操作进行确认，检查拼装机各机构运转及自由度情况；

②对旋转马达进行运转，检查其是否灵活可靠，并将其内的空气排净；

③对拼装机伸缩、提升、支撑千斤顶的动作加以确认，并排净其内的空气；

④检查拼装机上各种连接油管，检查其是否有漏油现象及其泵站的运转情况。

（16）检查管片吊机和管片输送小车的操作遥控手柄，检查其运转情况。

（17）对螺旋输送机进行空载试车，检查螺旋输送机前后闸门打开和关闭、螺旋杆伸缩情况，管路有无泄漏现象及其泵站的运转情况。

（18）在主控制室对刀盘进行旋转试验。

①在试验前，将刀盘位置处的盾构始发基座割去一块，以防止刀盘旋转时和始发基座发生碰撞；

②刀盘进行正、反方向旋转，检查是否正常。

（19）管片整圆器的调试。

①将整圆器液压油缸中的空气排净；

②检查其各部分的油管是否漏油，滑道是否顺滑，行进是否灵活。

（20）皮带输送机的调试。在辊子摆放到位、皮带硫化完毕后，检查皮带运转情况，及时调整皮带和刮板。

①检查皮带机的转向；

②检查各个滚轮转动是否灵活可靠；

③检查输送带有无裂纹；

④调整输送带在滚筒上的位置。

（21）泡沫系统和刀盘加水。泡沫系统参数设定好后，启动泡沫泵和风水供应系统，察看泡沫发生器混合发生情况，刀盘前部泡沫喷射和混合效果。

（22）注浆系统。检查注浆泵运转和管路连接情况。

盾构设备经空载试验，确认各项性能达到设计要求后，方可进行试掘进施工。

2. 负载调试

通过空载调试证明盾构具有工作能力后，即可进行盾构的负载调试。负载调试的主要目的是检查各种管线及密封设备的负载能力，对空载调试不能完成的调试工作进行进一步完善，以使盾构的各个工作系统及其辅助系统达到满足正常施工要求的工作状态。通常试掘进时间即为对设备负载调试时间。

二、盾构的现场验收

盾构设备在现场组装和调试完成后，应进行验收。验收组由盾构设备的买方、卖方及设备使用单位的技术人员以及有关专家联合组成。验收组按照技术文件和图纸，共同进行检查和试验，并由买方和卖方的双方代表签署盾构设备的组装证书，以及单机和系列机械和设备的调试证书。如果盾构调试成功，盾构组装符合技术文件的要求，双方代表应签署安装竣工证书。验收合格后，进行盾构的始发与试掘进，试掘进长度按盾构采购合同的规定，试掘进完成后进行盾构设备的最终验收。最终验收的内容包括验收盾构的制造质量、设备性能、安全、环保等方面。最终验收合格后，由买方和卖方的双方代表签署最终验收证书。

盾构的最终验收是盾构管理责任由制造商向使用单位完全转移的标志，是盾构掘进管理的重要环节。

盾构验收前盾构制造商需提供主要部件出厂合格证书、盾构检验证书、工厂调试报告、工地验收文件清单及相关表格、合同中规定的图纸和技术资料、验收标准等文件。合同设备应在规定的考核期内实现全部保证指标和相关条款，则表示最终验收合格。

验收中应认真记录验收数据，填写验收报告。验收要有专项表格，设备和系统的各项验收数据必须达到性能指标才能通过验收。

设备最终验收的主要依据如下。

（1）盾构采购合同。

（2）盾构技术文件及技术参数。

（3）合同附件的相关条款。

（4）对新机需提供设计联络、监造、安装调试过程中，及随后的掘进过程中所签署的文件、备忘录等。

（5）调试有关参数记录。

（6）试掘进有关参数记录。

第二节 盾构法隧道施工的关键技术探究

为了满足在城市繁华地区及一些特殊工程的施工，大量的盾构法施工新技术应运而生。这些新型盾构技术不仅解决了一些常规技术难以解决的施工问题，而且使盾构技术的效率、精度和安全性都大大提高。这些新技术主要反映在以下3个方面：

①施工断面的多元化，从常规的单圆形向双圆形、三圆形、方形、矩形及复合断面发展。

②施工新技术，包括进出洞技术、地中对接技术、长距离施工、急曲线施工、扩径盾构施工法、球体盾构施工法等。

③隧道衬砌新技术，包括压注混凝土衬砌、管片自动化组装、管片接头等技术。

一、扩径盾构工法

扩径盾构工法是对原有盾构隧道上的部分区间进行直径扩展。施工时，先依次撤除原有部分衬砌和挖去部分围岩，修建能够设置扩径盾构的空间作为其始发基地。随着衬砌的撤除，原有隧道的结构、作用荷载和应力将发生变化，所以必须在原有隧道开孔部及附近采取加固措施。扩径盾构在撤除衬砌后的空间内组装完成后，便可进行掘进。为使推力均匀作用于围岩，需要设置合适的反力支承装置。当盾体尾部围岩抗力不足时，需要采用增加围岩强度的措施，也可设置将推力转移到原有管片上的装置。

二、球体盾构工法

球体盾构亦称直角盾构，其刀盘部分设计为球体，可以进行转向。

球体盾构工法，又称直角方向连续掘进施工法，主要是在难以保证盾构竖井的用地，或需要进行直角转弯时使用。球体盾构的施工方法分为"纵－横"和"横－横"施工两种。

以"纵－横"施工为例，"纵－横"方向连续掘进施工（图3-12）是从地面开始连续沿竖直方向向下开挖竖井，到达预定位置后，球体进行转向，然后实施横向隧道施工的方法。

第三章 盾构隧道工程施工技术研究

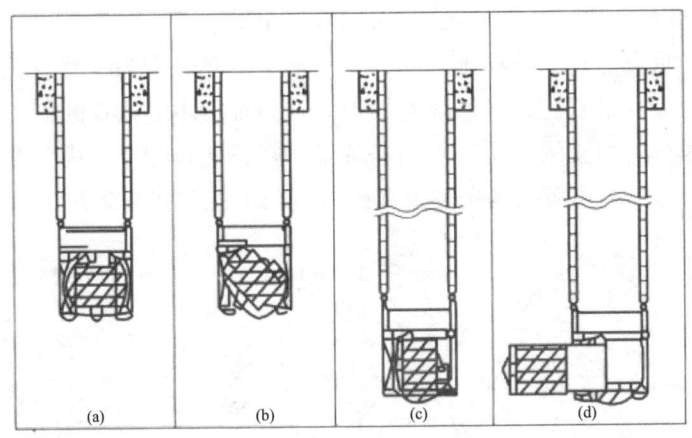

(a) 主盾构竖向掘进； (b) 次盾构内藏球体回转； (c) 球体回转完毕；
(d) 次盾构水平掘进

图 3-12　纵－横式球体盾构连续施工工艺

三、多圆盾构工法

多圆盾构工法又称 MF 盾构工法，MF 是英文 "Multi—circular Face" 的缩写。MF 盾构工法是使用多圆盾构修建多圆形断面的隧道施工法。通过将圆形作各种各样的组合，可以构筑成多种多样断面的隧道。图 3-14 为多圆盾构的典型应用示意。多圆盾构适合于地铁车站、地铁车道、地下停车场、共同沟的施工。MF 盾构可以采用泥水式、土压平衡式两种类型。

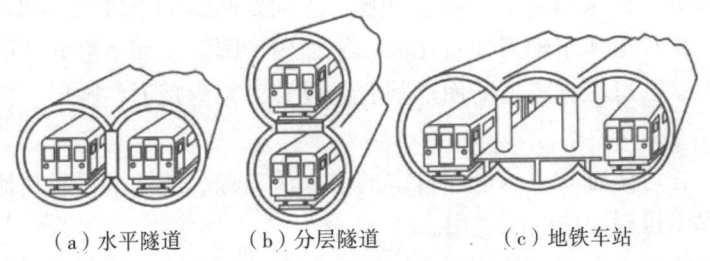

(a) 水平隧道　　(b) 分层隧道　　(c) 地铁车站

图 3-13　多圆盾构的典型应用

（四）H&V 盾构工法

H&V 盾构由具有十字铰接构造的多个圆形盾构组成，通过使复数个前盾各自向相反的方向铰接，给盾构施加旋转力，通过螺旋形掘进，可从一个横向平行的盾构连续地变换到纵向平行盾构。

H&V 是英文 "horizontal variation & ertical variation" 的缩写，H&V 盾构工法即水平和垂直变化的盾构施工法，可从水平双孔转变为垂直双孔，或者由垂直双孔转变为水平双孔，可以随时根据设计条件，不断改变断面形状，开挖成螺旋形曲线双断面（图 3-14）。两条隧道的衬砌各自独立。由于两条隧道作为一个整体来施工，可解决两条隧道邻近施工的干扰和影响问题。

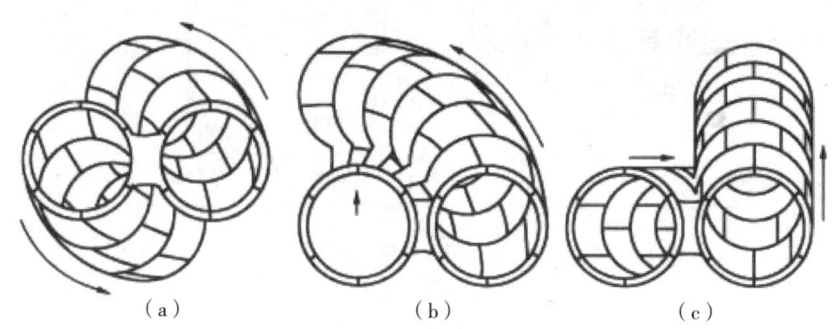

图 3-14 H&V 盾构法原理示意图

（五）变形断面盾构法

变形断面盾构通过主刀和超挖刀相结合，其中主刀用于掘进圆形断面的中央部分，超挖刀用于掘进周围部分。根据主刀的每个旋转相位，通过自动控制系统来调节液压千斤顶的伸缩行程，进行超挖，通过调节超挖刀的振幅，可施工任意断面形状的截面。

（六）偏心多轴盾构法

偏心多轴盾构采用多根主轴，垂直于主轴方向固定一组曲柄轴，在曲柄轴上再安装刀架。运转主轴刀架将在同一平面内作圆弧运动，被开挖的断面接近于刀架的形状。可根据隧道断面形状要求设计刀架为矩形、圆形、椭圆形或马蹄形。

目前，偏心多轴式盾构已在日本的下水道工程、地铁工程和其他管线等许多地下工程中得到了广泛的应用。

（七）机械式盾构对接技术（MSD 法）

当使用两台盾构从隧道两端相向掘进到隧道汇合处时，盾构对接的主要问题是高地下水的渗入或工作面的坍塌问题。解决这些问题的方法通常是冷冻接合处周围的土体，然而会产生冷冻土体的膨胀及冻土融化后的沉降等一系列问题。

采用机械式盾构对接技术，通过在两台盾构的前缘设置对接装置，有效解决了地中对接的难题。机械式盾构对接（mechanical shield docking）技术也称"MSD"法，是指采用机械式盾构对接的一种地下接合的盾构施工法。

MSD法施工时，一台为发射盾构，另一台为接收盾构。发射盾构一侧安装可前后移动的圆形钢套，而在接收盾构的一侧的插槽内设置抗压橡胶密封止水条。

其施工工艺如图3-15所示。其工艺流程如下：

（1）两台盾构分别从两侧各自推进到预定位置后，停止开挖。在维持土压或泥水压力的状态下，任一侧的刀盘回缩至盾壳内，两台盾构尽可能向前推进。

（2）发射盾构推出收藏在盾构内的圆形钢套，插入接收盾构的插槽内，使两台盾构在地下接合。

（3）完成对接后，在圆形钢套的内周焊接连接钢板，使两台盾构的盾壳形成一体，拆去除盾壳外的其余结构后，浇注混凝土。

（八）盾构水下施工土木对接技术

在跨越大江大河施工领域，过去是桥梁建设具有传统优势，但随着盾构技术在我国城市地铁建设中的逐步成熟，我国隧道施工已开始进入穿越大江大河和海洋的时代。盾构长距离的水底施工和地中对接施工已成为跨江越海必须掌握的盾构施工新技术。除机械对接外，最常用的是土木对接技术，其方法是在对接区域进行地层加固处理，当加固后的地层达到止水及强度要求后，即可拆卸盾构外壳内的结构和部件，并在盾壳内进行衬砌作业。

地层加固的方法通常采用化学注浆法或冻结法。化学注浆施工法的施工性能优越，造价低；冻结法改良地层的效果可靠，但造价高，工期长。通常两种方法都可行，但采用哪种方法更优，需要根据具体的施工条件选定。从盾构内进行辅助加固施工的方式有两种，一种是从两侧盾构内设置的超前加固设施同时对地层进行加固处理；另一种是仅从某一侧盾构内设置的加固设施进行超前地层加固处理，另一侧盾构到达后直接进入加固地层中。由两侧盾构内进行加固的方法用于2台盾构几乎同时到达的场合，采用这种方法进行的加固处理，其加固范围基本对称，特别是当采用化学注浆法进行作业时，加固的效果更好。仅从一侧盾构内加固的方法是从先行的盾构内进行加固，采用这种方法加固的范围较大，且改良范围的形状不规则，效果不易控制，见图3-16。

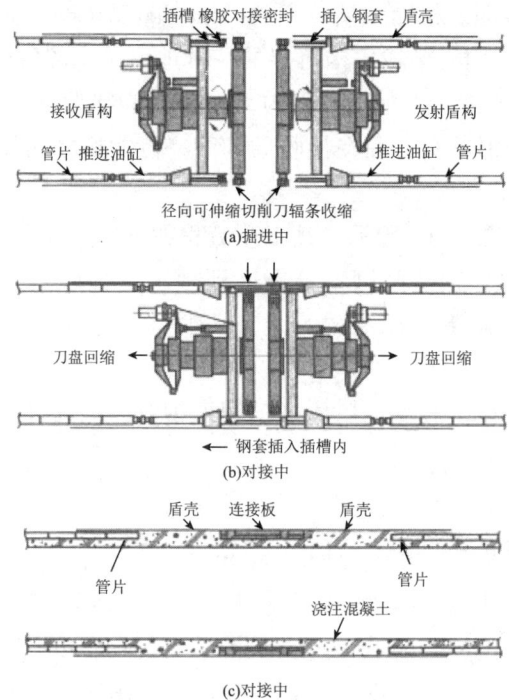

图 3-15 机械式盾构对接施工工艺

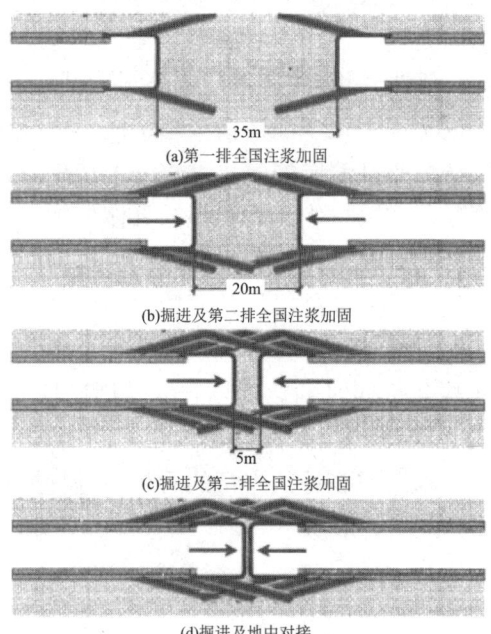

图 3-16 地中对接盾构内地层加固工艺

（九）带压进仓技术

盾构长距离施工中，不可避免地要进行中途检查和更换刀具或进仓进行维修作业。因此，安全可靠地在非常压下快速进入土仓进行刀具的检查、更换及其他部件的维修或地下障碍物的排除，已形成一项新型技术。带压进仓原理为经过对刀盘前方地层进行处理后，在保证刀盘前方周围地层和土仓满足气密性要求的条件下，通过在土仓建立合理的气压来平衡刀盘前方的水、土压力，达到稳定掌子面和防止地下水渗入的目的，为作业人员在土仓内进行安全作业提供条件，如图3-17所示。

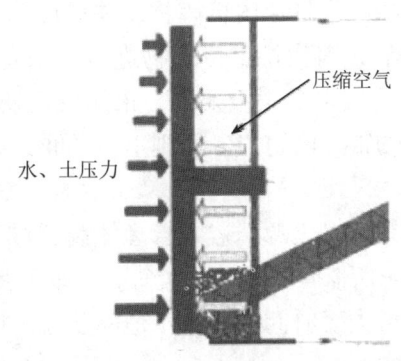

图3-17 带压作业原理示意图

第三节 盾构法施工的安全

盾构法施工是利用盾构从竖井始发进行开挖地下隧道的工程，其特点是作业空间狭小，作业场所主要集中在掌子面。因此，在安全方面除了易发生一般建设工程常见的人员摔伤、砸伤、挤伤等事故外，还易发生洞内火灾、瓦斯爆炸、缺氧、高气压等盾构隧道特有的灾害，所以对盾构施工中的安全卫生必须重视。

一、灾害防止与健康管理

施工时，为了防止灾害的发生必须采取必要的防护措施，尤其必须对盾构工程特有的作业环境、作业条件、作业方法等起因的灾害要特别注意。

（一）火灾的防止

隧道内火灾的特点是：①由于烟和CO的存在，故在灭火时不能只考虑灭火，还必须考虑二次灾害发生的可能性。②由于火灾发生于掌子面与洞口之间，所以洞内的工作人员难以避难。③如火灾引发停电，会使避难变得更加困难。所以，应充分认识到消防、避难等方面的困难，认真制定出消防措施。尤其在采用气压盾构时，必须注意避难时气闸室的出入，在压气条件下燃点降低、火灾传播速度加快、灭火器具效率降低等问题。

液压设备的工作油根据消防法律法规被指定为危险品，带入隧道内必须办理必要的手续。带入量少于规定量时，可作为少量危险品储存在指定处，当超出指定量时则应根据消防法律法规规定，作为危险品进行处理。

为了防止火灾，应尽量减少隧道内可燃物，并尽可能不动用明火。同时应建立防火体制，明确责任制，对火源、可燃物进行严格管理，排除火灾隐患。采取措施将火消灭在初期阶段也是很重要的。采用气压盾构时，禁止将火种、火柴、打火机或其他引燃物带入隧道内。原则上，禁止进行焊接、气割等明火和电弧的作业。

此外，需使有关人员知道对火源的监督管理体制，对不同火源所使用的灭火设备的配置，明火作业场所监督人员的配置等，以便开展初期消防活动。

初期消防失败时，隧道内短时间内会处于危险状态，所以必须根据规定立即退到安全区，以防火灾扩大。

盾构工程中，由于施工条件限制，有可能会影响消防演习活动顺利进行。因此，必要时最好从施工计划阶段开始，与有关部门协商合作并建立密切的联络关系。

（二）瓦斯爆炸的防止

当开挖沼泽填筑地、污浊港湾围填地等腐泥层、甲烷地带、腐殖土层时，甲烷等可燃性气体就会从围岩涌出，或从隧道内涌水中游离出来，有在隧道内引起瓦斯爆炸和燃烧的危险。

因此，在进行盾构施工时必须事先对盾构预定通过地区及周围的地形、地质、水文等进行调查，同时必须对现场周围以前或现在正在施工的工程进行充分的调查。预计有可能出现可燃性气体时，必须通过钻探或其他方法对有无可燃性气体及其状况进行必要的调查。另外，也可以根据需要在盾构掘进之前对地基进行加固或重新考虑盾构形式，或设法使机电设备、机器防爆化或采取其他措施。

有可能发生可燃性瓦斯时，必须做好隧道内通风，排出可燃性气体。为此，必须慎重研究选择合适的通风设备、通风方式和通风能力。

另外，必须认真研究制定出隧道内防止漏水和出渣的方法。在施工时，应有专人测量瓦斯浓度,每天作业开始之前,对有可能滞留瓦斯的地方进行瓦斯浓度测量。

测量可燃性瓦斯的装置形式有测量个别地段用的便携式和经常使用的定位式等。测量瓦斯浓度时,必须连续观察瓦斯的涌出量,必要时做到能自动报警。采用可适应瓦斯变化的测量方法进行测量。

目前,对可燃性瓦斯、有害瓦斯、氧气浓度的测量已研制出各种测量装置及器具,有遥控自动测量、集中管理测量、自动记录等,也有可自动报警的装置。对这些瓦斯测量装置必须努力做好维修管理工作,每天检查一次以上,以保证其功能完善,使其一直处于正常使用状态,同时记录、保存其测量结果。

当发生的可燃性瓦斯浓度超过容许值时,必须立即使作业人员退至安全区域,禁止使用明火或其他引燃源物品,并进行通风和排气。甲烷等可燃性气体易停留在开挖面上方、隧道顶部和通风不畅的地方,这些地方会产生浓度很高的甲烷层。因此,除了使用主要通风、排气设备外,还需考虑采用移动式辅助通风设备,充分搅拌稀释隧道内空气。

(三)缺氧及瓦斯中毒事故的防止

外边的新鲜空气无法流入或通风不畅之处,由于空气中氧的消耗,会导致含氧量少的气体(缺氧气体)漏出,加之空气以外的气体(甲烷、二氧化碳、硫化氢等)的漏出,会造成缺氧及瓦斯中毒事故。因此,在进行盾构施工时需根据盾构通过地区及其周边的预先调查资料预测缺氧气体、有害气体的危险性。通过钻探或其他方法,认真做好事前调查。

缺氧气体产生的原因及发生状态根据土质条件、施工方法及气压变化的影响不同而呈复杂多样化。但是,通过或靠近以下所列的地层和地域时,隧道内有发生缺氧气体的危险。

(1)没有地下水或地下水少的沙砾层和砂层且上部有不透水层时。
(2)含有亚铁盐类、亚锰盐类的地层。
(3)含有甲烷、乙烷的地层。
(4)含有腐殖物、有机质的地层。
(5)涌出或有可能涌出碳酸水的地层。
(6)有缺氧空气滞留的地层。
(7)在附近有其他工程采用压气施工法施工的地域。

因此,在进行调查时,除了地质条件外,还必须对现场周围曾经施工或正在施工的工程进行周密调查。此外,在气压盾构中有与本工程同时施工的盾构推进施工时,需密切注意其相互影响,必须考虑到将漏出的缺氧气体带入邻洞的可能性。

为了防止缺氧气体及瓦斯中毒事故的发生，隧道内必须具备充足的通风量，使隧道内的氧气浓度不低于允许极限，而有害气体浓度不超过允许浓度。为此，需慎重研究，并选择合适的通风设备和通风能力。

另外，在施工过程中，应经常在作业场所测量气体成分，一旦测出有缺氧气体和有害气体存在时必须立即采取充分的通风措施。关于施工中空气中的氧气浓度、有无有害气体、有害气体状态的测量及其记录的必要事项，都应按有关规定进行。

（四）起吊、运输、轨道事故的防止

盾构施工需防止在隧道内、竖井内运输材料时，废渣运输、起吊作业时发生事故，为此应考虑相关设备的设置方法和安全性，根据需要设置防脱索装置。必要时应设置防止接触、防止飞逸等的设备。特别是自动组装管片的自动化装置要有确保十分安全的机械装备，应制定相关人员的作业规程，并严格遵守。此外，相关机械设备结构、规格除了要符合规定外，还要依照法规规定的事项对这些机械设备进行使用管理、维修检查，同时制定出与现场条件相适应的运输、运行规定，并使相应作业人员通晓有关规定。

（五）高气压病的防治

从事压气作业的人员，有患减压症、耳和副鼻腔障碍等影响健康的疾病的危险。为了防止这些高气压病的发生，必须依据医学上认可的方法，正确处理高气压隧道内的作业时间、气闸室内的加减压速度、作业结束后的有害气体压力减少时间等。从事这些压气作业的人员必须事先进行健康检查，合格者每隔6个月仍需检查一次。另外，作业人员应各自留意日常健康状态，施工方应努力做好健康管理工作，对员工就健康问题进行经常性的指导。

其他使用压气施工法的各种设备，对其结构、设置方法、使用管理、维修检查等必须严守相关规定，尽力实现安全作业。

二、紧急情况下的对策与急救措施

为防止紧急事故发生，施工方需对隧道内外所有机械、设备及通信设施采取备用措施，同时建立能与隧道内外的各作业场所、相关部门立即取得联系的体制。

隧道内发生火灾、开挖面坍塌、涌水等紧急事故时，或者因有害气体、缺氧气体、可燃性气体的涌出发生中毒、瓦斯爆炸等事件时，必须立即停止作

业，采取切实可行的措施，使作业人员迅速退到安全地带。

（一）通信联络设备

作业人员必须充分注意隧道内外的通信联络设备以及报警设备的配置、备用设备的配置、检查维修等。必要时除通常的通信设备外，还可考虑设置无绳通话设备。

（二）避难用设备器具

根据需要，施工方应在适合的地方配备空气呼吸器、氧气呼吸器等呼吸保护用具和便携式照明器具等避难用具。除采取确保避难通道畅通的措施外，还必须使作业人员对此有详细的了解。用于可能出现可燃性气体涌出地段的便携式照明器具应采用防爆型或用化学发光剂发光的制品。除了经常保持避难、救护设备随时可使用以外，还需对作业人员进行避难、救护方面的教育和训练，特别是对于确保呼吸的用品，由于在压气中使用的环境条件不同，其性能变化较大，故需熟知其性能及正确的使用方法。

（三）急救措施

作业人员负伤或生病时，必须采取最有效的急救措施。事先准备好隧道内外的护送设备、指定急救医院和制定护送注意事项等措施也很重要。

（四）应急医疗设备及相关设备

在 1 kg/m^2（100 kN/m^2）以上的压力下工作时，应设有医疗闸或急救时可利用的医疗设备，同时必须具有送排气设备、与外部进行联系的设备、暖气设备以及消防设备等。

三、作业环境的保护和维持

施工中必须设置必要的设备，采取必要的措施和对策，使作业环境一直保持安全和卫生。盾构施工时必须考虑地下开挖作业的特殊性，认真地保护维持、作业环境，以便能够安全、舒适地进行施工。在隧道内需确保通风设备、照明设备及通道等的安全，采取消除影响作业人员健康的措施。

（一）通风

施工方必须根据地质条件，盾构规模、施工方法、进度等选用合适的通风方式和通风设备。此外，在事前调查中发现有发生缺氧气体、有害气体的可能时，应认真研究其对策，使隧道内具有足够的通风能力，同时需考虑能否处理意外事态的发生。采用压气施工时，除研究开挖面的稳定性以外，还需从安全的角度出发研究所需供气量以及其他因素来安排压气设备。

通常，仅隧道内作业人员的呼吸对空气的污染每人就需 3 m³/min 的通风量。

出现缺氧气体及有害气体时，除含氧量不得低于允许值外，还必须使有害气体、可燃性气体的浓度不超过其允许值。若超出允许浓度，必须立即采取措施改进通风设备和通风方式。

表3-1所示为有害气体和可燃性气体的允许值。表中的法定值是根据有无危险确定的。由于盾构设备产生的热量提高了隧道内的温度，必须采取措施使隧道内的温度降低于允许值37℃以下。其措施一般是采用通风装置送冷空气。在隧道外也要注意出发竖井以及到达竖井中的机械组装和解体时的焊接、切割作业产生的临时污染。此外，采用以低温液化气进行冷冻施工时，必须注意液态氮从配管接头漏出时引起的缺氧危险。

表3-1　隧道内有害气体、可燃性气体一览表

气体分类	气体特征			预计事故及危险	限制参考值
	相对密度	颜色气味	爆炸极限（容量%）		
一氧化碳	1	无色、无臭	12.5～74	中毒、爆炸	1×10^{-4}
二氧化氮	1.5	棕红色、刺激性	—	中毒	3×10^{-6}
二氧化碳	1.5	无色、无臭	—	缺氧症	1.5%
硫化氢	1.2	无色、臭蛋味	4.3～45	中毒、爆炸	1×10^{-5}
亚硫酸气	2.3	无色、硫黄臭	—	中毒	2×10^{-6}
氧	1.1	无色、无臭	—	缺氧症	18%
甲烷	0.6	无色、无臭	5.3～14	爆炸	1.5%

（二）照明

盾构作业的场所以及通道必须有照明设施，以尽量防止灾害发生，保护作业环境。

对开挖面、拼装机、皮带输送机、各种机械的操作部位、注浆处等直接作业的照明，需确保可安全作业的充足照度，最低照度宜在 70 勒克斯以上。使

用照明设备时,应尽量减小明暗对比,以防晃眼。由于移动型照明设备在频繁移动的情况下容易损害,故应采用有防水外壳的照明设备,并需经常进行检修。

即使是作为通道使用的区域,为了确保作业人员行走安全和轨道车辆的行驶安全,也必须进行必要的照明。有时在整个通道上保持同样照度比较困难,但在最暗的地方也需保证在 20 勒克斯左右。有的照明根据盾构的断面大小而定,一般多采用 40 W 的荧光灯,配置间隔 5～8 m。这些固定式照明设备由于需长期使用,除考虑耐久性外,还需经常进行维修检查。

此外,在特殊危险的地方。需设置警戒标志灯。

(三)排水

为了在施工中不发生事故,必须进行隧道内排水。

由于大量的意外涌水和排水设备的故障等,有可能引发重大事故,故需充分考虑备用排水设备和停电时的对策。

必须注意排水泵的使用,对断路器、接地、移动电线等应采取安全措施,以防触电。

(四)通道

为了防止隧道内轨道车辆等发生事故和作业人员通行的安全,必须确保通道安全。

通道必须具有足够的空间,以防止作业人员接触运行中的轨道车辆。同时,通道的路面也需保证安全,并采用适当的照明设备。通道与轨道和运输道路之间要用栅栏、安全绳等明确地区分开。

(五)劳动保护用品

除安全帽外,根据作业内容,需具备呼吸保护用具、安全带、口罩、耳塞、防护眼镜、防震手套、防水服等劳保用品,并根据不同的需要供作业人员使用。对于这些保护用品,必须使用合格的产品而不能使用破旧品,同时使作业人员充分了解其使用方法。

(六)噪声防止

噪声不仅给作业人员造成不适,还会妨碍以对话和声音进行联系的信号,从而导致影响安全作业,同时会影响人的生理机能,造成噪声性耳聋。盾构施工时的主要噪声发生源有竖井的打桩机、挖土机以及隧道外施工用的门吊、泥水处理设备、土砂料斗、鼓风机等。因此,需选用噪声较小的机械设备。另外,根据工程和作业方法,对形成噪声源的机械设备还可采取音源改善、隔音、吸音等措施，以降低噪声程度。若有产生噪声性耳聋的可能时，除定期测量噪声等级外，还应监视防止噪声的效果，并考虑噪声程度和噪声的传播时间等，必要时必须采取令工人带耳塞的方法。

（七）防振措施

在盾构工程中，除风镐、混凝土振动器等振动工具以外，有时也采用其他的施工和运输器械。作为防振对策，除应选用配有有效的防振装置的机械、工具，使用防振手套等保护用品外，还需对有振动的作业进行管理。

四、压气管理

采用压气施工方法时，需特别注意作业人员的健康，确保作业安全卫生。

（一）压气作业的一般管理

在隧道外醒目之处明示严禁无关人员进入隧道。在隧道外应经常注明进洞人员的名单，进出洞时应点名，并随时准确地了解作业人员的情况。

在压气条件下作业时，禁止将火种和可燃性物品带入隧道。

（二）压气设备的一般管理

压气施工法所使用的设备必须是能确保施工所需气压，可供足够空气量的可靠设备，尤其是在空气压缩机系统和电力设备系统发生故障时，会对开挖面及作业人员产生很大的影响，故需配备备用电源或考虑配置自用发电设备，以便即使在停电或发生意外事故时，也可确保最低限度的功能。另外，必须始终注意向隧道内供给空气的调节，尤其是必须在操作这些调节阀和阀门的操作之处设置隧道内压力表，以防万一。

（三）压气设备的使用管理及维修检查

应将压气作业的主要设备与运行、操作相关的联络信号的方法，详细地给相关的运行和操作者进行技术交底。不允许指定外的人员操作送、排气阀和调节阀。对主要设备的维修检查需制定标准，并指定专人负责。必须按照规定标准进行维修检查，并将其检查结果予以记录、保存。

第四节　基于环境保护的盾构法施工

虽然盾构法与明挖法相比，具有噪声小、振动小、对交通及环境影响小的优点，但由于盾构工程大多数是在房屋集中或商业等城市活动频繁的地点建设，所以环境保护还是应该特别加以注意的。近年来，随着社会状况的变化，人们越来越关心建设工程对环境的影响。因此，盾构工程要在遵守有关法规的同时，还需对法规之外的一些问题根据不同地区的具体情况采取相应的措施。

一、盾构工程环境保护的特点

盾构工程污染环境的因素除了有噪声、振动、地基变形等之外，基本与其他建筑工程相同（表3-2）。

此外它还有特殊污染，主要集中在竖井部分。其原因如下：

（1）作为公害产生源的盾构法施工的辅助设备大部分设在竖井；

（2）竖井内的作业时间很长。特别是施工时间，从建竖井到盾构掘进完毕直至浇注二次衬砌，有时长达数年之久，结果使工程范围内局部区域（竖井周围）的人们长期受到影响。因此，对盾构工程的环境保护措施来说，竖井是极为重要的。另外，特殊情况下还应考虑缺氧、井水枯竭和地下水污染的问题。

表3-2 盾构工程中的环境变化

起因	媒介	环境变化	主要不利影响
工程	大气	噪声	1.生理影响； 2.日常生活影响； 3.对医院、学校、幼儿园等的影响
	地基	震动	1.生理影响； 2.地基变位(沉降、龟裂、陷落等)，房屋破损等
		地基变位	地基变位(沉降、龟裂、陷落、隆起等)，房屋破损等
	地下水	地下水变化	1.井水枯竭； 2.井水污染
	其他	其他	1.对交通的影响； 2.日照时间减少，破坏景观

二、环境保护实施步骤

实施环境保护，要根据周围状况综合考虑。因此有时视周围的土地利用状况不需要采取对策，有时为了防止噪声而设置隔音墙，但由此又可能对采光和景观产生影响。

环境对策的实施步骤基本上与其他建设工程相同，若按工程进度归纳，可分为设计阶段的预防、施工阶段的管理和完工后的善后处理。

为预防起见，工程施工前要分析对环境造成影响的因素，并据此对现场状况进行调查，确定对应方案。在施工阶段，要在切实管理好各类机器的同时，调查在盾构施工过程中对环境产生的影响，并采取相应措施将对环境不利的因素控制在最小范围。

完工后进行事后调查，并针对具体问题采取相应对策。此时应注意地基变化等在完工后的较长时间（约1年）内仍将存在的不利影响。

三、环境影响因素及其对策

（一）噪声与振动

噪声与振动是所有建设工程中最难处理的公害，在盾构工程中也必须重点考虑。

1. 发生原因

盾构工程的噪声和振动来源有两个：

（1）建竖井时拆路面，打挡土桩、开挖等作业造成的。

（2）盾构掘进时由竖井的出渣设备、注浆设备、通风设备、空气机和泥水处理设备等造成的噪声。

盾构掘进所产生的噪声与振动要比建竖井时产生的噪声与振动小。一般噪声产生的问题要比振动产生的问题多。此外，盾构在埋深浅的地点掘进时也会产生振动。

2. 对策

（1）噪声对策。施工产生的噪声通常控制在该地区噪声限制标准以下。但是，当加上工程现场周围的暗噪声（该地点平常的噪声）有时就会超出噪声限制标准值。因此，降低噪声水平的期望值（即将工程噪声降至多少分贝）是根据暗噪声和考虑周围居民的反映而确定的。为此，施工方需事先测定工程现场周围的暗噪声，并调查周围房屋状况及其密集程度等。

暗噪声的测定时间可根据该地区的生活时间带来确认。控制噪声发生的主要对策如下：选择噪声低的施工方法以及施工设备，并对施工设备进行隔音处理，如加罩或安装消音设备；定期检修设备并注意操作方法；合理布置施工设备；设隔音设备（一般为隔音墙，隔音墙有两种结构，一种是用隔板将发生噪声的机械从外部围起来的壁式结构，另一种是用隔板覆盖至房顶的屋顶式结构）；采用适当的作业时间带。

（2）振动对策。振动灾害的特点是除了像噪音那样使人感到不快外，还会对房屋和一些些设施造成破坏。

振动源和噪声源大致相同，故其对策也基本与噪声对策相同，主要对策如下：选用振动小的施工方法以及低振动的机械；安装防振装置；合理布置施工设备；限制冲击式作业，缩短振动时间。

（二）地基沉降

盾构工程中的地基沉降分为盾构掘进过程中产生的沉降与竖井开挖过程中产生的沉降。

1. 盾构掘进过程中产生沉降的原因及对策

（1）原因。盾构掘进时，若正上方发生 4 cm 以上的沉降，就会造成地表破坏，其主要原因如下：地应力变化导致地基内部变形；开挖面围岩坍塌及发生扰动；掘进时围岩产生扰动；盾尾空隙的壁后注浆施工不充分；纠偏及弯道施工时超挖太多。

发生沉降不是上述某一种原因单独造成的，而是各种因素综合作用的结果。

（2）对策。以上现象可采取以下措施加以避免：选择与当地土质、障碍物状况等施工条件相适应的施工方法和盾构类型；进行适当的施工管理以确保开挖面的稳定，比如，对土压平衡盾构开挖面的土压和排土量进行适当的施工管理并选择适当的填充材料，对泥水盾构则进行泥水压力和浓度的管理；防止偏挖，减少俯仰和偏转，减轻盾构与围岩之间的摩擦；通过选择合适的壁后注浆材料，采用同步注浆方式等，切实充实盾尾；对管片接头、注浆孔等进行切实的止水，防止土体中的空隙水压力下降。

2. 竖井部分地基沉降的原因和对策

（1）原因。竖井部分地基沉降的原因有以下几种：地基隆起、隆胀、涌砂；防坍支护变形；从脱落掉块处的背面产生涌砂。

（2）对策。解决这些问题的主要对策有以下几种：根据开挖深度、土质等选择合适的防坍支护施工法；切实保证基础埋设深度；对脱落掉块部分进行化学注浆，防止从该处产生涌砂；注意施工管理并在发生过大移位和泥沙流入等情况时，进行合理的处理；通过底层土体加固等来加强底板。

（三）水质污染

盾构工程中的水质污染有两种，一是隧道内和泥水分离站的污水流入公共水域、下水道等；二是作为辅助施工法采用的注浆化学液体流入地下水。其防止措施有以下几项。

（1）将现场的污水排入公共水域或下水道之前，必须通过沉淀池、沉砂池（有时使用凝聚剂）除去悬浮物质，若呈碱性或酸性则进行综合处理。对污水中的油污可通过使其上浮，然后吸附分离除去。

（2）化学注浆时，应注意药液的选择，同时应设观测井，以监测水质状况。如果担心会有污染时则可重新考虑施工计划，采用其他的施工方法或改变化学用品。

（四）地下水位下降

采用降水法来稳定开挖面或洞内出现大量涌水，可能会导致地下水位下降从而引发地基下沉和井水枯竭等现象。

此时应采取的对策主要有。

（1）通过压气、化学注浆等辅助工法挡水。

（2）即使在围岩能自稳的情况下也采用密闭式盾构，以防地下水从作业面流入洞内。

（五）缺氧

缺氧对周围环境的影响是采用气压盾构施工法必须注意的事项，即压缩空气经过土体进入地下洞室、水井等时，若该处地层具备本章第三节所述缺氧地层的条件，则氧气将在土体中被消耗，进来的空气则呈缺氧状态。

此外，地下原先存在的缺氧空气有时会被压缩空气挤出来流入地下空间。空气中氧气的浓度在18%以下为缺氧。氧气浓度的变化对人体的影响如表3-3所示。

表3-3 氧气浓度下降对人体的影响

呼吸		动脉血中氧气分压/kPa	动脉血中氧气饱和程度/%	症　状
氧气浓度/%	氧气分压/kPa			
16～12	16～12	8～6	89～85	脉搏和呼吸次数增加，精神不易集中，毛细血管不畅，头痛等

续 表

呼吸		动脉血中氧气分压/kPa	动脉血中氧气饱和程度/%	症 状
氧气浓度/%	氧气分压/kPa			
14~9	14.1~9.04	7.32~5.32	87~74	判断迟钝,精神状态不稳定,对刺伤等无感觉,酩酊状态,记忆丧失,体温上升
10~6	10.11~6	5.32~2.66	74~33	意志不清,中枢神经障碍,痉挛
6以下	6以下	2.66以下	33以下	昏睡→呼吸缓慢→呼吸停止→6~8 min心脏停止跳动

为防止缺氧危害健康,主要要考虑土质条件和地下洞室周围的情况等,采取更合适的施工方法。如果采用压气施工法则要注意以下几点:切实搞好施工管理;对可能漏出缺氧空气的地点用注浆施工法等堵塞;将施工现场周围废弃的井填埋。

(六)废弃物(弃土)

建设工程自然要考虑工程现场周围的环境,但更重要的是应考虑使现场产生的废弃物不对现场以外的环境造成影响。

盾构工程的废弃物主要是弃土。改良弃土的方法有物理改良法和化学改良法两种。物理改良法主要有脱水、晒干、强制脱水等方法;化学改良法主要有水泥类、石灰类、高分子类改良等方法。

近年来经常使用的密闭型盾构施工法,有时会产生含水率高的塑性流动弃渣,必要时需进行适当的处理。

(1)晒干。建立弃土的临时堆场,将弃土暂时存放在那里,使其干燥降低含水率。这种方法虽然不需要外加剂,但占地面积较大。城市难以确保场地,故一般多设在远离现场的地方。

(2)强制脱水。开挖土中的水分用泥沙筛筛走,用液体旋风分离器筛出粒径较大的泥沙,然后对粉砂与黏土加凝聚剂后加压脱水。这种方法用于泥水盾构的弃渣处理。

(3)添加水泥类改良材料。将水泥类改良材料加入开挖土中,使之混合并与开挖土中的水分发生反应从而形成稳定的水化物。它既可降低土中的含水率,还可提高土的强度。这种方法的改良效果虽好,但形成的是碱性改良土,而且设备及其布置需要占用一定的场地。

(4)添加石灰类改良材料。在开挖土中加入石灰,混合使之与土中的水分子发生反应,可以降低含水率,同时通过使水分子与黏土矿物发生火山灰反应来加以改良。这种方法的改良效果虽好,但形成的是碱性改良土,且设备的布置需要占用一定的场地。

(5)添加高分子类改良剂。在开挖土中加入高分子类改良剂,使之与土混合,改良剂吸收土中的水分,同时其自身黏度增加,从而使弃渣土得以改良。

这种方法的改良剂加量少见效快,改良土呈中性,但改良强度比添加水泥类改良剂和石灰类改良剂的低。

(七)日照及景观

近年来,国外盾构施工中,作为一种防噪声的方法,设置隔音墙的事例不断增加,这种方法虽然效果很好,但有的情况下临时隔音墙高度达 10 m 以上,导致日照时间减少,破坏周围景观。因此,设置隔音墙时,对于与景观的协调问题要充分考虑。

第四章 复合地层的盾构施工技术研究

第一节 复合地层的盾构施工环境

复合地层的组合特征因地而异,可能在一个较小的范围内就会表现出很大的不同。比如,在广州地区的复合地层,甚至在一个盾构区间的范围内地层特征就频繁变化。因此,在更大范围内的复合地层,特别是其基础地质、地层特征的变化也就更大。

以广州地铁三号线为例,我们通过对广州地区复合地层的详细描述和研究,提供一种在盾构施工过程中如何研究复合地层的具有普遍性的原则,并根据对复合地层的认识,提出在这种特定地质环境中如何解决和指导盾构施工的方法和思路。

一、施工环境在盾构施工中的地位

在盾构施工中使用的盾构机是"量身定做"的,这个"身"就是盾构的施工对象,就是施工环境。

盾构工程与传统的隧道工程的区别在于它使用了盾构机这种特殊的掘进设备。没有盾构机也就谈不上盾构工程了。

就目前的科技水平而言,盾构机在很长一段时间内仍不是一种万能的掘进设备,如果施工环境改变了,也就是说盾构机借以定做的"身"发生了变化,那么盾构机设计也就会不同。在软土地层中掘进的盾构机与在岩石地层中的盾构机有很大区别,浅埋的过江盾构机或深埋的以开挖岩石为主的盾构机就需要一些特殊的配置等。

施工方在盾构施工过程中,要根据不同的施工环境及时地调整施工工艺,几乎没有什么施工参数不是与基础地质和工程地质有关的,从这个意义上讲,如果不准确地了解施工环境,就无法实现正常掘进。因此,详细研究施工环境就应从盾构机的设计阶段开始,直至盾构施工全过程,都是极其重要的。如果盾构机选型是盾构工程成功与否的关键,那么准确判别施工环境就是盾构施工工法的基础。

二、基础地质特征

根据地质学的理论,地层可概述为沉积岩(土)地层、岩浆岩(火成岩)地层和变质岩地层。广州地铁盾构工程隧道通过的地层对三大地层均已涉及。此外,本施工区地质构造极其复杂,有背斜、向斜或隆起、凹陷,地层产状多变,有多条大断裂横穿线路,其中,礼村断裂每天的涌水量为 2 000 m³。因此,广州地铁隧道施工涉及的基础地质对于全国乃至全世界的盾构工程而言,都具有代表性。广州地区的基础地质概况如下所述。

(一)地史

广州地铁盾构隧道穿过的地层主要有第四系、白垩系、侏罗系、二叠系、石炭系、泥盆系和震旦系地层,这些地层在地质历史中的位置如表 4-1 所示。

表4-1 广州地铁盾构隧道穿过地层的地质年代表

	地质年代/百万年		广州地铁盾构掘进的地层
新生代	第四纪(1.8至今)		第四系(各条线)
	第三纪(65~1.8)		第三系(广佛线)
中生代	白垩纪(145~65)	燕山期花岗岩(205-66±2)	白垩系、侏罗系、燕山期花岗岩(各条线)
	侏罗纪(213~145)		
	三叠纪(248—213)		—
古生代	二叠纪(286~248)		二叠系(二号、五号线)
	石炭纪(360~286)		石炭系(二号、五号线)
	泥盆纪(410~360)		泥盆系(六号线)
	志留纪(440~410)		—
	奥陶纪(505~440)		—
	寒武纪(544~505)		—
	前寒武纪(地球起源~544)		震旦系(三号、四号线)

不同时代的地层在岩性、结构、变质程度等方面都存在着巨大的差别。这些差别反映在盾构施工参数上会产生明显的不同。如果忽略了这个问题，实际上就忽略了盾构工法在施工环境方面最本质的差异，其结果将导致各种施工问题的发生。

(二) 地层

广州地铁盾构隧道穿过的地层由老至新如下所述。

1. 震旦系

该地层为一套区域变质岩，主要分布于广州的北部、东部、南部地区。具体地说，在广州地铁三号线沿线分布于瘦狗岭断裂以北及礼村断裂以南；在广州地铁四号线沿线分布于广三断裂以南及北亭断裂以东。岩性主要为花岗片麻岩和混合岩。

2. 中生代燕山期侵入岩

该地层主要以花岗岩为主。其中，燕山三期的粗粒黑云母花岗岩分布于市桥附近，岩性一般为肉红色，中、粗粒花岗结构；燕山四期黑云母二长花岗岩分布于瘦狗岭断裂以北，岩性为灰色、肉红色，细、粗粒结构。这说明，从表面上看都是花岗岩，但广州地铁三号线南段市桥站附近的花岗岩与北部天河客运站—华南师范大学（以下简称华师）区间的花岗岩不完全一样，在盾构施工过程中碰到的问题也会有差异。花岗岩与白垩系岩层呈断裂接触或不整合接触，与震旦系变质岩呈侵入接触。

3. 侏罗系

侏罗系中－上侏罗统百足山群为一套杂色岩系，主要由紫红色、灰白色砂岩、粉砂岩、泥岩组成，见黑色炭质页岩。主要分布于金山大道附近，与下伏地层不整合接触。

4. 白垩系

该地层在广州地区分布最广，与盾构施工关系最为密切。该岩系有下白垩统白鹤洞组的猴岗段、广钢段；上白垩统三水组的康乐段、东湖段、西濠段，大明山组的三元里段、黄花岗段。由下而上如下所述。

猴岗段：由紫红色、褐红色、黄褐色含砾粗砂岩、沙砾岩、细砂岩和薄层粉砂岩、泥岩组成，以粗粒碎屑岩为主，粉砂岩次之。呈薄—厚层状，局部水平层理或波状层理发育。分布于大塘附近及礼村断裂一带。

广钢段：由暗红色、暗紫色钙质粉砂岩、青灰色泥灰岩组成，常夹有微薄层硬石膏，局部夹褐红色含砾砂岩或沙砾岩。多呈微薄层状，局部为中厚层状，缓波状层理极发育。分布于客村站以南及新滘南—大石一带。

康乐段：由棕红色沙砾岩、粗砂岩、细砂岩、泥质粉砂岩组成，以粗粒碎屑岩为主，一般为中厚—厚层状，局部可见不明显的波状层理。砾石成分以花岗岩岩屑为主，分选性差。分布于赤岗塔—客村一带。

东湖段：主要为紫红色钙质粉砂岩，夹青灰色泥灰岩，常含微薄层硬石膏，局部夹棕红色沙砾岩。一般呈薄层状，具水平或波状层理，局部为中厚层状。分布于北珠江两岸。

西濠段：以紫红色泥质粉砂岩、粉砂质泥岩为主，夹薄层含砾粗砂岩及沙砾岩，薄—中厚层状。分布于珠江北岸花城大道两侧。

三元里段：由紫红色、灰褐色、黄褐色砾岩、沙砾岩、含砾砂岩及含砾粉砂岩组成，夹薄层粉细砂岩。砾岩中砾石含量很高，为80%以上，砾石成分主要为泥灰岩或粉细砂岩岩屑。以粗碎屑岩为主，一般呈厚—巨厚层状，层理不明显。分布于体育西路以北至瘦狗岭断裂及天河向斜南翼一带。

黄花岗段：主要由紫红色泥岩、泥质粉砂岩组成，局部夹含砾粉细砂岩，偶见薄层青灰色泥灰岩。以细碎屑岩为主，薄—中厚层状，具有不明显的水平层理。分布于体育西路南侧一带，属天河向斜核部地层。

5. 第四系

该地层底部为基岩的残积土层和坡积、冲洪积的粉土、粉质黏土及淤泥质砂层；稍上为冲洪积黏性砂土层等；再上为冲积、淤积砂层、淤泥质土层；表层为人工填土或耕土层。在全线均有分布。

广州地铁盾构区间不同时代地层的分布情况如表4-2所示。

表4-2　广州地铁盾构区间不同时代地层的分布情况

系	组	段	代号	岩性描述	相关的区间盾构隧道
第四系			Q	底部：残积土层、冲洪积粉土层、粉质黏土层、淤泥质砂层；中部：冲洪积黏性土层；上部：冲积、淤积砂层、土层	所有的区间盾构隧道

续 表

系	组	段	代 号	岩性描述	相关的区间盾构隧道
白垩系	大明山组	黄花岗段	K_2d^2	上部：灰白、暗紫红色粉砂质泥岩、含砾粉细砂岩、泥岩互层，含大量灰岩岩屑及方解石晶屑，钙质胶结，分选差；下部：紫红色、黑色泥岩，粉细砂岩夹泥质白云质灰岩、灰岩和石膏；底部：砾岩，具交错层理。广州西南地区相变为紫红色泥岩、钙质泥岩、钙质粉砂岩，含薄层石英及夹1~2层玄武岩	二号线：越秀公园—三元里区间；五号线：大坦沙—西村区间，淘金—杨箕区间，猎德—科韵路区间
		三元里段	K_2d^2	杂色砾岩夹暗红色粉细砂岩、砾质长石石英砂岩，杂砂质砾岩与粉细砂岩互层，碎屑中有大量灰岩，红色长石石英砂岩，有火山岩	一号线：长寿路—中山七路区间；二号线：越秀公园—三元里间；三号线：五山—华师间；五号线：中山八路—区庄区间，杨箕—五羊邨区间，珠江新城—潭村区间
	三水组	西濠段	K_2d^2	紫红、灰色泥质粉砂岩，薄—中—厚层状含钙质团块（斑块）灰绿色粉砂质泥岩，夹含砾粗砂岩、砾岩	一号线：黄沙—长寿路区间，长寿路—中山七路区间，农讲所—烈士陵园区间；二号线：海珠广场—江南西区间；三号线：珠江新城—客村区间；四号线：琶洲塔—仑头区间；五号线：广州火车站—淘金区间，五羊邨—珠江新城区间，科韵路—东圃区间

（三）地质构造

广州区域构造总体特征为：褶皱轴线以东西向为主，断裂走向以北东、北西、东西向为主。地铁三号线更为复杂，也更有代表性。地铁三号线北端（瘦狗岭断裂以北）属于增城隆起的白云山—萝岗断隆区，其南端（礼村断裂以南）属于新造—化龙断隆区。线路中段的白垩系沉积岩，隶属于三水断陷中的广州断陷区。

1. 褶皱

地铁三号线沿线通过的主要褶皱有天河向斜、大塘背斜、珠江向斜和顺德向斜。

（1）天河向斜：位于沙河—员村一线，轴线在体育西路站附近经过，大体呈西北—东南向展布，核部为上白垩统大朗山组黄花岗段地层，两翼为三元里段地层。岩层倾向较缓，一般为5°～20°。

（2）大塘背斜：轴线在新滘南站北侧，由下白垩统白鹤洞组猴岗段地层组成，两翼为广钢段地层。轴线大体呈东西向展布，地层倾角一般为15°～30°。

（3）珠江向斜：轴部在南珠江附近，核部及两翼均为广钢段（K_1b^2）地层，倾向较缓，一般为15°～20°。

（4）顺德向斜：位于金山大道两侧的中-上侏罗统百足山群（$J_{2+3}bz$）。受断层构造破坏，显得残缺不全。

2. 断裂

地铁三号线沿线穿过的断裂主要有：瘦狗岭断裂、广三断裂、礼村断裂、里仁洞断裂、市桥断裂等。

（1）瘦狗岭断裂：主要活动期在白垩纪和白垩纪前，控制了广州北部白垩系和燕山期花岗岩的形成和分布。该断裂位于五山——华师区间华南农科所附近，为一区域性大断裂，走向近东西，倾角57°～65°。初期为压扭性冲断裂，后期转为张扭性断裂。北盘为燕山期花岗岩和震旦系变质岩，南盘为白垩系岩层。断裂带主要由角砾岩、糜棱岩、硅质岩、断层泥组成，挤压破碎现象十分明显，宽度20～70 m。

（2）广三断裂：主要活动期在白垩系形成后的第三纪，但第四纪全新世活动不明显。该断裂是广州断陷内主要断裂之一，位于新滘南路北侧，走向近东西，倾向南，倾角50°～60°。上下盘均为白垩系地层。破碎带主要由断层角砾岩、硅化角砾岩、压碎岩组成，具明显的定向排列和轻微变质现象，沿断层带可见流纹斑岩、英安斑岩，说明该断裂形成后曾经有继续活动的迹象。破碎带宽20～30 m。

（3）礼村断裂：主要活动期在白垩系形成后的第三纪，第四纪全新世活动不明显。该断裂位于大石—礼村一线的西南侧，走向北西，倾向东，下盘为震旦系花岗片麻岩，上盘为白垩系岩层。断裂带主要由角砾岩、断层泥组成。

（4）里仁洞断裂：主要活动期在侏罗纪和侏罗纪前。该断裂在金山大道北通过，走向北东70°，一盘为震旦系混合岩、花岗片麻岩，另一盘为下侏罗统金鸡群杂色碎屑岩。

（5）市桥断裂：位于金山大道以南。断裂带主要由青灰色断层泥、角砾岩、糜棱岩组成。

三、工程地质和水文地质特征

（一）工程地质岩土分层

我国自20世纪60年代进行广州地铁规划、勘探以来，数十年间积累了大量的工程地质资料，大规模的建筑工程尤其是地下工程的建设又检验了工程地质资料的准确性。因此，广州城区内工程地质岩土分层已趋稳定和全面。我们根据岩土的物质成分、物理力学性质及风化程度将广州地区的工程地质进行分层归纳，结果如表4-3、表4-4所示。

表4-3 广州地铁盾构区间工程勘察岩土分层统计表

地层号	岩土层	注释	层号
1	人工填土层	人类活动形成	<1>
2	淤泥或淤泥质土层	海陆交互相淤泥	<2-1>
	淤泥质粉细砂层	海陆交互相淤泥	<2:-2>
3	海陆交互相沉积砂层	海陆交互或三角洲	<3-1>
	陆相冲积—洪积砂层	陆相冲洪积	<3-2>
4	冲积—洪积土层	冲洪积	<4-1>
	河湖相淤泥质土层	河湖相沉积	<42>
	坡积土层	坡积	<4-3>
5	沉积岩层可塑状或稍密残积土层	残积	<5-1>

续表

地层号	岩土层	注释	层号
5	花岗岩可塑状或稍密残积土层	残积	<5H-1>
	变质岩可塑状或稍密残积土层	残积	<5Z-1>
	沉积岩层硬塑状或中密残积土层	残积	<5-2>
	花岗岩硬塑状或中密残积土层	残积	<5H-2>
	变质岩硬塑状或中密残积土层	残积	<5Z-2>
6	沉积岩层全风化带	白垩系、侏罗系、二叠系、石炭系	<6>
	花岗岩全风化带	燕山期侵入岩	<6H>
	变质岩全风化带	前寒武纪震旦系	<6Z-2>
7	沉积岩层强风化带	白垩系、侏罗系、二叠系、石炭系	<7>
	花岗岩强风化带	燕山期侵入岩	<7H>
	变质岩强风化带	前寒武纪震旦系	<7Z-2>
8	沉积岩层中风化带	白垩系、侏罗系、二叠系、石炭系	<8>
	花岗岩中风化带	燕山期侵入岩	<8H>
	变质岩中风化带	上元古界震旦系	<8Z-2>
9	沉积岩层微风化带	白垩系、侏罗系、二叠系、石炭系	<9>
	花岗岩微风化带	燕山期侵入岩	<9H>
	变质岩微风化带	前寒武纪震旦系	<9Z-2>

注：H 为花岗岩。Z-1 为前寒武纪震旦系的千枚岩、片岩、片麻岩等；Z-2 为石英岩、石英砂岩。

表4-4 广州地铁三号线残积层、全风化和强风化岩层颗粒试验结果统计表

岩 性	代 号	母 岩	风化程度	样品数量	粉黏粒/%
砾质黏性土	<5H-2>	燕山期花岗岩	残积层	134	38.79
砂质黏性土	<5H-2>	燕山期花岗岩	残积层	155	43.53
黏性土	<5H-2>	燕山期花岗岩	残积层	9	48.17
花岗岩	<6H>	燕山期花岗岩	全风化	123	44.31
花岗岩	<7H>	燕山期花岗岩	强风化	29	37.63
砂质黏性土	<5Z-2>	震旦系变质岩	残积层	81	56.47
黏性土	<5Z-2>	震旦系变质岩	残积层	1	50
碎裂混合岩等	<6Z>	震旦系变质岩	全风化	135	56.7
碎裂混合岩等	<7Z>	震旦系变质岩	强风化	36	54.3
沙砾质黏性土	西濠段<5-2>	碎屑沉积岩	残积层	5	42.12
碎屑沉积岩	<6>	碎屑沉积岩	全强风化	1	91.8
砂酥质黏性土	东湖段<5-2>	碎屑沉积岩	残积层	3	47.93
碎屑沉积岩	<6>	碎屑沉积岩	全强风化	7	44.46
沙砾质黏性土	康乐段<5-2>	碎屑沉积岩	残积层	19	32.55
碎屑沉积岩	<6>	碎屑沉积岩	全强风化	23	45.45
沙砾质黏性土	广钢段<5-2>	碎屑沉积岩	残积层	3	72.97
碎屑沉积岩	<6>	碎屑沉积岩	全强风化	9	77.71
沙砾质黏性土	猴岗段<5-2>	碎屑沉积岩	残积层	2	43.67
碎屑沉积岩	<6>	碎屑沉积岩	全强风化	8	51.29

（二）主要特征

1.水文地质条件复杂

广州地处海陆交汇的亚热带气候区，雨量极其丰富。地铁线网沿线多为

珠江水系控制区。区域内沟、涌、渠密布，江河纵横，隧道多次横穿珠江主水道。第四系砂层发育，地表水对地下水有直接补给关系。因此，本区域均是地下水位高和强富水地区，水文地质条件十分复杂。长期的地表水的渗透补给导致隧道围岩一直处于饱水状态，逐渐使部分岩石软化。

2. 断裂带影响较大

除了一些大的区域性断裂带之外，技术人员在地质勘探过程中还多次见到一些小的断层。这些小断层由于挤压或张裂导致了岩石的破碎，使围岩稳定性遭到破坏，同时为地下水提供了通道，从而加剧了地下水的活动程度，增加了施工的难度。

3. 黏土成分较高

室内试验表明，无论是沉积岩，还是花岗岩和变质岩，它们的残积层和全风化层中的粉粒和黏粒的含量一般都在42%～51%之间。因此，在盾构施工过程中，当通过这类地层时，防止结泥饼是一项极其重要的措施。其颗粒分析参见表4-4。

从表4-3和表4-4可以看出，碎屑沉积岩风化产物中的粉黏粒含量大于全风化和强风化的花岗岩，全风化和强风化花岗岩小于全风化和强风化的变质岩。当然，这只是一种较为宏观的广州地区特有的结论。因为原岩是千变万化的，如煌斑岩（钻孔编号MCZ2-C053）岩矿鉴定黏土矿物为90%～95%，碎裂混合岩（钻孔编号MCZ2-C082）岩矿鉴定石英为70%～75%。

应该特别指出的是：岩土参数的平均值有时是毫无意义的，施工过程中要处理的是它的特征值。比如，即使是同时代的地层，因为岩性不同其粉黏粒的含量差别可能很大。白垩系三水组康乐段岩层残积层粉黏粒平均含量为45.45%（23个样品），在仔细对比后发现，残积层分别是由细砂岩、粗砂岩和砾岩风化后残积的，它们中的粉黏粒含量分别为51.79%（9个样品）、45.69%（12个样品）和15.55%（2个样品）。因此，在细砂岩中碰到的结泥饼问题，与同时代的砾岩中碰到的问题就不一样。

4. 岩层的成分、结构和构造差异性较大

在不同类别岩层中的盾构施工，其进度、施工参数、刀具的磨损特性等方面有很大的差异。实际上，即使是同一类的岩石，其岩性特征也不相同。比如，同是白垩系的岩层，其碎屑成分不同、结构（颗粒的大小、滚圆度、百分比组成、胶结物等）不同、构造（岩层产状、层理的特征和厚度等）不同，从而导致盾构施工特征也不一样。

在盾构施工的过程中，经常会遇到令人十分困惑的问题："为什么使用相同的盾构机,在几乎一样的白垩系地层中施工,效果却不同?"问题的根源在于,表面上一样的白垩系岩层,实际上有很大的差异。因此,进一步从宏观到微观仔细地研究特定的地质特征及其差异,才能预测和解决盾构施工中出现的问题。这是盾构工程技术人员必须建立和遵循的理念或原则。

5. 花岗岩及其球状风化影响较大

在广州地区,以软岩为主要对象设计制造的盾构机在通过 60～80 MPa 的中风化花岗岩及超过 100 MPa 的微风化花岗岩时,其适应性将出现极大的困难。特别是盾构机在通过花岗岩球状风化地段时,刀盘受到了较大的瞬间荷载的冲击,这除了大大地降低推进速度之外,还将会对刀盘和刀具造成破坏性影响。

花岗岩的球状风化是该类岩石的一种普遍的风化现象,即在深度风化的花岗岩岩体中残留了微风化的较新鲜坚硬的球状花岗岩体。当盾构机在软岩或软土中推进时,突然遇到了 1～3 m 的球状花岗岩体,对盾构机的损坏是可想而知的。与此同时,在软弱围岩中如何进一步处理这个球状体又是一个难题。

花岗岩的球状风化体的形成过程大体上分为以下三个阶段(图 4-1)。

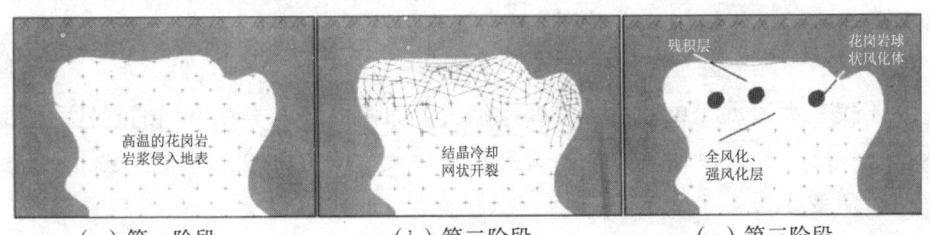

图 4-1 花岗岩球状风化体的形成过程

第一阶段:高温的花岗岩岩浆从地球深处侵入到地壳表层。

第二阶段:地壳表层的花岗岩岩浆冷却结晶,岩体的浅部因极大的温差,收缩形成三维的网状开裂。

第三阶段:浅部的花岗岩岩体受到风化作用,形成残积层、全风化层和强风化层。由于岩体的裂隙部分比岩体内部在同样的地质年代过程中风化的程度更高,就形成了在深度风化程度(如残积层和全风化、强风化层花岗岩)中存在相对风化程度很低的岩体。这些岩体俗称为花岗岩球状风化体。

目前的施工实践证明,典型的花岗岩球状风化体仅存在于花岗岩中,但在燕山三期花岗岩和燕山四期花岗岩中,球状风化体的发育程度差异比较大。在震旦系的花岗片麻岩等变质岩中暂没有发现,原因是在变质过程中,经过热力、动力作用，物质交换，裂隙部分重新固结成岩。这不仅在广州地区如此，在深圳地区也无例外。

6. 不同成因类型的岩体特征不同

沉积岩地层诸如白垩系红层从总体上来看，其单轴抗压强度较小，原因是这些岩石的胶结物大多是泥质、铁泥质或钙质，且碎屑颗粒越细强度越低。微风化的砂岩或砾岩的强度一般也小于 35 MPa。

细粒碎屑岩（如粉砂质泥岩），通常是薄层的，较易破碎，但由于黏土含量高，破碎后结成泥饼的机会就大。

粗粒碎屑岩（如砂岩和砾岩），一般呈中厚层或厚层状，较难破碎，且对刀具的磨损严重。

花岗岩与变质的混合岩和片麻岩相比较，一般不存在或不发育片理构造，整体性好，强度一般较高，同等强度下 RQD 指标值高，并且石英含量高。盾构机在这类岩体中的推进速度很慢且刀具的磨损极为严重。

变质岩是广州地区的第三类岩体，片理和裂隙较发育，微风化变质岩的单轴抗压强度即使在 60 MPa 以上，其 RQD 值也比花岗岩小很多。因此，盾构机在变质岩中的破岩效果比在花岗岩中好。

7. 基岩单轴抗压强度（天然）差别较大

不仅三大岩类间单轴抗压强度差别大，即使同一岩类在不同的岩性、不同的风化程度下，其单轴抗压强度值差别也很大。广州地铁三号线各区间基岩单轴抗压强度如表 4-5 所示。

表4-5 基岩单轴抗压强度统计表

岩 性	层 号	单轴抗压强度（极值）/MPa	样品数量
泥质粉砂岩	<8>	5.98	32
砾岩	<8>	20.8	5
泥质粉砂岩	<9>	34.9(8.00～65.70)	133
砾岩	<9>	38.4(10.70～81.30)	119
花岗岩	<7H>	33.6	1
花岗岩	<8H>	35.85(7.60～59.30)	6

续表

岩 性	层 号	单轴抗压强度（极值）/MPa	样品数量
花岗岩	<9H>	66.46(20.90～128.20)	16
混合岩	<8Z>	46.10(10.90～55.80)	13
混合岩	<9Z>	84.28(49.70～161.00)	26

根据盾构机破岩经验，本书按照抗压强度将岩层划分为软岩、中硬岩和硬岩三类。其中，软岩的天然单轴极限抗压强度小于等于 30 MPa；中硬岩的天然单轴极限抗压强度大于 30 MPa，小于等于 60 MPa；硬岩的天然单轴极限抗压强度大于 60 MPa。

（三）复合地层分类及其对盾构工程的影响

1. 以第四系淤泥层<2>或易液化的粉细砂层为主与其他松散地层的组合

广州地铁一号线黄沙—长寿路区间最北端约 80 m 地段，是已建和在建广州地铁盾构工程中唯一的一段盾构隧道下部有淤泥层<2>的地质剖面。隧道建成后不久，下沉了近 100 mm。此类地层在盾构施工时需要注意以下问题。

（1）建筑物和构筑物的沉降。隧道断面上部为淤泥层<2>地层时，应注意密封土舱中土（水）压平衡的问题，因为淤泥层<2>地层大部分呈软塑状态，对盾构机密封土舱内的土压反应非常灵敏。主、被动土压是否能保持动态平衡，直接关系到地面及其建筑物是否发生严重沉降和开裂的问题。

（2）盾构机到达井和始发井施工的稳定性和安全性。广州地铁三号线沥滘—大石区间的盾构机始发井采用钻孔桩做围护结构，采用明挖法进行施工。在施工过程中，由于桩间止水效果不好，当基坑开挖至 15～16 m 深时，发生围护结构外的淤泥层瞬时从桩间大规模涌入的现象，所幸没有发生人身事故。

2. 以第四系砂层为主与风化岩层的组合

第四系砂层有两种成因：一种是陆相冲洪积形成的；另一种是海陆交互相沉积形成的。其特点是在河床及河漫滩内十分发育，有些地段厚度大、分布广，有的地区呈透镜体产出。此类地层粉粒和黏粒成分低，渗透系数大，是盾构施工过程中应十分重视的地层。

隧道上部断面或隧道上方为砂层的围岩情况在广州地区的盾构施工过程中经常碰到，尤其是在下部为较硬岩石的情况下会给施工造成较多的困难。比如，广州地铁一号线在长寿路—中山七路区间盾构掘进通过横通道地段时，干砂量变化发生异常，由于砂层流失很快，造成了较大的地面沉降，使3幢3层楼房倒塌。同样的问题也出现在广州地铁三号线的大塘—沥滘区间。

3. 以第四系残积层为主与其他地层的组合

（1）残积黏性土。残积层是其下伏基岩经过长期风化之后，其岩性结构构造已全部消失，部分岩石成分又经过风化和水化作用演变成新的物质，并在原地残积下来而形成的。因此，残积层的物质来源与其下伏的原岩有直接关系。比如，原岩是泥岩，则残积层以含较多均质的细颗粒成分为主。因此，这类地层在盾构施工时特别容易结泥饼。

广州地铁二号线海珠广场—市二宫区间采用土压平衡盾构机刀盘，该盾构机有41把滚刀。该区间地层是白垩系上统三水组东湖段的泥岩和粉砂质泥岩，隧道断面主要为残积黏性土层、全风化岩层和强风化岩层。由于掘进过程中盾构机刀盘连续结泥饼，日进度平均不到2.0 m，掘进速度仅为0～5.0 mm/min。广州地铁四号线琶洲塔—仑头区间过黄浦涌段与广州地铁二号线海珠广场—江南西区间是同一时代的地层，在盾构施工过程中也碰到了严重的结泥饼问题。

（2）砂质或沙砾质黏性土。若是坚硬的花岗岩形成的残积层，其原岩中的长石大部分都高岭土化了，而原岩中的石英颗粒仍然保存下来。这种残积层中的粉粒和黏粒含量比较高，同时非常坚硬的石英颗粒又较多，因此在盾构机推进的过程中若处理不好会同时发生两种问题：一是结泥饼，二是刀盘严重磨损，刀具发生单边或多边严重偏磨。

与花岗岩残积层较类似的地层有各时代的粗砂岩、含砾砂岩和砾岩层的残积地层。

4. 全风化岩层和强风化岩层的组合

全风化岩层和强风化岩层的原岩可以是各时代的沉积岩以及变质岩和花岗岩，由于原岩不同，它们反映出来的围岩特征稍有不同，盾构机在此类地层中施工时需特别重视刀具的选择及以下相关问题。

（1）刀具严重偏磨的问题。深圳地铁一号线某工地，其地质剖面如图4-2所示。当时采用的是全断面滚刀。由于风化后的岩层和额定推力无法提供使滚刀滚动的摩擦力，滚刀无法转动而发生偏磨，致使在掘进不足10 m的情况下使25把滚刀损坏。

第四章 复合地层的盾构施工技术 研究

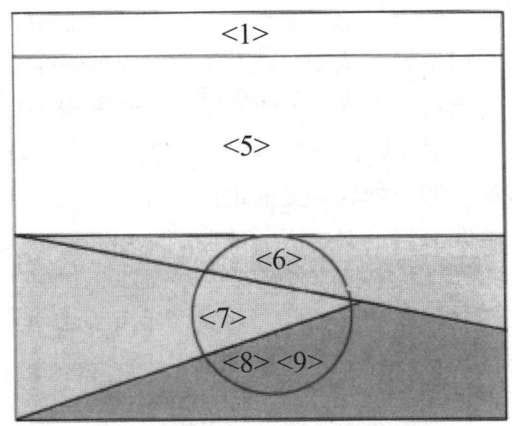

<1>-人工填土层； <5>-残积土层；

<6>-岩层全风化带； <7>-岩层强风化带；

<8>-岩层中风化带； <9>-岩层微风化带

图 4-2 深圳地铁一号线某盾构段的地质剖面图

施工人员通过对偏磨刀具的仔细观察，发现刀刃部分都变成暗蓝色，反映出明显的"淬火现象"，说明当时由于滚刀不转产生的摩擦将大量动能转化成了热能。这样，在高温和不断研磨的双重作用下，进一步触发了在刀盘面板上和密封土舱内形成高温大体积泥饼的条件，若不设法防止这种恶性循环，最终会"烧伤"大轴承密封而导致大轴承损坏。

事实上，广州地铁三号线天河客运站—华师区间也碰到了类似的问题，从盾构机密封土舱渗出的滴水，居然能轻度烫伤工人的皮肤。由于刀具适应性不强，以及施工参数选择不合理或选择添加剂种类和用量的不足，此类滚刀偏磨的问题在广州地铁三号线也较为常见。

在施工过程中，选择的刀具以先行刀为主，仅在边缘上设置了3把滚刀。这样既保证了主剖面的顺利开挖，又兼顾了底部碰到部分硬岩时可利用滚刀破岩的问题，从而较好地解决了断面岩性分布不均匀与刀具选择的矛盾。

（2）工作面的自稳问题。由于岩性变化较大，所以在盾构机推进的过程中根据不同的围岩特征及时换刀是必要的程序。在常温常压条件下换刀是人们最希望的，因为这样可以简化很多复杂的工序，问题是工作面是否能自稳。总的来说，此问题要根据特定的地层分布情况，根据不同的岩性进行具体分析。如果必须进行地层加固，那么就要对加固体的强度、整体性、渗漏性进行检测评估，否则就会发生预想不到的事故。

广州地铁三号线没有发生过严重的事故，但类似的问题经常遇见。关键是要认识到"自稳"有时空性，诸如全风化、强风化花岗岩地层，短时间内或无水环境中能自稳，但一旦有水或长时间暴露，就会变得不稳定。

（3）花岗岩中的球状风化问题。球状风化是发生在花岗岩残积层、全风化岩层和强风化岩层中的一种较常见的地质现象，这在广州地铁三号线的天河客运站—华师区间的花岗岩地层中不断地碰到。由于球状风化体并不很大，一般只在 1～3 m，且包围在较软的残积层、全风化岩层和强风化岩层中间，事前对其存在的可能性及确切的位置较难预测，所以在施工过程中尤其要引起注意，否则可能引发两种问题：一是强行推进时，有可能损坏刀具、卡住刀盘，甚至造成刀盘变形等；二是加剧对周边软地层的扰动，引起地表严重沉降，甚至塌方。因此，预先处理花岗岩风化体是最理智的选择。

5. 中风化岩层和微风化岩层的组合

广州地铁一号线中山七路—西门口区间，白垩系三水组康乐段的中风化砂岩 <8> 的岩石强度为 20～44 MPa。盾构机在通过此段地层时，在 80 m 的范围内损坏了 58% 的滚刀、51% 的刮刀。

根据国外的研究，专家认为就掘进速度而言，并不是在任何一种岩层中使用盾构机都是最优的。当岩层的强度达到一定限度时，采用矿山法会比盾构法的效率更高。这一问题，尤其应在盾构机通过长距离石灰岩、花岗岩及变质岩地区时认真研究。

广州地铁三号线天河客运站—华师区间在中、微风化花岗岩掘进时，盾构机仅前进了 4 环（6.0 m）就将大部分滚刀磨损了，不得不停机换刀。在大石—汉市区间有一段隧道要穿过 100 多米微风化的花岗片麻岩，在充分考虑了上述问题的基础上，采用矿山法先扩挖了这段隧道，然后仍用盾构法安装管片，再吹砂、注浆充填加固衬背间隙。这种方法既经济又可靠。

四、气候地貌

不良的气候和地貌环境可能会增加盾构施工的风险。比如，广州地处亚热带，常年高温、湿热、雨量丰富。

从区域地貌单元来看，广州市处于珠江三角洲冲积平原北缘，地铁沿线主要为平地、平缓坡地和丘陵地貌。地面标高最低 +5.0 m 左右，最高 +60.0 m 左右，一般高程为 +8.0～+15.0 m。

广州地铁各线均经过珠江河网，水系纵横交错，沟、渠、涌众多。其中，广州地铁三号线横穿北珠江、南珠江和三枝香水道，江底最低标高为 -4.11 m，

第四章 复合地层的盾构施工技术 研究

河流最大切割深度为 11～12 m，河面最宽处达 500 m。

江水既受上游来水的影响，又受来自伶仃洋海水潮汐作用的影响，水位、流速、流向等水流性质变化复杂。河道宽度、深度、水位呈随机性变化，潮汐则呈周期性变化，潮型属不规则的半日混合潮，每天有两涨、两落潮流期。最高潮位多出现在汛期，最低潮位出现在枯水季节。潮位的变化在盾构施工过程中对密封土舱内的水土压力有影响，尤其当珠江及其支流、河涌与下伏岩土层都可能有水力联系时，应予以密切关注。

五、建筑物、构筑物和地下管线

盾构在隧道施工过程中，由于扰动了土体，必然会造成隧道周边围岩不同程度的变形。如果是浅埋隧道，其上部土体的变形会更严重。这样，在盾构施工过程中，防止围岩变形，控制地面沉降量，保护地面和地下建筑物和管线的安全就成了选用盾构法施工仅次于地质条件的重要因素。

建筑物、构筑物和地下管线损坏的程度与沉降量大小有关。通常，计算地表沉降都采用 Peck 正态分布曲线的相关公式。正态分布沉降槽的体积理论上等于隧道掘进过程中损失的地层的体积。地层损失涉及的因素很多，主要有隧道开挖方法、施工工艺、岩土工程条件等。在实际施工过程中，只了解这种理论上可能出现的沉降特征及沉降量是远远不够的，因为实际施工中对具体工程地质和水文地质特征的判断，以及盾构机操作技术人员的责任心等人为因素才是至关重要的。一般来说，目前盾构施工技术本身是有足够的能力来防止可能发生的"正常"地层损失造成的地面沉降的，问题是如何防止由于误判断和误操作造成的沉降才是更重要的。

盾构施工中需要保护的建筑物、构筑物和地下管线如下所述。

（一）地面建筑物

地面房屋的保护是地铁盾构隧道施工中可能碰到的最为严重的问题之一。比如，广州地铁一号线，盾构区间在长 4 430 m、隧道轴线外延 20 m 的范围内，所影响的房屋共 1 509 间，其中危房和局部危房 49 间（占 3.2%），严重破损房 138 间（占 9.1%），一般破损房 752 间（占 49.8%），基本完好和完好房 570 间（占 37.8%）。

广州地铁一号线黄沙—长寿路区间的一栋 4 层楼房，高约 16 m，与盾构隧道边缘的最小距离是 1.8 m。隧道施工前该房第四层就已向隧道方向倾斜出 46 cm。

地面的其他建筑物和构筑物还有桥梁、铁路轨道等。

（二）地下构筑物

在地铁施工过程中可能遇到的地下构筑物主要有地下车库、地下商场、地下管廊、地面建筑物的桩基等。

（三）地下管线

地下管线主要指各种供水管、污水管，各种电力和通信管线，各种燃气管线等。在城市地区施工，由于有些管线年久失修，发生的沉降往往都会造成管线的破坏。例如，供水管已经锈蚀漏水，在盾构隧道通过时，小的沉降便会造成水管破裂。

第二节　复合地层的盾构施工技术探究

一、盾构施工的掘进技术

（一）主要技术措施

针对上软下硬复合地层的特点和难点，施工方需采用以下施工措施：

（1）加强地质补勘，摸清复合地层的地层特性以及岩石分界线；对周围建（构）筑物进行详细调查和鉴定，若有必要可采取注浆加固或基础托换等措施。

（2）在工程施工前，应根据工程地质情况，在隧道沿线具备条件或加固后具备条件的地段预先设置盾构停机检修点，待盾构掘进至停机点时进行刀具检查和维修，同时进行盾构检查修复。

（3）破岩刀具应采用全盘滚刀，在周边磨损严重的区域适当配置贝壳式撕裂刀，与滚刀形成立体切削，并对滚刀刀箱进行保护。

（4）在掘进过程中，当掘进速度、刀盘扭矩等主要参数发生突变或不在正常范围时，应立即停机分析原因，检查刀具情况，不可盲目掘进。

（5）应合理设置盾构掘进参数，减少对地层的扰动，避免造成上部软弱地层沉降塌陷。

（6）做好施工监测工作，及时反馈监测信息，并根据地表沉降和建（构）筑物沉降的监测数据，结合地质特性，及时调整土仓压力、掘进速度等施工参数。

（二）主要参数设置

1. 掘进模式选择

（1）土压平衡盾构。具有土压平衡模式、半敞开式、敞开式三种掘进模式。土压平衡模式适用于地层自稳性差、地表有建（构）筑物，以及地表沉降要求严格的区域；半敞开式适用于具有一定自稳能力的地层；敞开式适用于地层稳定性好，具备完全自稳能力的地层。

盾构在上软下硬地层施工过程中，因隧道穿越区域存在软弱不稳定地层，为保证开挖面稳定，需采取土压平衡模式掘进。

（2）泥水平衡盾构。根据对泥浆压力控制方式的不同，泥水平衡盾构又分为直接控制型和间接控制型两大类。直接控制型泥水平衡盾构的泥水仓压力，可通过调节进排浆泵转速或调节控制阀的开关来实现；间接控制型泥水平衡盾构通过配置气压仓等压气设备，通过保持气压仓压力与开挖面周围的静水压力及土压力平衡，维持开挖仓内的压力来保证开挖面的稳定。与直接控制型相比，间接控制型操作控制更为简化，泥水仓压力波动小，控制精度高，对开挖面土层支护更为稳定，对地表变形控制也更为有利。因此，上软下硬复合地层宜采用间接控制型泥水平衡盾构进行掘进施工。

2. 压力设置

盾构在上软下硬复合地层条件下施工时，不仅要考虑硬岩地层对刀盘的影响，而且必须重视软岩地层的稳定性，避免造成超挖现象和地表沉降。一般情况下，压力设定值应为理论计算值的105%～115%，并根据地表沉降监测信息与盾构掘进诸要素进行对比分析，不断进行参数优化。

3. 掘进参数设置

盾构在上软下硬地层掘进时，刀盘扭矩随着刀盘转速的增加而增大，推进速度随刀盘转速和推力的增加也相应增大，而推进速度增加时刀盘扭矩也相应增大。为了避免刀具损坏，减少刀盘与刀具磨损，降低刀具与硬岩接触时的瞬时冲击力，掘进参数设置应遵循"低速度、低转速、低扭矩、小推力、低贯入"的原则。

（三）盾构姿态控制

1. 盾构姿态的影响因素

（1）地质变化。由于隧道穿越的地层复杂多变，各土层的特性和物理指标有较大差异，盾构姿态必定受到各土层物理性质的制约和影响，产生不均匀位移。当盾构在软硬不均的地层掘进时，推力和扭矩变化较大，盾构主机有着向地层较软一侧偏移的惯性，易出现盾构姿态偏差。施工时应根据隧道地层分布状况以及其地层分界面的变化情况，合理进行掘进参数设置，并根据掘进参数变化情况及时优化调整。

（2）掘进操作因素。盾构操作是影响盾构姿态的重要因素之一。在盾构掘进操作过程中，需根据盾构姿态的变化，通过合理控制推进系统各区域推进油缸的使用数量、推进油压及速度，正确选择刀盘正、反转模式等手段来调整盾构姿态。

2. 姿态控制和调整

盾构采用隧道自动导向系统和人工测量辅助进行盾构姿态监测。该系统配置了导向、自动定位、掘进程序软件和显示器等，能够全天候在盾构主控室动态显示盾构当前位置与隧道设计轴线的偏差以及趋势。

随着盾构推进，导向系统后视基准点需要调整位置，必须通过人工测量来进行精确定位。为保证推进方向的准确性和可靠性，根据掘进里程和姿态变化情况，及时进行人工测量，以校核自动导向系统的测量数据并复核盾构的位置姿态，确保盾构掘进方向的正确。

（1）姿态调整。施工时通过分区操作盾构的推进油缸来控制掘进方向。上坡段掘进时，适当加大盾构下部油缸的推力；下坡段掘进时，则适当加大上部油缸的推力；在左转弯曲线段掘进时，适当加大右部油缸推力；在右转弯曲线掘进时，适当加大左部油缸的推力；在直线平坡段掘进时，尽量使所有油缸的推力保持一致。

在相对均一地层掘进时推进油缸的推力应基本保持一致；在软硬不均地层中掘进时，应根据不同地层在断面的具体分布情况，遵循硬岩地层一侧推进油缸的推力适当加大、软岩地层一侧油缸的推力适当减小的原则来操作。

（2）滚动纠偏。刀盘切削土体的扭矩主要是由盾构壳体与洞壁之间形成的摩擦力矩来平衡，当摩擦力矩无法平衡刀盘切削土体产生的扭矩时将引起盾构本体的滚动。盾构滚动偏差可通过转换刀盘旋转方向来实现。

盾构允许滚动偏差不大于 1.5°，当超过 1.5° 时，盾构操作系统报警，提示操纵者必须切换刀盘旋转方向，进行纠偏。

（3）竖直方向纠偏。

当盾构姿态出现下俯时，可加大下侧推进油缸的推力；当盾构姿态出现上仰时，可加大上侧推进油缸的推力来进行纠偏，同时考虑刀盘前面地质因素的影响综合调节，从而达到一个比较理想的控制效果。

（4）水平方向纠偏。与竖直方向纠偏的原理一样，左偏时加大左侧推进油缸的推进压力，右偏时加大右侧推进油缸的推进压力，并兼顾地质因素。

3. 纠偏注意事项

（1）在切换刀盘转动方向时，保留适当的时间间隔，避免切换速度过快造成管片受力状态突变而使管片损坏。

（2）根据掌子面地层情况及时调整掘进参数，调整掘进方向时设置警戒值与限制值。当盾构姿态达到警戒值时则实行纠编程序。

（3）同步注浆的质量、盾构自重以及掘进速度大小等因素，也是影响盾构姿态发生偏移的重要原因。当掘进方向发生较大偏移时，要遵循"少纠、勤纠"的原则，必要时可利用盾构的超挖刀和中盾与尾盾的铰接油缸来纠正盾构姿态，避免纠偏过猛，引起盾构蛇形前进，造成刀具磨损和管片拼装困难。

（4）加强对推进油缸油压的调整控制，否则可能造成管片局部破损甚至开裂。

（5）正确进行管片选型，确保拼装质量与精度，以使管片端面尽可能与掘进方向垂直。

（6）盾构始发、到达时的方向控制极其重要，按照始发、到达掘进的有关技术要求，做好测量定位工作。

（7）管片拼装时，要确保成环管片环面的平整度，使成环管片的轴线与隧道轴线重合，以免影响盾构姿态。

（四）渣土改良

1. 目的

（1）使渣土具有较好的土压平衡效果，有利于稳定开挖面，控制地表沉降。

（2）使渣土具有较好的止水性，以防止地下水流失。

（3）提高渣土的塑性和流动性，便于螺旋输送机顺利排出。

（4）可有效防止渣土黏结刀盘而产生泥饼。

（5）可防止或减轻螺旋输送机排渣时的喷涌。

（6）可有效降低刀盘扭矩及螺旋输送机扭矩，降低对刀具和螺旋输送机的磨损，提高盾构机掘进效率。

2. 主要外加剂及其作用

（1）泡沫剂。盾构用泡沫剂是由多种表面活性剂、稳定剂、强化剂和渗透剂等复配而成，载体为水。在工作过程中，泡沫剂与水混合后通过泡沫发生装置，经压缩空气作用，发出无数不同直径的气泡，通过管路注入刀盘仓，对渣土进行改良，提高渣土的塑性和流动性。泡沫剂中90%为空气，另外10%中的90%～99%是水分，剩下的才是发泡剂。经过数小时后，渣土中泡沫里的大部分空气就会逃逸而恢复原来的黏结状态，以便运输。

①泡沫剂的适用范围。泡沫剂一般用于土压平衡盾构开挖过程中的渣土改良，在颗粒级配相对良好的砂土层，以及其他细颗粒地层的改良效果相对较好。

②泡沫剂的作用。具有良好的润滑作用和一定的强度，可降低土体的内摩擦力，提高渣土的流动性；可以防止可重塑的黏土形成泥饼，其原理是在黏土块外面形成薄膜，从而阻止块与块之间的黏结；泡沫能置换土颗粒间隙中的水，在工作面上形成一个不透水层，提高开挖面的止水性和稳定性，防止"喷涌"现象的发生。

②泡沫剂的用量。根据泡沫剂厂家提供的经验计算值，并结合特定的地质条件通过试验确定。

（2）膨润土。膨润土的主要成分是蒙脱石，由于其含钾、钙、钠元素的不同，其性质也略有不同。蒙脱石具有层状结构，易吸水膨胀，并具有润滑性。一般用于地层中细颗粒含量较少的土体改良，如粗砂层、沙砾层、卵石地层等。

在工程实际应用时，常用活性指数来区分不同的黏土矿物。活性指数是塑性指数（用百分比表示）与黏土含量（用百分比表示）的比值。比如，高岭土的活性指数为0.5，伊利石的活性指数为0.5～1.0，膨润土的活性指数为1.0～7.0。

膨润土的功能为：

①可以在工作面上形成低渗透性的泥膜，这样有利于给工作面传递密封仓的压力，以便平衡更大的水土压力；

②可以提高仓内渣土的和易性、级配性，从而可以提高其止水性，以便于出渣，减少喷涌；

③盾壳周边充满膨润土，可以减小盾构与地层间的摩擦力，提高有效推力，同时能降低扭矩，节约能耗。

（3）聚合物。聚合物是一种长链分子的有机化合物。它可单独使用，也可以与膨润土及泡沫剂混合使用。当它与渣土混合时，其分子就会附着在渣土颗粒的表面，当这些渣土颗粒相互碰在一起时，聚合物分子就将渣土颗粒黏结在一起，减轻或防止喷涌。

（五）同步注浆

同步注浆是在盾构向前推进的同时向管片背部建筑空隙注入注浆材料的一

第四章 复合地层的盾构施工技术 研究

种方法，其可及时有效填充管片与围岩之间的空隙，保持一定的压力，从而使地面沉降控制在最小范围内。

1. 原则

同步注浆遵循"同步注入，快速凝结，信息反馈，适当补充"的原则。

2. 目的

在盾构掘进过程中，通过注浆系统将具有适当的早期及最终强度的材料注入管片背部建筑空隙内。其目的是：

（1）尽早填充地层，减少地表沉陷量，有效控制地表沉降；

（2）确保管片衬砌的早期稳定性和间隙的密实性；

（3）作为衬砌防水的第一道防线，提供长期、均质、稳定的防水功能；

（4）作为隧道衬砌结构的加强层，使其具有耐久性和一定的强度。

同步注浆是通过同步注浆系统及尾盾的注浆管，在盾构向前推进、管片背部建筑空隙形成的同时进行，浆液在空隙形成的瞬间及时填充，从而使周围土体及时获得支撑。其可有效地防止岩土的坍塌，控制地表的沉降。

3. 注浆材料及配比选择

同步注浆材料应考虑隧道地质条件和盾构形式等条件，具有不离析、不沉淀、不堵管、易压送等特点。

根据国内复合地层的施工经验，浆液配比及性能指标建议值见表4-6、表4-7。

表4-6 同步注浆材料配比（每立方米浆液材料含量）

水泥 / kg	砂 / kg	粉煤灰 / kg	水 / kg	膨润土 / kg	缓凝剂 / %
180	700	440	400	40	5

表4-7 同步注浆浆液性能指标

凝结时间 / h	1d 抗压强度 / MPa	7d 抗压强度 / MPa	28d 抗压强度 / MPa
<10	>0.5	>2	>6

4. 施工工艺流程

同步注浆施工工艺流程如图4-3所示。

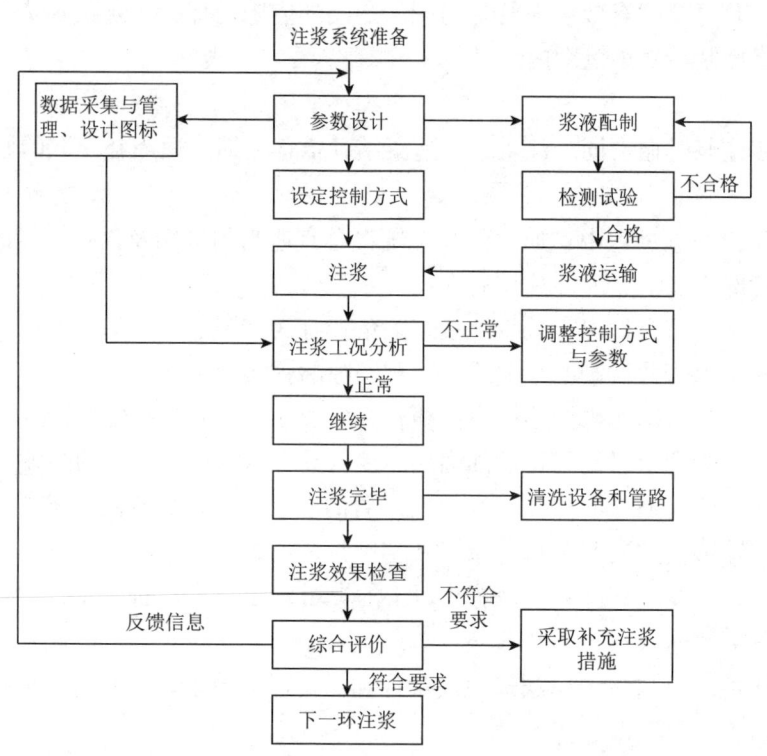

图 4-3 同步注浆施工工艺流程图

5. 注浆参数选择

（1）注浆压力。注浆压力是注浆施工主要的控制指标。一般情况下，对于自稳性差的地层，注浆压力略大于注浆点的静止水土压力即可。

注浆压力应根据国内外成功案例积累的经验和理论的静水压力确定，在实际掘进中将不断调整，如果注浆压力过大，会导致地面降起和管片变形，还易漏浆。一般注浆压力取 1.1～1.2 倍的静止水压力。

（2）注浆量。理论注浆量根据盾构开挖直径、管片外径等参数进行计算，结合不同地层适当选择注浆填充系数。同时，在施工过程中注浆量可根据地表隆陷监测情况随时进行调整和动态管理。

6. 质量保证措施

（1）在施工前制定详细的注浆作业指导书，并进行详细的浆液材料配比试验，选定合适的注浆材料及浆液配比。

（2）严格按照注浆施工工艺流程进行控制，及时分析注浆速度与掘进速度的关系，评价注浆效果，反馈指导后续注浆。

（3）根据洞内管片衬砌变形和地面及周围建（构）筑物变形监测结果，及时进行信息反馈，修改注浆参数和施工工艺，发现情况及时解决。

（4）做好注浆设备的维修保养和注浆材料供应，定时对注浆管路及设备进行清洗，保证注浆作业顺利、连续、不中断地进行。

（5）按照均匀布置的注浆孔同步压注，做好注浆压力和注浆量的监控，发现问题及时进行处理，保证对管片背后的注浆操作是对称均匀的。

（6）同步注浆在地层均匀和盾构姿态较好时，应均衡注入；盾构姿态较差时，应根据管片间隙调整各孔注浆压力，增大间隙较小侧的注浆压力，同时减小间隙较大侧的注浆压力。

（六）二次注浆

二次注浆是指盾构同步注浆效果不理想时，需要通过二次注浆对前期注浆进行补充。一般在隧道发生偏移、地表沉降异常、渗漏水严重、盾尾漏浆严重或喷涌时使用，一些特殊地段，如盾构始发、到达段和联络通道附近，也需要二次注浆。二次注浆可以反复进行，即多次注浆。

1. 原则

二次注浆一般是在管片与岩壁间的空隙填充密实性差，致使地表沉降得不到有效控制或管片衬砌出现较严重渗漏的情况下实施。施工时采用地表沉降监测信息反馈，结合洞内超声波探测管片衬砌背后有无空洞的方法，综合判断是否需要进行二次注浆。

2. 注浆材料及配比选择

（1）注浆材料与设备。注浆材料采用普通硅酸盐水泥和水玻璃组成的双液浆。注浆设备为双液注浆泵。双液浆是由水泥砂浆等搅拌成的 A 液与由水玻璃等组成的 B 液混合而成的浆液。

（2）浆液配比。结合工程地质、周边施工环境以及施工经验，确定合理的浆液配比，详见表4-8。

表4-8 双液浆浆液配比

浆液名称	水泥浆（A 液）	水玻璃（B 液）	A、B 液配合体积比
双浆液	0.4～1.0	35°Bé	1:1～1:0.8

注：
①在施工过程中，将根据具体的地质特点和施工环境对浆液配比进行优化调整。
②°Bé 表示溶液的浓度，下同。

3.施工工艺流程

二次注浆施工工艺流程如图 4-4 所示。

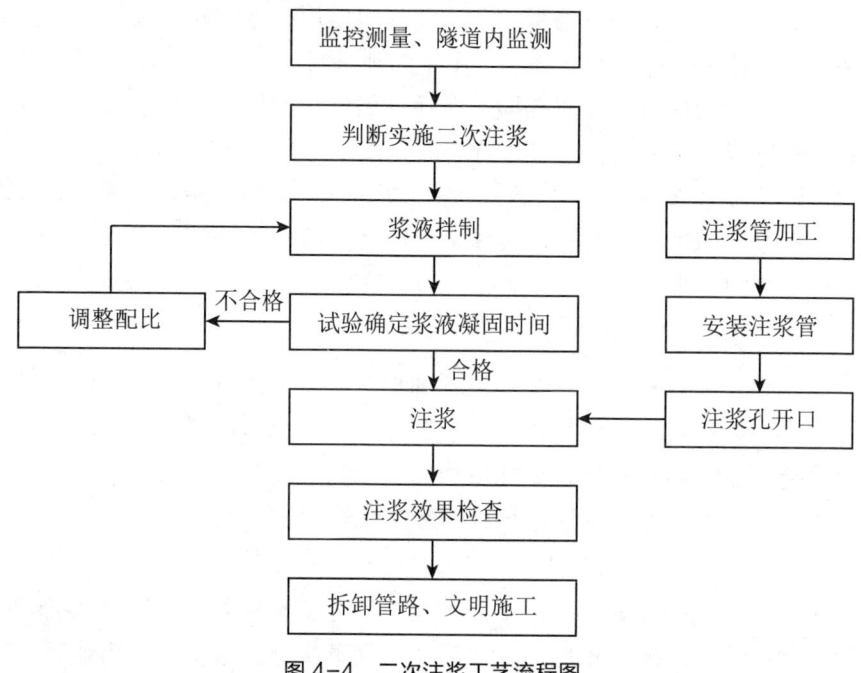

图 4-4　二次注浆工艺流程图

4.二次注浆效果评价

二次注浆一般情况下以压力控制,达到设计注浆压力则结束注浆,并结合地表监测数据,判断是否需再次进行注浆。

二、花岗岩球状风化体或巨大漂砾的处理技术

花岗岩球状风化是花岗岩岩体风化过程中特有的一种地质现象。在广州地区修建地下工程的过程中,尚未在变质岩(包括其母岩为花岗岩的花岗片麻岩)中发现有球状风化体。

花岗岩球状风化体的特征是体量比较小,一般为 1.0～3.0 m,个别体量较大,多赋存在花岗岩的全风化岩层、强风化岩层和残积层中。由于它与其周围围岩的强度相差巨大,且体量小,因此不易被钻探发现。在施工过程中由于瞬间荷载突然加大,甚至会造成刀盘变形和刀具的严重损坏。

花岗岩球状风化体的处理办法主要有人工破岩、盾构机破岩、地面钻探地下爆破破岩和冲孔桩破岩 4 种方法。目前常用的是人工破岩和盾构机直接破岩两种。

(一)人工破岩

深圳地铁一号线某盾构区间,在施工过程中发现球状风化体后,投入了大量资金,以 1.0 m×1.0 m 的间距沿线路布置了数百个钻孔,查明了 10 个球状风化体及其分布的位置,后从地面做了适当的地层加固,然后开舱用静态爆破的方法人工破岩,并从人舱和料舱中将破碎岩石运出来。除了采用静态爆破技术外,广州地铁三号线在天河客运站—华师区间还启用了进口的破岩机械来处理球状风化体,也起到了一定作用。人工破岩的前提条件是开挖面必须自稳。

(二)盾构机破岩

瑞士在修建 Thalwil 铁路隧道时,在第四系的冲洪积层中遇到 4～5 m³ 的冰碛漂砾。选用的盾构机专门设计了一个可在中间单独突出的"子盾构机"来处理这一地质现象,但未成功。因为漂砾在盾构推进的过程中是不稳定的,后经在盾构机内进行水平水泥注浆,对围岩进行加固并使漂砾得到固定,然后采用盾构机直接破岩的方法,将漂砾破碎。

广州地铁三号线在通过花岗岩球状风化岩体时,发现前方的球状花岗岩风化体也像大漂砾一样会滚动,有些球状风化体即使不滚动,盾构机滚刀的破岩效果也不好。采用人工破岩的方法无论是用静态爆破,还是用破岩机,一般都需要对地层进行加固,因为球状风化体本身就是在这种自稳能力不好的残积层、全风化和强风化花岗岩岩层中才会出现,因此采用这种方法的代价是要花很长的时间进行围岩的加固和盾构机的停机等待。

(三)地面钻探地下爆破破岩

这种方法是通过钻探放炮将坚硬完整的花岗岩球状风化体崩碎,即通过人为的方法改变开挖面的岩土性质,从而便于盾构机破岩。采用这种方法的困难有:一是难以在地面事先确定体量较小的球状风化体的精确位置;二是如果爆破不均匀,坚硬的花岗岩大碎块会造成刀具的损坏。

(四)冲孔桩破岩

这种方法是在确定了球状风化体位置的基础上,用冲孔桩的方法将其破碎。

三、在上软下硬地层中盾构掘进的主要风险及对策

在广州地铁三号线盾构施工过程中引发的较大的地面沉降,特别是几次"塌通天"的沉降,几乎都是在上软下硬的地质条件下造成的。形成这类事故的原因是由于在盾构机推进的过程中,刀盘切削工作面土体上部软地层较易进

入密封土舱，而下部较硬岩体不易破碎。此时，往往会使上部软地层过量切削进入舱内，特别是当隧道上部地下水较丰富且有砂层、粉砂层或淤泥层时，一旦密封土舱内有一点土压失衡，上部的松散地层会很容易造成土体流失，进而发生较大沉降（图4-5），甚至发生"塌通天"事故。

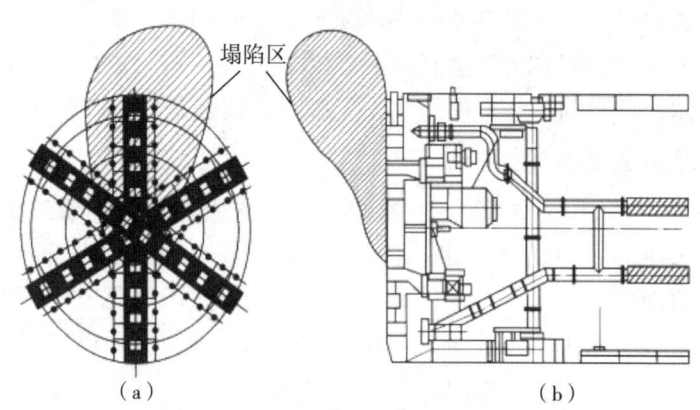

图4-5 上部松散地层过量流失造成塌方

在这类地层的施工过程中，盾构机的姿态也是较难控制的，这样会扰动上部的土体，进一步加剧水土的流失。

（一）在上软下硬地层中盾构掘进主要采取的措施

1. "硬"岩地层为细粒碎屑沉积岩时采取的措施

广州地区不同年代的白垩系地层中，都会有一部分细粒碎屑沉积岩，如粉砂质泥岩、泥岩等，特别是当它们又发育薄层层理时，即使是微风化的岩层，其单轴抗压强度也不过为10～20 MPa，是典型的软岩地层。在这种上软下硬地层状态下，不用或少用滚刀，以齿刀和刮刀为主，其效果比较好。比如，广州地铁三号线沥滘—大石区间不仅较好地控制了地面沉降，还顺利地通过了300多米宽的珠江。

2. "硬"岩地层为粗粒碎屑沉积岩时采取的措施

广州地区白垩系红层中的粗粒碎屑沉积岩，特别是厚层状的中粗砂岩、沙砾岩等，一般单轴抗压强度为30 MPa左右，介于中硬岩和软岩之间，这种岩层对刀具的磨损非常严重。

盾构机在这种上软下硬的地层中通过，一般采取的措施为：①在刀盘上安装双刃滚刀，尤其是在刀盘的外周位置。②采用小推力、低转速。③在土压平衡状态下，增加密封土舱内的泥水量和泡沫量，使其具有泥水盾构的特色，防止上部软土地层塌方。

3. "硬"岩地层为变质岩时采取的措施

广州地区变质岩的工程地质特性比较复杂，主要原因是其变质前的母岩成分比较复杂。其中，花岗片麻岩、石英岩等的单轴抗压强度通常比较高，对盾构施工造成的影响也比较大。但变质岩体与花岗岩体不同的是：就其局部岩块（如从钻孔取出的一段岩芯）来说，单轴抗压强度可能会很高，甚至大于 100 MPa。但作为岩体来说，由于其中的片理比较发育（如 RQD 值较小），其整体强度要比花岗岩弱。从这个意义上讲，盾构机推进在变质岩中的破岩能力要比在花岗岩中更强一些。因此，在这类上软下硬地层中施工时一定要查清工作面的变质岩体的工程物理特征和开挖面的位置，宜在刀盘上安装单刃滚刀，尤其是在刀盘的外周位置。

广州地铁四号线盾构区间在通过以中风化为主、少量微风化混合岩的地层时，推进速度可达到 5 m/d 以上，这种掘进速度应是很令人满意的了。

4. "硬"岩地层为花岗岩时采取的措施

这类上软下硬地层是在广州地区进行盾构施工的最大工程难点之一，在这类地层中进行掘进还没有较好的手段。通常的做法是：①通过人工的方式设法将其破碎，然后正常掘进。②采用小推力、低转速由盾构机直接破岩通过。③采用矿山法辅助盾构法施工。

（二）在上软下硬地层中盾构掘进的主要风险及对策

从广州地区盾构工程的实践可以总结出，较大地面沉降的发生十有八九都不同程度地与上软下硬这类地质条件有关，造成较大地面沉降的原因是上部的软地层失稳。因此，盾构在掘进过程中设法保持上部软地层的平衡就成了问题的关键。在施工过程中主要采取了以下措施。

（1）在可能的情况下，特别是当上部为砂层或沙砾层时，最好选用泥水加压式盾构机。广州地铁三号线的实践说明，在使用泥水盾构机的情况下，上软下硬地层所造成的施工困难程度比土压平衡盾构小得多，这是因为泥水压力能更灵活地动态平衡工作面软土层的水土压力。

（2）在选择土压平衡盾构机的情况下，设法保持密封土舱内较大的土压力是一种理想的办法。但是，广州地区的残积层及各类岩石的全风化和强风化基岩中的粉粒和黏粒的含量极高，在保持高土压力的同时，会产生另一负面效应，即在刀盘的前面和密封土舱内结泥饼。一旦泥饼形成，会进一步恶化盾构施工环境。根据在广州这类复合地层施工中积累的经验，在土压平衡状态下合理地使用泡沫剂和辅助气压法建立平衡是比较有效的。

（3）广州地铁三号线曾尝试在土压平衡状态下向密封土舱内加注泥浆的

办法,取得过一定的效果。其原理是将土压平衡状态改变为泥水加压状态,利用泥水盾构的原理进行推进。当然,在这种情况下,要设法解决出土问题。比如,在螺旋输送器上设法配置可控密封土舱压力的泵送泥浆系统及碎石箱等。

四、盾构过砂层的掘进技术

广州地区砂层以中粗砂为主,含少量的细砾,富水,渗透系数为 10～30 m/d。宏观地讲,盾构机过砂层有 3 种工况:一是盾构全断面过砂层;二是盾构局部断面过砂层;三是盾构断面以上的部分是砂层,盾构机并没有直接通过砂层。盾构机无论在哪一种工况下过砂层,根据以往的施工经验,若处理不好,都会造成不同程度的地面沉陷,甚至是塌方。

(一)盾构全断面过砂层的掘进技术

盾构全断面过砂层的地质剖面如图 4-6 所示。这实际上是一种均一地质环境条件下的盾构施工,若采用的是泥水盾构机,泥水压力及泥水稠度掌握得当,就能够很好地控制盾构机舱内的水土压力与工作面主动水土压力的平衡。若采用土压平衡盾构机,最关键的问题是要选择合适的添加剂,以便改良砂层的和易性。

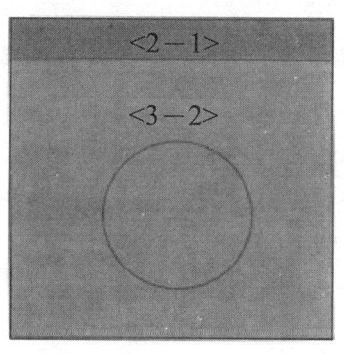

〈2-1〉—淤泥质土层;〈3-2〉—陆相冲洪积沙层

图 4-6　盾构全断面过砂层

(二)盾构局部断面过砂层的掘进技术

盾构局部断面过砂层的地质剖面如图 4-7 所示。这是一种较为典型的上软下硬地层。其特点请参见本章的有关部分。

第四章 复合地层的盾构施工技术 研究

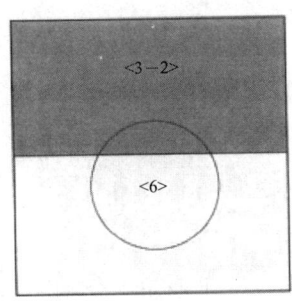

<3-2>—陆相冲洪积沙层；<6>—红层全风化带

图 4-7　盾构局部断面过砂层

（三）盾构断面上部是砂层的掘进技术

盾构断面上部是砂层的地质剖面如图 4-8 所示。这种工况的地质剖面在广州是很常见的，特别是在珠江（及其支流）所流经的区域。盾构机通过这种地层时，由于与砂层直接接触的岩层易受力变形产生裂隙或裂缝，从而形成了与砂层 <3-2> 中的水有直接联系的通道，进而也将成为该砂层流失的通道，其最终结果是造成较大的地面沉陷，以至于地面塌陷。

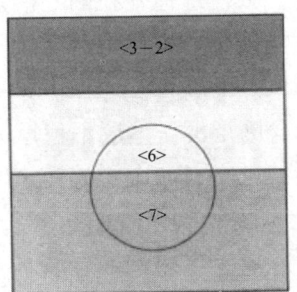

<3-2>—陆相冲洪积沙层；<6>—红层全风化带；<7>—红层强风化带

图 4-8　盾构断面上部是砂层

五、盾构过断层带的掘进技术

断层带，特别是区域性的断层带，通常规模宏大、岩性复杂、破碎或坚硬，地下水较为丰富。比如，广州地区的广从断裂带，切割震旦系变质岩、石炭系石灰岩、白垩系—下第三系红层以及燕山期花岗岩，总长度超过 100 km。在断层带中，可见到震旦系的混合岩、石炭系的石灰岩、侏罗系的煤系地层、白垩系的红色沉积碎屑岩和燕山期的花岗岩。这些岩石的成因、类型、成分、结构和构造有着天壤之别。同时，在断层形成的时候，随之也形成了一些新的角砾岩，其中某些岩石受到了不同程度的硅化作用。因此，断层带的岩性非常复杂，某些岩层可能很松散，某些部位会出现十分坚硬的岩体或岩块，某些地段可能软硬突变。在石灰岩地段，"溶洞"还可能会发育。

因为断层形成的性质不同，含水特性也不一样，某些断层或断层的某些部分非常富水，是地下水的通道。

下面以广州地铁三号线大石—汉溪区间为例阐述盾构机过断层带的掘进技术。

（一）工程概况

广州地铁三号线大石—汉溪区间中的 YDK16+340～YDK16+540 隧道，地处礼村断裂带影响范围内。主断裂带宽为 50～60 m（图 4-9），断裂带主要为硅化角砾岩，岩体破碎，岩石强度高（最高达 156 MPa），富水性强，渗透系数为 16.81 m/d。该段隧道为直线段，坡度为 5‰。

（二）右线掘进过断层带的技术措施

经研究分析，右线掘进过断层带采取了以下技术措施。

（1）由于硅化角砾岩的不规则及强度比较高，刀盘在转动过程中，对岩石的冲击而产生连接螺栓松动，致使螺栓受拉断裂。从掘进情况及渣土中含大量硅化角砾岩的情况分析，可能刀具磨损比较严重，不宜继续掘进，决定开舱检查刀具。

（2）因地层含水量大及含断层泥，地层不稳定，必须进行加固处理。

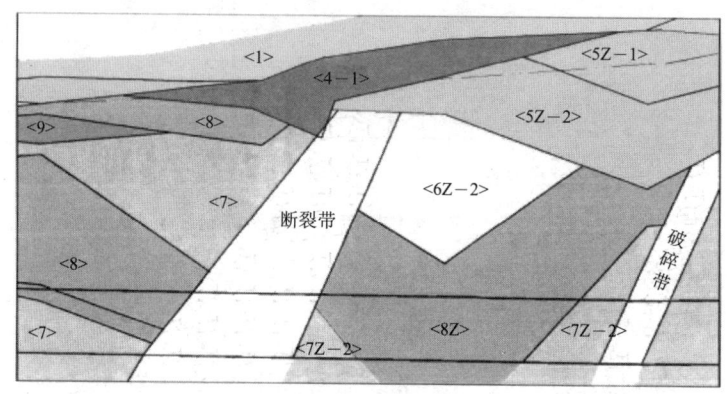

⟨1⟩—人工填土层；⟨4-1⟩-冲洪积粉质黏土层；⟨7⟩—红层强风化带；⟨8⟩—红层中风化带；⟨9⟩-红层微风化带；⟨5Z-1⟩、⟨5Z-2⟩—变质岩残积层；⟨6Z-2⟩—变质岩全风化带；⟨7Z-2⟩-变质岩强风化带；⟨8Z⟩—变质岩中风化带

图 4-9　大石—汉溪区间礼村断裂带地质剖面图

第四章 复合地层的盾构施工技术研究

（3）结合隧道埋深（20 m）、地表环境、地层条件、盾构机条件，决定采用袖阀管和注双液浆的方法进行加固。其加固范围如图4-10所示。经加固处理及检查注浆效果后，决定开舱处理刀具。从开舱结果看，注浆加固效果比较理想，地层稳定，可以进舱处理刀具。经过检查，共有14把滚刀偏磨（表4-9），2块刮刀断螺栓。

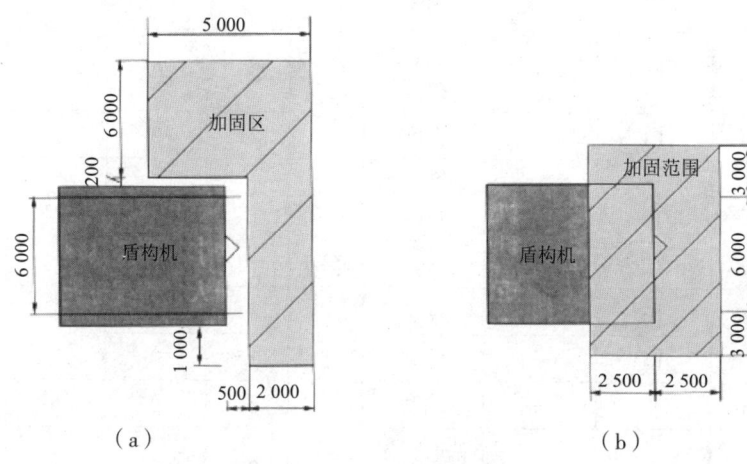

图4-10 注浆加固示意图

表4-9 广州地铁三号线大石—汉溪区间右线刀具检查表

系统名称	刀具编号	检查结果/mm		备注	系统名称	刀具编号	检查结果/mm		备注
		原始磨损量	累计磨损量				原始磨损量	累计磨损量	
中心双刃滚刀	1	7	—	崩刃	单刃正滚刀	21	8	—	偏磨
	2	7	—	偏磨		22	11	16	—
	3	11	—	崩刃		23	9	19	—
	4	10	—	偏磨		24	9	19	—
	5	12	—	偏磨		25	10	19	—
	6	0	—	断螺栓、掉楔块		26	13	23	—
	7	12	—	偏磨	单刃边滚刀	27	0	—	崩刃
	8	0	—	断螺栓、掉楔块		28	0	11	

续 表

系统名称	刀具编号	检查结果/mm 原始磨损量	检查结果/mm 累计磨损量	备 注	系统名称	刀具编号	检查结果/mm 原始磨损量	检查结果/mm 累计磨损量	备 注
单刃正滚刀	9	12	—	偏磨、掉挡圈	单刃边滚刀	29	0	11	—
	10	11	—	偏磨、掉挡圈		30	0	13	—
	11	13	—	偏磨		31	0	7	—
	12	9	—	偏磨、掉挡圈		32	0	12	—
	13	12	16	—		33	0	12	—
	14	10	20	—		34	0	7	—
	15	13	—	偏磨		35	0	7	—
	16	8	—	偏磨		36	0	6	—
	17	12	—	偏磨、崩刃		37	0	8	—
	18	13	—	偏磨		38	0	10	—
	19	13	18	—		39	0	—	偏磨
	20	12	18	—					

（4）由于本次注浆液为双液浆，加固处理时间比较长，水泥浆的凝结作用对盾构机有较大的影响，结果浆液将盾构机盾壳"包裹"凝固住，造成盾构机在 30 000 kN 的推力下也不能前进。经过对盾壳的振动及铰接油缸的处理，才使盾构机脱困。

（5）盾构施工通过礼村断裂带后，从 474 环开始，刀盘扭矩波动较大，推力也逐渐增大，而掘进速度逐渐缓慢，喷涌严重。在掘进到 487 环时，推力增至 15 730 kN，掘进速度只有 9 mm/min，刀盘扭矩波动较大，刀盘转动时偶有异响。在掘进到 489 环时，推力达 19 000 kN，速度只有 0～1 mm/min，刀盘转动声音尖利，且有较固定的频率，渣土中含大量微风化岩块。初步判断，刀具损坏比较严重，决定再次开舱检查。根据地质资料显示，此处地层为断裂带影响范围，地层涌水量大，正常开舱有较大困难，经过带压进舱检查后，确定工作面地层为微风化变质岩层和强风化变质岩层。

根据实际地层情况、涌水量、隧道埋深（39 m）及地表情况，初步决定在隧道内利用盾构机预留的超前注浆孔进行注双液浆的办法封堵地层涌水，然后开舱检查更换刀具。其实施过程如图 4-11 所示。在实施过程中，首先施工 E 孔（E 孔地层为微风化混合岩），钻进到 10.12 m 时涌出大量水（涌水量为 70 m³/h），无法继续钻进，而螺旋输送器内水量变小。接着改钻 B 孔，B 孔钻进到 14 m 时有大量水涌出，B 孔地层为微风化岩层。B 孔涌水后 E 孔无涌水，螺旋输送器内水量也很小。密封土舱 1 号传感器只有 0.019 MPa，5 号为 0。根据 B 孔、E 孔的岩芯及涌水量的变化，只要 B 孔保证连续抽水，工作面地层能保持稳定，可以不需要进行注浆处理，直接开舱更换刀具。开舱结果显示地层的确较稳定，涌水量很小，可以满足检查刀具的需要。经检查，刀具磨损严重。

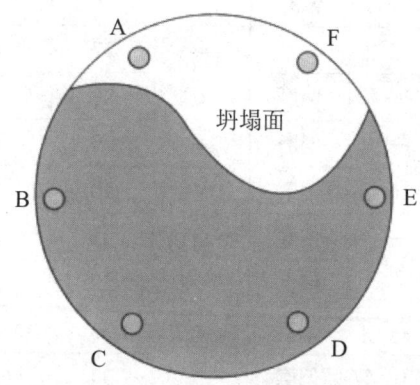

图 4-11 超前注浆孔位置示意图

（三）左线掘进过断层带的技术措施

针对右线通过礼村断裂带出现的问题，左线采取了以下相应措施。

（1）在盾构机到达断裂带前，对刀具进行检查及更换，以最合理可靠的刀具组合通过断裂带，在 YZK16+416 ～ YZK16+540 段检查刀具，更换后各刀具的初始磨损量如表 4-10 所示。

（2）在掘进过程中控制掘进参数。

（3）在掘进过程中调整泡沫剂用量。右线平均每环泡沫剂用量为 26 L，左线调整为 45 L。

（4）在计划更换刀具的地段，对地层进行超前加固，然后开舱检查刀具。左线在 YZK16+540 段进行地层加固，盾构机到达后开舱检查及更换刀具。

表4-10　广州地铁三号线大石—汉溪区间左线刀具检查表

系统名称	刀具编号	检查结果/mm		备注	系统名称	刀具编号	检查结果/mm		备注
		原始磨损量	累计磨损量				原始磨损量	累计磨损量	
中心双刃滚刀	1	2	7	—	单刃正滚刀	21	0	8	—
	2	2	7	—		22	0	11	—
	3	2	11	—		23	0	9	—
	4	2	10	—		24	0	9	—
	5	2	12	—		25	0	10	—
	6	2	—	偏磨		26	0	13	—
	7	2	12	—		27	0	13	—
	8	2	—	偏磨		28	0	14	—
单刃正滚刀	9	4	—	偏磨	单刃边滚刀	29	0	13	—
	10	5	16	偏磨		30	0	14	—
	11	8	—	偏磨		31	0	15	—
	12	6	—	偏磨		32	0	13	—
	13	8	—	偏磨		33	0	16	—
	14	7	14	偏磨		34	0	12	—
	15	10	—	偏磨		35	0	11	—
	16	0	—	偏磨		36	0	12	—
单刃正滚刀	17	10	—	偏磨	单刃边滚刀	37	0	12	—
	18	0	9	偏磨		38	0	13	—
	19	0	7	偏磨		39	0	10	—
	20	0	—	偏磨					

六、盾构施工的辅助技术

(一)压气作业技术

压气作业是指利用压缩空气以平衡盾构围岩的水土压力,使其保持稳定的作业。它是通过人闸来实现操作人员在气压状态下检查、更换刀具及排除工作面异物等工作。其适用的压力范围为 0.06～0.69 MPa，一般为 0.18～0.3 MPa，超过 0.45～0.69 MPa 时，需要采用很高的潜水技术和设备。

许多国家对压气作业制定了专门的规范，我国有些特殊行业（如潜水）也有相应的规定，目前盾构施工中的压气作业是参照这些有关规定进行的。

1. 压气作业的一般要求

压气作业的设备主要有人闸和医疗舱，压气作业的一般要求如下。

（1）使用前应对人闸进行气密性试验。检验标准一般确定为使用压力的设计值。

（2）人用操作人员必须接受系统培训，掌握减压病的防治方法。操作设备及显示设备安装在人闸的外边。

（3）只有通过在压缩空气中测试，且经过相关培训的工作人员才能进入人闸。所有人闸舱中应配有压力计、时钟、电话等设备。

（4）要保证压缩空气的足量供应，以便补偿气体泄露。

（5）必须配备备用柴油空压机，以便用于停电时的紧急减压撤离。

（6）对所有组件（显示设备、记录仪、钟表、温度计、密封及阀门等）的性能必须定期检查。

（7）压力传感器安装在密封土舱中，用来测定密封土舱中土压的实际值。

压力调节器将实际的土压值与预设的参考压力值相比较，并调节供气空气阀使其达到正确的支撑压力。压缩空气调节系统仅仅调节供气，如果开挖舱中压力太高，可通过溢流阀排气。

（8）压气作业现场必须配备医疗舱。

2. 压气作业人员的基本守则

（1）压气作业开始时，在第一个人进入密封土舱空间前，人闸值班人员应持续充气 10 min，以确保密封土舱空间内空气新鲜。

（2）压气作业人员必须是经过培训且工作前通过身体健康检查的工作人员。必须对其进行医学防治知识教育，使其了解减压病的发生原因及防治方法。

（3）要严格遵守压气作业工作时间，以 24 h 为一个周期，每周期分 4 个班，每班总的工作时间不得超过 6 h。

（4）进行压气作业的人员在作业前 8 h 内不许饮酒，作业过程中不许饮用含有酒精的饮料，不许吸烟。

（5）在减压前，要更换干燥、洁净和暖和的衣服。

（6）患流感的人员不能进入人闸。

（7）当人闸中的温度超过 27 ℃时，必须采取特殊的充气方法。如果温度不能维持在 27 ℃以下，压气作业必须停止。高温下，必须向作业人员提供特殊的供水装置。根据温度情况来决定工作的安全与否，一旦温度过高而不利于安全有效地工作时，就必须中断作业。减压时，人闸内的温度不允许在 5 min 内降至 10 ℃以下或升至 27 ℃以上。

（8）在压力超过 0.1 MPa 环境下作业的人员，减压后应留在人闸附近或医疗舱内一段时间。

（9）作业后的 24 h 内，不允许飞行和潜水，必须留在现场附近。

3. 加压和减压的工作要求

在进行加压和减压时要严格遵守加压、减压规程，日本、新加坡等国家和我国香港地区有相应的标准，我国交通运输部门也曾制定过有关规程，一般是参照美国海军潜水规程。

（1）人闸加减压试验。该试验应进行无人压力试验，以检查主舱与前舱的各功能部件在试验压力下的工作情况。

（2）气压的确定。在进行压气作业前先确定需要多大的气压才能达到止水及土体稳定的效果。其具体方法为：①先把密封土舱的土出空一半（上部土压为零）；②打开密封土舱壁中部的两个大球阀，要求在球阀位置上没有泥土；③做好上述两项工作后等待 1 h，检查密封土舱的上部压力，确定所需气压值。

（3）油脂的准备。在准备进行压气前，一定要确保盾尾有足够的油脂注入量。

（4）密封土舱加压。在确定所需气压后，往前掘进 1～2 环，然后把密封土舱的土快速地部分或全部出空，随后加膨润土（在加膨润土的过程中需要不停地转动刀盘）和压气，直到气压升到所需气压值为止。

（5）主舱加压。主舱加压时，人闸管理人员缓慢地打开进气阀，使主舱的压力缓慢地升高，直至达到工作压力。当主舱内压力达到工作压力时，人闸管理人员关闭带式记录器。

4. 压气作业需要解决的问题

（1）完善法规。应尽快制定盾构工程压气作业操作规程。

（2）完善工艺。在压气环境下焊接和切割工艺尚不成熟，应尽快完善工艺。

（3）积累经验。不是在任何地层环境中都可以实施压气作业，特别是在江河下及浅埋的条件中采用压气作业时应很慎重。

（4）培训人员。目前熟悉人闸结构并能有效地加以利用的操作人员不多，能够进行监护和急救的潜水医生比较难找，社会医院提供压气作业治疗服务比较困难，应加强有关人员的培训。

压气作业的优势是可以解决地面无加固条件或地面加固效果不佳情况下密封土舱内的操作问题，但其工效低、成本高且对操作的安全性要求很严格。因此，不应将压气作业当成一种常规的方法随意使用。

（二）盾构机的始发技术

1. 初始掘进前的准备工作

（1）盾构机的联动调试要满足要求。

（2）洞门范围内的障碍物要彻底清除。

（3）洞门橡胶密封圈要安装到位。

（4）始发反力架和基准环要安装到位。

（5）临时管片要准备就绪。

（6）渣土运输准备工作就绪。

（7）地面砂浆搅拌站要调试完毕。

（8）盾构机要准确定位。

（9）自动导向系统安装、测试完毕。

（10）初始掘进范围内的地面监测点已布设完毕并获得初始数据。

（11）盾尾密封刷已涂满密封油脂。

（12）检查供电系统（含备用电源）、给排水系统、通信系统等，使工作正常。在自动导向系统安装调试完成后，把有关的线路资料（沿线路方向每隔1.0 m输入一个轴线点的坐标）输入电脑，作为掘进过程中赖以参照的设计线路位置。

（13）地面吊装设备要通过安全认证。

2. 初始掘进阶段的技术要点

（1）严格控制始发台、反力架和负环的安装精度和稳定性，确保盾构机始发姿态与隧道设计线形相符。

（2）当临时管片脱出盾构机后周围无约束时，在推力作用下易变形。因此，要在管片两侧用型钢支撑加固管片环，管片脱离盾尾前用钢丝绳将管片环箍紧防止变形。

（3）始发前基座定位时，盾构机轴线与隧道设计轴线保持平行，盾构中线比设计轴线适当抬高约20 mm。

（4）千斤顶总推力控制在1 000 kN以内（不超过反力架的设计载荷）。优先选用下部千斤顶，推力增加要循序渐进。

（5）盾构机进站时，要密切注意密封装置的压入情况，若橡胶带有可能弹出，则停止推进，对其采取加固措施，确保密封效果。

（6）确保盾尾密封油脂的注入达到压力要求，以保证盾尾的密封效果。

（7）安装负环临时管片时，为保证管片和盾构机下部的合理间隙，需要在盾构机的下半部内壁沿纵向临时焊接4～6块钢板条，其厚度与盾尾间隙相同。

（8）初始注浆时，选取注浆压力要综合考虑地面沉降要求和洞门密封装置的承压能力。

（9）临时管片可不贴密封条，但需要贴缓冲垫，螺栓不需用止水垫圈。

（10）盾构机在未完全进入洞门前，应在壳体上焊接防扭转装置，并随着盾构机的推进逐次割除。

（11）初始100 m掘进是摸索掘进规律、优化掘进参数的试掘进阶段，要注意总结和优化相应的盾构掘进参数（如密封土舱压力、推进速度、总推力、排土量、刀盘扭矩、注浆压力和注浆量等），为正常掘进打下基础。

（12）负环管片的理论拆除时间是当盾构掘进时的反推力传送到反力架上的力为零时。为此，目前确定拆除时间的方法有以下3种：①根据应力片的测试结果决定。②根据同步注浆液凝固的时间、强度及隧道是否在曲线段等进行经验估计。③国际上多用掘进100 m后拆除，广州一般大于60 m后拆除。

第五章 盾构工程常见故障与施工问题

第一节 常见的机械故障分析

刀盘、减速箱、主轴承等是盾构的主要核心部件，这些部件一旦出现故障将会影响盾构正常工作甚至使工程延期，给工程业主和承包商造成重大损失。因此，施工管理人员等应了解盾构施工过程中常见的机械故障，提前制定预防措施和相应的工艺路线，提高盾构施工的作业效率。

一、减速箱常见故障及分析

盾构减速箱中故障率较高的是其主减速箱。主减速箱是盾构主驱动中负责变速、速度传递和扭矩传递的重要部件，也是盾构的核心组成部分之一。为了使刀盘在低转速、大扭矩条件下稳定工作，盾构主减速箱一般是复杂的行星齿轮结构。S179盾构的主驱动减速箱采用的三级行星齿轮结构。盾构主减速箱长期承受来自盾构本身和外界的大扭矩作用，从而使主减速箱极易发生故障，而且由于主减速箱内齿轮数量众多，当某一齿轮出现异常时会直接影响到减速箱的工作性能，加速其疲劳失效。因此，注意观察分析盾构主减速箱的故障现象、故障原因并探究其故障机理是预防故障产生、传递或扩大的有效措施。

减速箱主要由箱体、轴、齿轮、紧固件和密封件等组成，根据统计分析，各零件的故障率如表5-1所示。

表5-1 减速箱各零件故障率

零件	齿轮	轴承	轴	箱体	紧固件	密封件
故障百分比/%	60	19	10	7	3	1

由表 5-1 可以看出，在减速箱组成的零部件中，齿轮与轴承的故障率比较大，两者之和高达 79%，特别是齿轮，其故障率就占到减速箱故障的 60%。因此，了解减速箱齿轮与轴承的故障现象、产生原因及应对对策，可有效降低减速箱故障对盾构施工效率的影响。

（一）常见齿轮故障

齿轮一般存在加工装配不良、操作维护不当等问题，这可能导致旋转工作的齿轮润滑不良、轮齿载荷分布不均，甚至产生异物入侵等结果，从而加速齿轮旋转工作时的疲劳磨损，导致齿轮故障的发生；考虑盾构齿轮旋转工作时传递的功率巨大且不可预知的波动，如果齿轮材料选取、热处理工艺参数制定等不够合理也将导致齿轮旋转工作时的失效。盾构齿轮旋转工作时常发生的故障主要有齿面磨损、疲劳点蚀、齿面胶合、轮齿折断等。常见盾构主减速箱齿轮故障与故障原因对应关系如表 5-2 所示。

表5-2 常见盾构主减速箱齿轮故障与故障原因对应表

齿轮故障	齿面磨损	疲劳点蚀	齿面胶合	轮齿折断
故障原因	润滑不良；载荷过高；异物入侵	润滑不良；疲劳裂痕；加工精度不足；材质不符合要求	润滑不良；载荷过高	疲劳磨损；负载过大；装配不当

疲劳是重载齿轮的主要损坏形式，表现为齿面点蚀和剥落，根本原因主要是交变接触应力的作用。初期的点蚀（初始点蚀）一般不会对齿轮构成破坏，当初始点蚀进一步恶化，就变为破坏性点蚀和齿面剥落，从而加剧齿轮的不平稳传动。当传动系统的不稳定性到达一定程度，轮齿就可能折断，从而造成整个传动机构的损坏与瘫痪。

（二）常见轴承故障

轴承是机械传动中的支撑部件，也是重要的受力部件，其性能的好坏直接影响到机械传动能否正常运行，同时影响到设备的使用寿命和人身安全。引起轴承故障的原因主要为：轴承材料存在缺陷、加工装配不当、润滑不完善、杂物入侵、腐蚀以及过载等。另外，轴承在长期运转时也会出现疲劳磨损和剥落等现象，进而影响设备的正常工作。常见的轴承故障主要有疲劳剥落、轴承磨损、轴承胶合、轴承腐蚀、轴承变形、加工装配故障等。常见盾构主减速箱轴承故障及故障原因对应关系如表5-3所示。

表5-3 常见盾构主减速箱轴承故障及故障原因对应关系表

轴承故障	疲劳剥落	轴承磨损	轴承胶合	轴承变形	轴承腐蚀
故障原因	疲劳磨损	疲劳磨损 润滑不良	润滑不良 载荷过高	载荷过高 装配不当	异物入侵

（三）主减速箱常见齿轮故障与轴承故障应对措施

从表5-2和表5-3中可以看出齿轮和轴承所发生的故障都可以归因于疲劳磨损、润滑不良、载荷过高、异物入侵和加工装配这五种故障。这五种故障的发生原因可分为以下三类：

第一类是疲劳磨损。疲劳磨损是由于部件长期磨损所致，可通过选材、改进成型工艺等提高其使用寿命。

第二类主要包括润滑不良和异物入侵，载荷过高也包括在其中，主要是由于减速箱外界环境的变化引起的故障。

第三类是加工装配问题。它是指减速箱装配不当引起的减速箱故障，这一环节的应对方式是在装配时尽量提高装配质量来减小此项的影响。

主减速箱常见齿轮故障和轴承故障的减缓可通过在施工中加强状态检测和诊断来实现。状态检测属于主动维修，在故障初期或萌芽状态若能发现相应征兆，施以对应措施，便能以最小的代价延长其寿命、提高其可靠性。状态监测的方法如下：

1. 润滑油检测

经常按时检测减速箱齿轮油。减速箱轮齿发生点蚀时，其点蚀产生的金属屑就滞留在其齿轮油液中，通过油液检测就可发现。一旦发现此种现象，就应及时更换减速箱齿轮油并增加轮齿润滑油检测频次，在适当时机拆除更换发生点蚀的齿轮，避免减速箱的进一步损坏和更严重事故的发生。

2. 振动和声音检测

减速箱行星齿轮点蚀到一定程度时，齿轮啮合过程振动明显增大，因此，减速箱行星齿轮点蚀状况还可以通过振动检测仪进行判断。另外，在轮齿表面剥落、轮齿断裂时，减速箱也会产生异响，据此也可以进行判断。此时，减速箱的损坏程度还没有影响到主轴承，对减速箱进行及时拆卸更换还可以避免事故的蔓延和更严重事故。

3.温度观测

在驱动的减速箱损坏后期,减速箱内的齿轮可能被卡死,在液压马达主动驱动和小齿轮被动驱动的双重作用下,减速箱会发生更严重的轮齿断裂、行星架断裂等情况。此时,不仅声音及振动加剧,还会在摩擦过程中产生大量的热量,温度升高。发生这种情况时,通过对减速箱外温度的观测就可以确定减速箱损坏。此外,当驱动的减速箱失效后,因液压马达没有驱动力作用在主轴承上,此组主驱动油管温度也会比其他正常油管的温度低,从而也可以通过观测温度实现故障检测。

二、刀盘常见故障及分析

盾构种类繁多,刀盘形式各异,仅以目前应用最为广泛的土压平衡盾构为例,介绍盾构刀盘常见故障及解决措施。

(一)盾构刀盘常见故障

土压平衡盾构刀盘及其上的刀具是用来切割岩土和稳定掌子面的工具。由于盾构工作环境恶劣,其刀盘经常会出现故障,对施工造成不良影响。

1.刀具磨损与损坏

盾构刀具出现磨损与损坏是常见的故障之一。在盾构刀盘上发挥切削土层作用的刀具主要是切削刀,在土岩互层地质一般还安装破岩的盘形滚刀。盾构切削刀的磨损形式主要是刀头被磨平或者崩刃。滚刀的磨损或者损坏主要表现在刀圈极限磨损、刀圈弧磨损、刀圈脱落、刀体损坏以及轴承的损坏等。

2.泡沫孔阻塞

土压平衡盾构的刀盘面有若干个泡沫口。盾构掘进过程中,旋转的刀盘通过立柱内的泡沫管将泡沫剂喷入掌子面,进而有效改良渣土的流动性。在实际施工中,由于在刀盘旋转、刀具与土层摩擦等产生的高温的作用下,渣土会黏结在泡沫孔壁上并滞留产生阻塞,这样不仅会影响渣土改良的效果,还会使驱动刀盘的扭矩增加,同时加快刀具的磨损速度,制约盾构的掘进效率。

3.立柱焊缝开裂

盾构刀盘与其主轴承座的连接是通过立柱实现的,如图5-1所示。立柱也是将推力和扭矩传递给刀盘的关键部件。但是在盾构施工中,立柱焊缝开裂是一个常见的问题。裂缝一般呈现出长度大、连续性强以及分布交叉的特点,从而严重影响盾构施工。焊缝开裂多是由于焊接质量不过关造成的,如焊缝坡口不合理、高度不够和焊接交叉点过多等。盾构在掘进过程中的推力、扭矩过大，从而导致刀盘立柱焊缝的开裂。

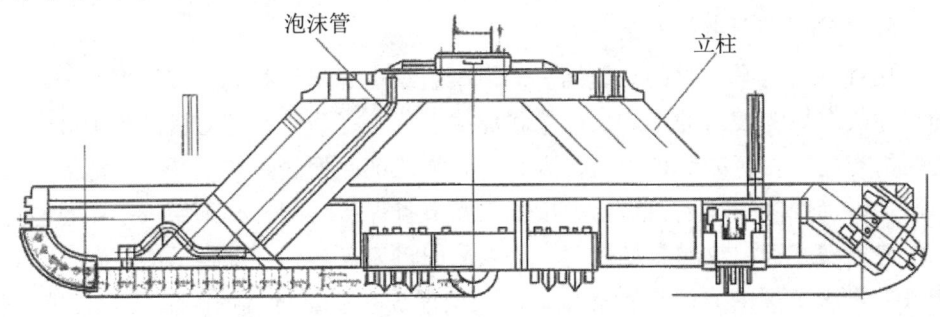

图 5-1　刀盘泡沫管路图

4.刀座与面板磨损

在盾构掘进中，通常会对刀座和面板进行多重保护，但是由于材质的限制及地层影响，在刀具受到磨损后就降低了对刀座和面板的保护，致使刀座和面板直接与硬岩接触，对于耐磨性较差的刀座和面板而言，将会受到严重的磨损。

（二）刀盘常见故障对策

对于常见的刀盘故障，一般都是采取更换维修的方法解决；盾构实际施工过程中，减缓盾构刀盘故障的有效方法是通过提高施工技术、注意保养等方式来实现的。

1.刀具磨损与损坏的对策

刀具磨损达到极限值或刀具已损坏就需立即更换。更换刀具时应遵循两项基本原则：一是应根据施工地质合理控制相邻刀位的刀具高差，如对一般地质地层，相邻刀位的刀具高差不能超过 10 mm 等；二是高刀位的刀具尽量使用新刀，磨损不大的刀可以调换至低刀位继续使用。同时，在盾构施工过程中，提高主司机的操作技巧，合理选择掘进模式与掘进参数，并不断积累与总结经验，减少刀具的人为破坏，恰当把握刀具更换时机（频次）和换刀质量也是解决问题最根本、最有力的保证。

2.泡沫孔阻塞的对策

当地质条件较好时，可以将旋转接头拆除，刀盘面板的泡沫管出口和旋转接头的泡沫管进口分别用高压水枪和管道疏通机同时疏通。根据实践经验，这种方法成功的概率较大。但在掘进过程中，泡沫孔极易被再次堵塞，而且从掌子面疏通还受到地质条件的限制，因此，要从根本上解决问题，需要从设计上改进。同时，若主司机能够提高操作技巧，更好地掌握添加泡沫的时机和数量，在一定程度上也能有效降低泡沫孔堵塞的概率。

3. 立柱焊缝开裂的对策

用气刨将含有裂纹的焊缝刨去，根据裂纹在焊缝深处的发展情况和连接件的尺寸决定焊缝坡口的形式、尺寸和焊接工艺。因为作用于刀盘的推力和扭矩主要由与立柱相接的侧板承受，因此，必须保证此处的焊接质量，不能靠通过在两个焊接件之间加钢板简化焊接工艺和节省焊接时间，必须用焊条一点一点地将缝填满。若裂纹的宽度较宽，可以采用将刀盘转到一个合适的位置，使操作人员采用平焊的方法进行焊接，以在确保焊接质量的同时，简化焊接工艺，降低焊接难度，提高劳动效率。

4. 刀座与面板磨损的对策

刀座磨损的现场处理方法视刀座磨损（损坏）的程度而定，对磨损不严重的刀座，采用补焊的方法进行修复；对磨损严重的刀座，采用简单的补焊不能恢复原始尺寸的，只能采用其他维修方法。以刮刀刀座为例，目前可行的维修方法主要有两种：一种是将新刮刀直接焊接在磨损的刀座上；另一种是将旧刀座割除，在原位置上焊接新的刀座。这两种焊接方法各有优缺点，但总的来说，第一种方法只能作为应急手段，在剩余区间长度不长时（根据国外的维修经验，一般不超过20环）采用；若剩余区间长度超过20环，采用第二种方法为宜。

三、主轴承常见故障分析

盾构主轴承是盾构主驱动系统中最精密的一个部件，主要承担支撑刀盘并带动刀盘旋转的功能。目前，盾构主要采用三排三列滚柱式轴承、三排四列滚柱式轴承和双列圆锥滚子轴承。其中应用最广泛的是三排三列滚柱式轴承，其结构如图5-2所示。主轴承主要由三排圆柱滚子构成，分别承受径向力和轴向力。滚柱轴承宽度为300～400 mm，采用铜质保持架。在施工中，若是主轴承润滑系统发生故障或是轴承发生扭曲变形，将极易导致主轴承的迅速瘫痪。一旦主轴承失效，则必须更换。更换主轴承难度非常大，会严重延误工程工期，给工程业主和承包商造成巨大损失。主轴承常见故障为润滑与密封系统故障。如果在施工过程中因主轴承润滑与密封等问题而造成泥渣颗粒进入主轴承，从而引起主轴承或齿轮副损坏及漏油，将加剧整个主驱动系统的迅速破坏，给盾构施工带来不可估量的损失。当主轴承出现故障时，一般根据其工作原理，进行故障排查；然后，根据故障特点，制定方案和相应处理程序，以便彻底、高效地解决问题。例如，当主轴承漏油时，可考虑以下两种方案。

方案一：不拆卸刀盘，不拆解主轴承外密封系统，而向外顶出密封衬环，通过密封衬环调整螺栓孔向密封衬环内圆周注入密封胶；调整密封衬环，依靠密封胶达到密封效果。

方案二：拆下刀盘，拆解主轴承外密封系统，清洗密封衬环内圆周，更换内圆周O形密封圈，清洗主轴承外密封系统，重新组装。

另一方面，对主轴承的合理保养与检测可以减少主轴承的故障率，作为一种预防对策十分重要，并且十分有效。

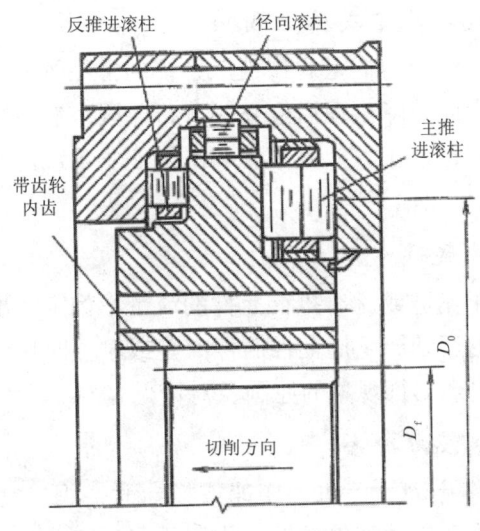

图 5-2　三排三列圆柱滚子轴承结构图

第二节　常见的液压系统与电气系统故障分析

通常情况下，除盾构刀盘旋转可选用电机驱动外，其余驱动基本都选用液压系统。可见液压系统在盾构中的作用可谓举足轻重。总而言之，盾构液压系统包括刀盘驱动、盾构推进、螺旋输送机、管片拼装机、铰接机构、液压辅助系统、扩挖刀（仿形刀）控制系统等。一个完整的液压系统一般由五个部分组成：动力元件、执行元件、控制元件、辅助元件和液压油。因此，液压系统结构庞大、功能复杂，可以说是盾构的心脏，其任何一个单元的故障都会影响盾构的正常工作，甚至造成停机、瘫痪等严重事故。因此，了解盾构各液压系统特点、常见故障及其处理措施对保障盾构的正常运行很有必要。

一、施工中常见液压故障现象及分析

盾构中的每个液压系统都是一个相对独立、封闭的液压回路。在盾构施工过程中常见的液压故障现象，如液压系统无压力或压力低、液压系统爬行、液压冲击、振动与噪声、油温过高和泄漏等，如果不将这些故障现象控制在可接受的范围内，不仅会对盾构本身及施工进度产生影响，而且还会影响到相关工作人员的人身安全和身心健康。

（一）液压系统无压力或压力低

液压系统无压力或压力低是盾构液压系统的常见故障，该故障将会导致盾构无法正常工作，因此故障出现后应立刻分析原因，然后采取相应措施解决问题，使液压系统恢复正常压力。表5-4列出了液压系统出现无压力或压力低现象的原因及对策。

（二）液压系统爬行

液压系统中由于流进或流出执行元件的流量不稳定，出现间隙式的断流现象，使得执行机械的运动产生周期性时停时走或时慢时快的运动现象，称为爬行。盾构液压系统出现爬行现象的原因及对策见表5-5。

（三）液压系统压力冲击

液压系统在突然启动、停机、变速或换向时，阀口突然关闭或动作突然停止，由于流动液体和运动部件惯性的作用，使系统内瞬时形成很高的峰值压力，这种现象就称之为液压冲击。液压冲击的出现可能对液压系统造成较大的损伤，在高压、高速及大流量的系统中其后果更严重，因此在操作时要尽量避免液压冲击的形成。表5-6列出了液压系统压力冲击现象产生的原因及对策。

（四）振动与噪声

液压系统的振动与噪声是个相当普遍的问题。近年来随着液压技术向着高速、高压和大功率方向的发展，液压系统的噪声也日趋严重。长期处于异常振动状态的液压设备必然会出现各种故障，导致液压装置难以正常工作。另外，长期处于振动与噪声之下工作的盾构司机等技术人员的身心健康也会受到不利影响，从而降低工作效率。液压系统的振动与噪声现象产生的原因及对策见表5-7。

（五）油温过高

油温过高也是液压系统的常见问题。液压系统要想正常工作，油温必须控制在合适范围内，一般控制在50～90℃之间，一旦高于90℃就会影响系统功能的正常发挥,从而造成经济损失。液压系统油温过高的原因及对策如表5-8所示。

(六) 液压系统泄漏

盾构液压系统泄漏是常发故障,主要原因是液压系统工作时产生的冲击和振动造成管接头松动、液压系统密封件及配合件相互磨损、油温过高以及油液污染等。液压系统泄漏可以分为两种情况,一是外部泄漏,二是内部泄漏。外部泄漏是指液压油从系统泄漏到外部环境中,表现为在液压缸、液压管路或液压泵等元件的外部渗出液压油。内部泄漏是指因高低压两侧的压力差的存在以及密封件失效等因素而产生的泄漏现象,多发生在液压阀内部且比较隐蔽。内部泄漏也会导致严重的故障问题,如在盾构管片拼装系统中,液压系统内部泄漏可能会使负责液压系统压力调整的比例溢流阀失效,系统压力建立不起来导致管片拼装机动力不足,无法完成管片拼装作业。液压系统泄漏的原因及对策如表5-9所示。

表5-4 液压系统无压力或压力低现象的原因及对策

现象		原因	对策
液压系统无压力或压力低	液压泵	液压泵转向错误	改变转向
		零件损坏	更换零件
		零件磨损,间隙过大,泄漏严重	修复或者更换零件
		油面太低,液压泵吸空	补加油液
		吸油管路密封不严,造成吸空	拧紧接头,检查管路,加强密封
		压油管路密封不严,造成泄漏	拧紧接头,检查管路,加强密封
	溢流阀	弹簧变形或折断	更换弹簧
		滑阀在开口位置卡住,无法建立压力	修研滑阀使其移动灵活
		锥阀或钢球与阀座密合不严	更换锥阀或钢球,配研阀座
		阻尼孔阻塞	清洗阻尼孔
		遥控口接回油箱	截断通油箱的油路

续表

现　象	原　因		对　策
液压系统无压力或压力低	液压缸	液压缸高低压腔相通	修配活塞，更换密封件
	系统中某些阀卸荷		查明卸荷原因，采取相应措施
	系统严重泄漏		加强密封，防止泄漏
	压力表损坏或失灵造成无压假象		更换压力表
	油液黏度过低，加剧系统泄漏		提高油液黏度
	油温升高降低油液黏度		查明发热原因，采取相应措施或散热

表5-5　液压系统爬行现象的原因及对策

现　象	原　因		对　策
液压系统爬行	系统负载刚度太低		改进回路设计
	节流阀或调速阀流量不稳定		选择流量稳定性好的流量控制阀
	液压缸	活塞杆直径小	加大活塞杆直径
		零件加工装配不佳	更换不合格零件，重新装配
		液压缸刚度低	提高刚度
		液压缸安装不当，与导向机构轴线不一致	重新安装
	混入空气	油面过低，吸油不畅	补加油液
		滤油器堵塞	清洗滤油器
		吸、排油管相距太近	将吸、排油管远离设置
		回油管没插入油液面以下	将回油管插入油液中
		密封不严	加强密封
		机械停止运动时，液压缸油液流失	增设背压阀或单向阀，防止油液流失

续表

现象	原因		对策
液压系统爬行	油液不洁	污物卡住液动机，增加摩擦阻力	清洗液动机，更换油液或加强滤油
		污物堵塞节流，引起流量变化	清洗液动阀，更换油液或加强滤油
		油液黏度不适当	换用指定黏度的液压油
	外部摩擦	拖板楔铁或压板调整过紧	重新调整
		导轨等导向机构精度不高，接触不良	按规定刮研导轨，保持良好接触
		润滑条件不佳	改善润滑条件

表5-6　液压系统压力冲击现象的原因及对策

现象	原因		对策
液压系统压力冲击	液压缸	运动速度过快，没设置缓冲装置	设置缓冲装置
		缓冲装置单向阀失灵	修理缓冲装置单向阀
		缓冲柱塞锥度太小，间隙太小	按要求修理缓冲柱塞
		缓冲柱塞剧烈磨损，间隙过大	配置缓冲柱塞或活塞
	节流阀	开口过大	调整油阀
	换向阀	先导阀或换向阀制动锥角度太大	减小制动锥角度或增加制动锥长度
		液动阀的控制液压油流量过大	减小控制压力油的流量
		液动阀阻尼器调整不当	调整阻尼器中的节流开口
		滑阀运动不畅	修配滑阀
	压力阀	工作压力调整太高	调整压力阀适当降低工作压力
		溢流阀发生故障，压力突然升高	排除溢流阀故障
		背压阀压力过低	适当提高背压力

表5-7 液压系统的振动与噪声现象的原因及对策

现 象		原 因	对 策
振动与噪声	液压泵	油液不足,造成吸空	补足油液
		液压泵吸油位置太高	调整液压泵吸油高度
		吸油管道密封不严,吸入空气	加强吸油管道的密封
		油液黏度太大,吸油困难	更换液压油
		工作温度太低	提高工作温度或油箱加热
		吸油管截面太小	增大吸油管直径
		滤油器堵塞,吸油不畅	清洗滤油器
		吸油管距油面太近	将吸油管浸入油箱三分之二处
		液压泵安装不当,泵轴与原动机不同心	重新安装液压泵
		联轴节松动	拧紧联轴节
		液压泵制造装配精度太低	更换精度差的零件,重新装配
		液压泵零件磨损	更换磨损的零件
		液压泵脉动太大	选用脉动小的液压泵
	溢流阀	阀座损坏	修复阀座
		阻尼孔堵塞	清洗阻尼孔
		阀芯与阀体间隙过大	更换阀芯,重配间隙
		弹簧疲劳或损坏,使阀移动不灵活	更换弹簧
		阀体拉毛或污物卡住阀芯	去除毛刺,清洗污物,使阀芯移动滑块
		实际流量超过额定值	选用流量较大的溢流阀
		与其他元件发生共振	调整压力避免共振或改变系统固有频率
	换向阀	电磁铁吸不严	修理电磁铁
		阀芯卡住	清洗或修理阀体和阀芯

续表

现象	原因		对策
振动与噪声	换向阀	电磁铁焊接不良	重新焊接
		弹簧损坏或过硬	更换弹簧
	管路	管路直径太小	加大管路直径
		管路太长或弯曲过多	改变管路布局
		管路与阀产生共振	改变管路长度
	由冲击引起振动与噪声		采取隔振措施
	外界振动引起液压系统振动		采取隔振措施
	电动机、液压泵转动引起振动与噪声		采取减振措施
	液压缸密封过紧或加工装配误差运动阻力大		适当调整密封,更换或修理不合格零件

表5-8 油温过高的原因及对策

现象	原因	对策
油温过高	液压系统设计不合理,压力油非工作损耗大,效率低	改进回路设计,采用变量泵或卸荷措施
	压力偏高	降低工作压力
	泄漏严重造成容积损失	加强密封
	管路过于细长而且弯曲,造成压力损失	加大管径,缩短管路,使油路通畅
油温过高	相互运动零件的摩擦力过大	提高零件加工装配精度
	油液黏度过大	选用黏度低的液压油
	油箱容积小,散热条件差	增大油箱容积,改善散热条件,设置冷却器
	由外界热源引起升温	隔绝热源

表5-9 液压系统泄漏的原因及对策

现象	原因	对策
液压系统泄漏	密封件损坏或装反	更换密封件，改正安装方向
	管接头松动	拧紧管接头
	单向阀钢球不圆，阀座损坏	更换钢球，配研阀座
	相互运动表面间隙过大	更换某些零件，减小配合间隙
	某些零件磨损	更换磨损的零件
	某些铸件有气孔、砂眼等缺陷	更换铸件或修补缺陷
	压力调整过高	降低工作压力
	油液黏度太低	选用黏度较高的油液
	工作温度太高	降低工作温度者采取冷却措施

二、常用液压元件及其故障分析

液压系统故障的发生，归根结底都是因为液压元件出了问题。因此，了解盾构液压系统常用液压元件的结构和原理，将有助于液压系统故障现象发生原因的分析和处理。

(一) 液压泵及其故障分析

液压泵是盾构液压系统的心脏，它将电动机的机械能转化成液压系统中液体的压力能，并通过其他液压元件传递、转化为盾构施工所需的推力和扭矩。盾构常用的液压泵有柱塞泵与齿轮泵。

1. 柱塞泵

柱塞泵的主要组成是缸体、柱塞、配流盘、滑靴和斜盘（图5-3）。缸体通过花键轴与转轴连接，缸体在转轴的驱动下带动柱塞和缸体一起旋转，同时，柱塞在缸体柱塞孔压力油的作用下顶紧在斜盘上，亦即柱塞随缸体旋转的同时，还在斜盘和压力油的共同作用下在缸体柱塞孔中做往复直线运动，从而在缸体、柱塞和配流盘间形成了大小交替变化的密闭工作容积，该密闭容积由小变大时吸油，由大变小时压油，这就是柱塞泵的工作原理。该柱塞泵由于柱塞的往复运动方向和缸体中心轴线相平行而称为轴向柱塞泵，还由于考虑具有斜盘结构特征，而又称为斜盘式柱塞泵。这种柱塞泵具有结构紧凑、单位功率体积小、重量轻、工作压力高等特点，被广泛应用在大型工程机械上。所以在盾构液压系统中，柱塞泵常常被作为主油泵，如推进系统、刀盘驱动系统等的动力元件常用这种油泵。

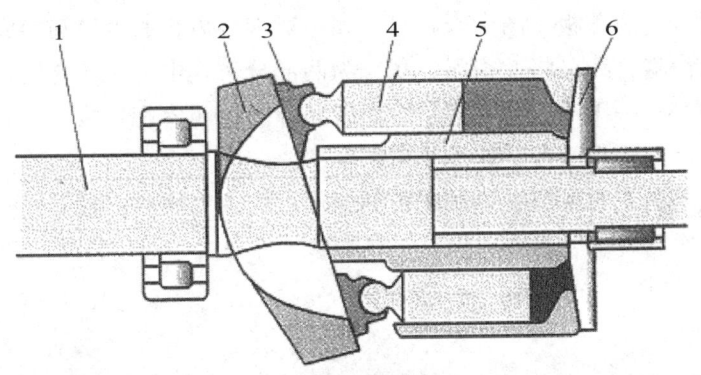

1—转轴；2—斜盘；3—滑靴；4—柱塞；5—缸体；6—配流盘

图5-3 斜盘式柱塞泵工作原理简图

盾构用柱塞泵常见故障现象和特点如表5-10所示。

表5-10 柱塞式液压泵常见的故障现象和特点

故障类型	故障现象	故障特点
泄漏	流量不足、泵噪声增大	噪声信号太微弱，没有明显现象
球头松动	柱塞死点处产生冲击，泵体振动增大	产生于2倍轴频的附加频率
轴承磨损	轴承部件大面积磨损，引起泵体振动	容易被泵体固有振源掩埋，特征不明显
卸荷槽磨损	高压油与排油口瞬间接通，引起泵体振动	造成压力冲击脉动
配流盘磨损	滑靴与配流盘干摩擦，壳体振动加强	泵容积效率下降，故障特征明显

2. 齿轮泵

齿轮泵在盾构中也有一定的应用，如在大流量高压系统中用作补油泵，特别是用在推进油缸的回油路上。其主要特点是：结构简单、造价低、外形尺寸

续 表

紧凑、自吸性能好、流量大、对油液环境污染不敏感、工作可靠性高等。由于齿轮泵的结构特点，其在工作过程中允许较高的转速。齿轮泵是利用一对结构参数都完全相同的相互啮合的齿轮传动实现吸油和压油的（图5-4）。齿轮泵壳体内壁面、前后盖板（图中未画出）和一对啮合齿轮的齿顶圆形成了密闭容积，齿轮轮齿啮合线又将此密闭容积分为两部分，其中进入啮合的轮齿部分的密闭容积减小——压油，脱离啮合的轮齿部分的密闭容积增大——吸油，此即齿轮泵的工作过程或原理。

柱塞泵与齿轮泵一旦发生故障，其工作过程中的噪声、泵体振动等一般会明显增大，通过观察盾构施工状况、现场诊断等方式一般较容易发现。

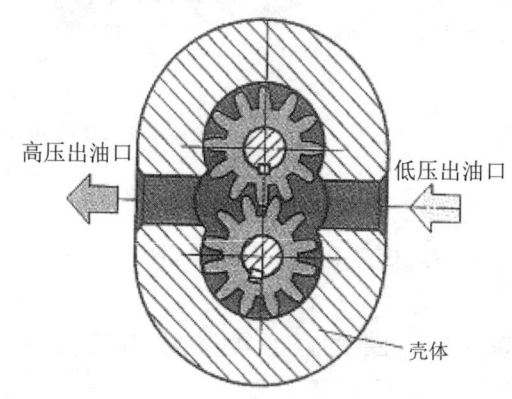

图5-4　齿轮泵工作原理图

（二）液压阀及其故障分析

盾构液压系统中应用的液压阀较多，这里仅就溢流阀和换向阀在盾构作业过程中经常发生的一些故障及原因进行分析。

1. 溢流阀

溢流阀在盾构液压系统中的作用是实现压力设定和溢流，在盾构所有的液压系统中都是必不可少的。图5-5为刀盘驱动系统中所使用的先导式溢流阀及其工作原理。

第五章 盾构工程常见故障与施工问题

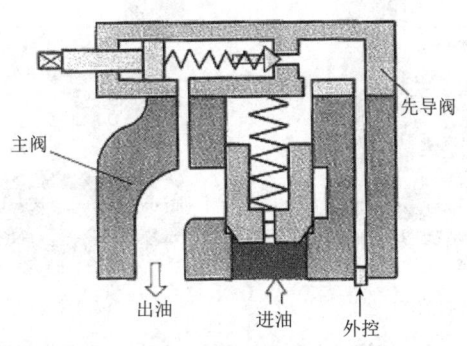

图 5-5 先导式溢流阀及其工作原理

溢流阀在使用过程中经常发生的两个突出的问题是振动与噪声，在较高的压力和流量条件下，有时会有很尖锐的刺耳的声音。由于零件加工、装配误差，阀孔与阀芯的配合不当，产生噪声；阀孔与阀芯的配合过松会有泄漏发生并引起振动和噪声；液动力也会导致液压阀产生振动和噪声。液动力是指液体流经阀口时，由于流动方向和流速的变化造成液体动量的改变产生的作用在阀芯上的附加作用力。弹簧的刚度不够，在液压力过大时，会产生弯曲变形，从而液动力引起弹簧自振，甚至发生共振而引起大的振动和噪声。如果调压螺母松动，在溢流阀压力调节后，要将调压螺母拧紧，否则就会产生振动和噪声。溢流阀与系统中的其他液压元件有共振时，振动和噪声情况会加剧。另外，先导阀是一个比较容易振动的部位，在高压力溢流的情况下，阀轴向开口较小，导致过流速度很大，可以达到 200 m/s，造成压力分布不均匀，使得先导阀产生压力振动。

2. 换向阀

换向阀是利用阀芯与阀体相对位置的变化控制阀体上进出油口的通断，从而控制液流的流向。例如，管片拼装机平台的提升、推进油缸伸缩、刀盘驱动马达的正反转等都需要换向阀改变系统液流的流向。图 5-6 为弹簧对中型三位四通电液换向阀工作原理。

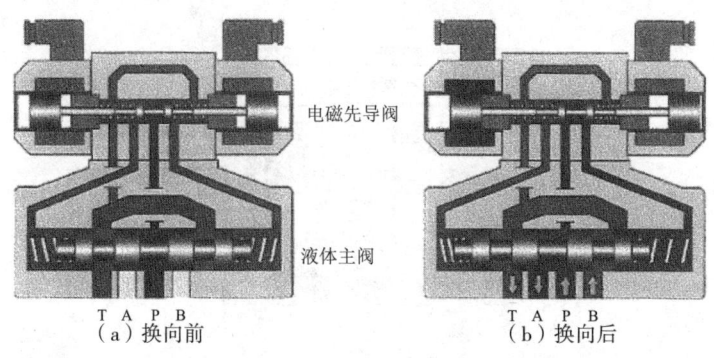

图 5-6　弹簧对中型三位四通电液换向阀工作原理

盾构液压系统中换向阀常见的故障有三种。第一种是管片拼装机系统中液动换向阀不换向。其原因除换向推杆与先导阀脱开外，还有换向阀两端油道不通或油压调节过低等原因。排除故障的方法是检查、清洗、放松节流阀调节螺母，适当地调高工作压力。第二种是换向时冲击或噪声较大。换向时，滑阀移动速度过快，可能产生液压冲击或噪声，控制的办法是调小单向节流阀的节流口，减小流量。第三种是换向精度和停留时间不确定。主要是由于换向阀的滑阀卡住或移动不灵活，换向精度和停留时间不稳定。解决方法是检查、清洗或去除有关伤痕或毛刺，若油液污染严重，则应及时更换液压油。

(三) 液压缸及其故障分析

在盾构施工过程中液压缸主要用于盾构的推进、管片拼装机的管片移动以及其他系统的辅助工作。液压缸是一种执行性元件，它负责把液压泵输入的液压能转换成为往复输出的机械能，其工作原理如图 5-7 所示。

盾构液压缸常见故障是液压缸泄漏与液压缸内部机械故障。

1. 液压缸泄漏

液压缸内部泄漏引起的外在表现是推力不足、爬行速度减缓或工作压力状态不稳定等故障。此类故障的主要表现为压力表或者压力传感器测得的数值上升缓慢或者难以达到规定值；在盾构施工过程中，当刀盘无法推进，推进油缸的回油管仍有回油，并且检查液压系统的其他管件及元件均正常工作，说明液压缸内部发生了泄漏。造成液压缸泄漏的主要原因是缸体和活塞不对中，或活塞与缸体磨损较大产生了间隙。

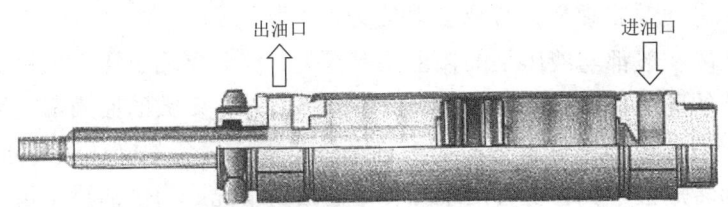

图 5-7　盾构施工过程中液压缸工作原理图

2. 液压缸内部机械故障

液压缸机械故障很容易导致液压缸爬行、速度下降等现象的发生。其主要原因是：液压缸活塞杆轴线与活塞轴线不重合、导向套与缸筒不同轴、液压缸内部涩滞、缸筒内孔锈蚀或拉毛、活塞零件装配不当、活塞缸的刚度较差等，使液压缸活塞行走速度随着行程位置的变化而变化，从而出现滑移或爬行现象。另外，由于活塞与缸筒、导轨与活塞杆等均有相对运动，当活塞杆弯曲引起剧烈摩擦时，如果润滑不良或液压缸孔径粗糙，就会加剧摩擦磨损，使缸筒、活塞、活塞杆等的同轴度降低，从而产生时大时小的摩擦阻力，引起活塞杆伸出时的滑移或爬行；液压系统中进入空气，由于空气的体积弹性模量小，也会造成活塞伸出时的滑移或爬行。

（四）液压马达及其故障分析

液压马达是将液体的压力能转换为机械能的液压元件，盾构刀盘、螺旋输送机螺杆等的驱动多采用液压马达（图5-8）。图5-8为盾构刀盘驱动用叶片液压马达及其工作原理图。高速液压马达的内部机械结构与同类型的液压泵基本类似，但是也有其独特之处。

液压马达常见故障有以下几点。

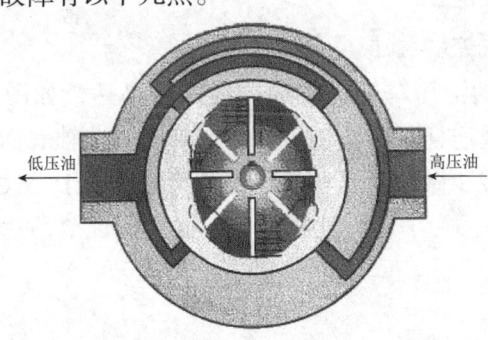

图5-8　液压马达及其工作原理图

1. 液压马达输出回转无力或者速度变化迟缓

这种故障一般都与液压泵的输出功率有关，液压泵输出压力值过低，除去溢流阀调节的压力不够高或者溢流阀发生故障之外，多数的原因都是液压泵出问题。由于液压泵的出口压力不能满足系统要求，就会造成马达的回转无力，所以其启动转矩很小，甚至会出现无转矩输出的情况。当供油量不足时，液压泵便无法输出系统所需的液压能，或者压力过低，使马达的输入功率达不到要求，从而使其输出的功率较小。解决办法是，检查油箱供油液面高度及液压泵供油问题。

2. 液压马达泄漏故障

液压马达的泄漏量过大，会造成马达的容积效率大大降低，而泄露量的不稳定，会造成马达的抖动甚至爬行现象。上述现象在马达转速较低时比较明显，因为转速较低时，流入马达的油液量比较少，泄漏量较大，容易引起速度的波动。在盾构马达驱动中，这种现象容易造成掘进不畅，或者是刀盘转速过低，无法正常掘进。

3. 液压马达爬行

液压马达爬行是其在低速工作状态下极易出现的故障之一。主要原因有：一是内部结构的摩擦阻力不均匀，摩擦阻力的变化与装配质量、结构磨损、润滑状况、油液质量以及污染度等都有很大的关系；二是泄漏量不稳定，泄漏会导致爬行。在低速转动时，由于其惯性较小，就会出现明显的转速不均匀、马达机身抖动、时动时停的爬行现象。为了减少液压马达的爬行现象，应该根据温度、噪声、振动等异常现象及时判断马达的磨损情况，并选择合适的润滑油，保证各个相对运动面得到充分润滑，并保持良好的密封，及时查明泄漏部位、泄漏原因并将其排除。

4. 液压马达的脱空和撞击

某些特定结构的液压马达，如内曲线液压马达，如图 5-9 所示。随着转速的增大，就会出现连杆紧贴曲轴表面，或者脱离曲轴表面的撞击现象。驱动内曲线液压马达旋转、做往复运动的柱塞和滚轮，由于惯性力的存在，会脱离导轨曲面（即脱空）。为了避免此类现象，必须保证该马达回油管路有一定的背压。

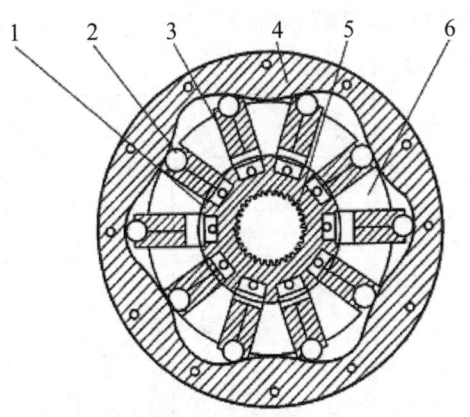

1—中心配流盘； 2—滚子； 3—柱塞；
4—内曲线导轨； 5—输出轴； 6—转子

图 5-9　内曲线液压马达

三、电气系统故障与分析

盾构作为大型施工机械，用电设备数量不仅多而且集中，但这些电气设备的工作环境却非常潮湿，因此容易导致电气元件损坏、烧毁等故障的发生。目前大部分盾构电气元件的维修及改进主要依靠制造厂家，这样不仅耗时、耗费资金且又耽误工程进度。如果在故障发生前，作业人员对盾构电气系统组成和常见电气故障及解决方法有所了解并能予以预防，故障一旦发生，有与之相应的解决方案和实施技术路线，就能够大大提高工程施工效率和节约资金。

（一）电气系统的主要组成

盾构电气系统主要包括高压供电、低压配电、自动控制系统和计算机控制及数据采集分析系统4部分。盾构电气系统的设备组成包括高压电柜、变压器、补偿电容器、主要动力设备、电气控制器件等。

1. 高压供电系统

由于盾构整机负荷较大，因此采用高压10 kV供电。高压供电系统主要包括：电源引入线柜、电源进线柜、计量柜及变压器出线柜。某盾构的高压供电系统如图5-10所示，AH1为电源引入线柜，电源由所在地区10 kV电网配电所引来。电源引入线柜内装有避雷器；AH2为电源进线柜，进线开关宜采用断路器或带熔断器的负荷开关，并设置有过流及速断保护；AH3为高压计量柜，用于高压侧的电量计量，柜内设有供计费用的专用电压、电流互感器；AH4为变压器出线柜，对变压器有过载和短路保护，容量较大的变压器还有油温及瓦斯保护。

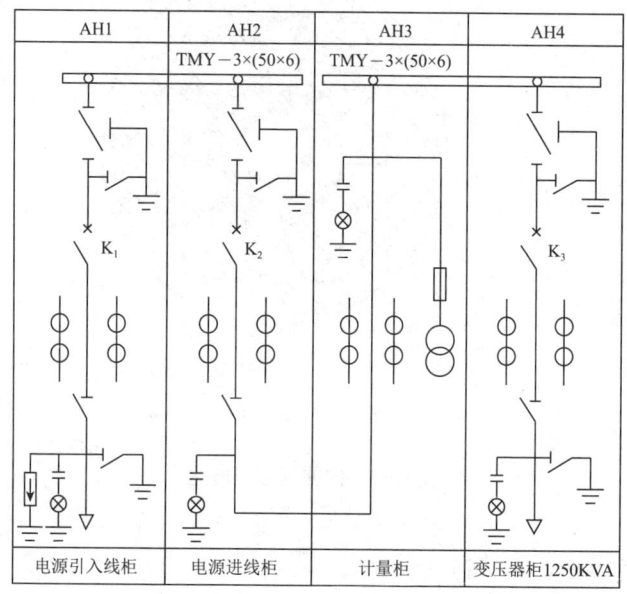

图 5-10　盾构高压供电系统图

2. 低压配电系统

盾构的低压配电电压一般采用 220/380 V，低压配电系统如图 5-11 所示。低压配电系统的形式宜采用单相三线制和三相五线制。在用电设备为大容量、负荷性质重要或有特殊要求的用电环境中，宜采用放射式配电方式供电。采用这种方式时任意一回路出现故障都不影响其他回路的工作，配电系统的可靠性高。

盾构上的大用电设备主要是大容量的油泵电机、空气压缩机电机、刀盘驱动电机、螺旋输送机的驱动电机及注浆泵电机等（图 5-11）。图 5-11 中推进液压 1 号和 2 号油泵电机、螺旋输送机及注浆泵电源由 6AA 配电柜以放射式配出。对于部分距离供电点较远且彼此相距很近、容量很小的次要用电设备，可采用链式配电方式，每一回路环链设备不宜超过 5 台，其总容量不宜超过 10kW。

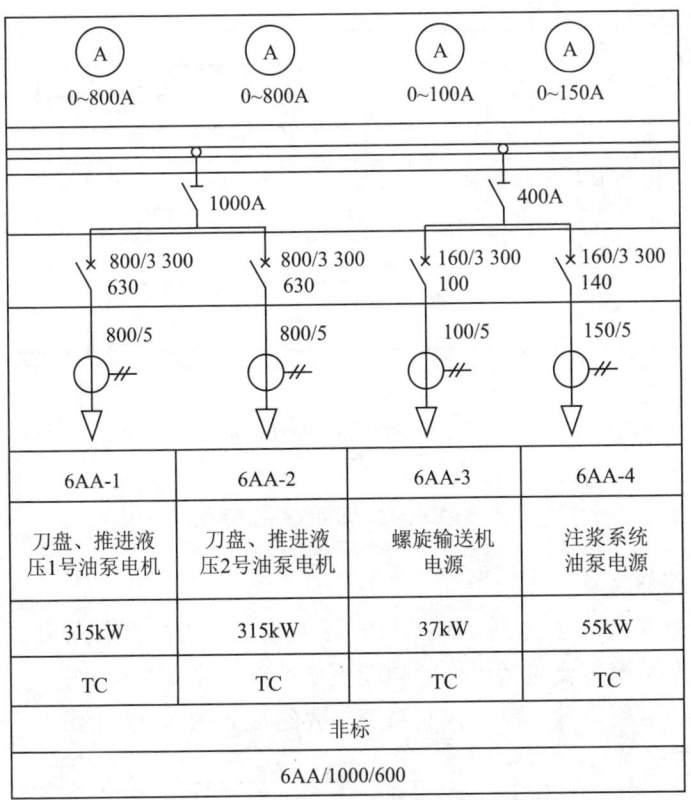

图 5-11 盾构低压配电系统图

作为施工现场的临时用电设备，由于用电量较大且用电设备数量多，工作环境潮湿且较狭窄，盾构的低压配电系统接地方式应选择安全性较高的 TN-S 接零保护系统，俗称三相五线制系统，如图 5-12 所示。在这个系统中，N 线与 PE 线（保护零线）在变压器的工作接地线处分开。N 线与 PE 线在整个配电系统中是独立的、绝缘的。施工过程中盾构用电设备的金属外壳必须与 PE 线连接，这样即使工作零线断裂，也只影响到断裂点以下的单相施工用电设备，而不会在 PE 线所保护的施工用电设备外壳上产生危险电压；当所保护的施工设备为三相不平衡用电设备时，则只会在工作零线上产生电位差，而各施工用电设备外壳则通过 PE 线与变压器中性点连接来维持零电位，不会产生危险电压；同时由于工作零线与 PE 线分开后，可以安装多级电流型漏电保护装置，这样就达到了盾构配电系统安全、可靠的要求。

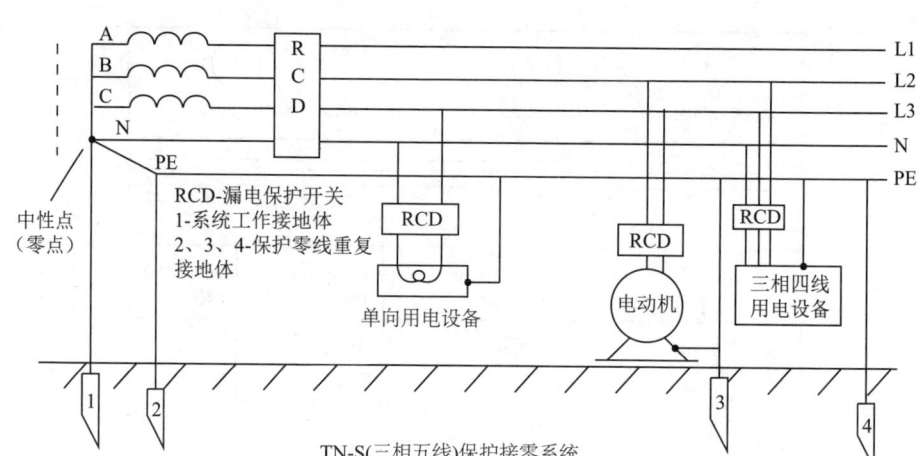

图 5-12 TN-S 接零保护系统

3. 自动控制系统

自动控制系统主要包括电脑、PPS 导航系统、PLC 模块操作系统。其中，PLC 模块操作系统主要包括机架、功能模块、CPU 模块、接口模块、信号模块、电源模块、通信模块等。PLC 控制系统主要组成如图 5-13 所示。

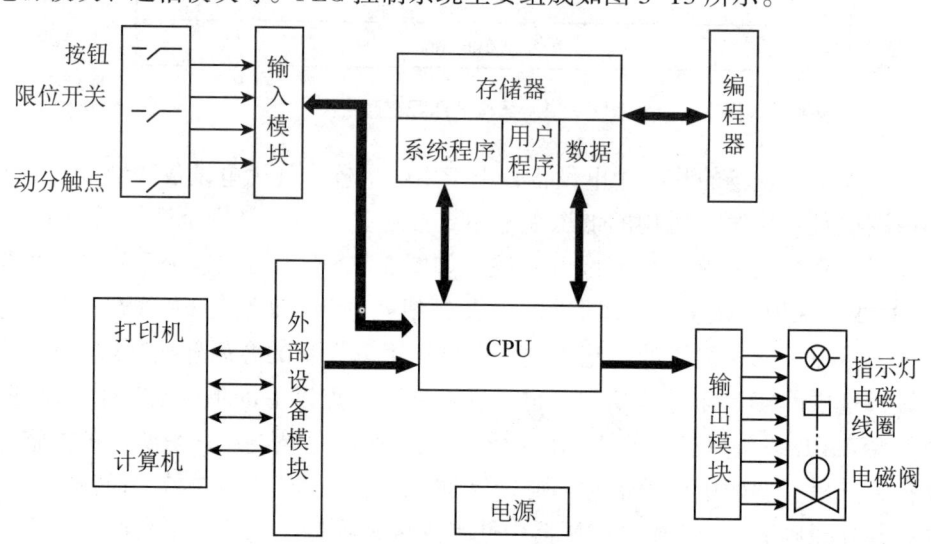

图 5-13 盾构 PLC 控制系统

4. 计算机控制及数据采集分析系统

计算机控制及数据采集分析系统主要用于参数设置和数据采集分析，数据

第五章 盾构工程常见故障与施工问题

采集分析就是采集、处理、存储、显示和评估与掘进机联网所获得的数据。所需硬件系统主要包括计算机、调制解调器、转换器及电话线等。

(二)电气系统常见故障与分析

解决电气系统常见故障的基本原则为先简后繁,由外而内,先检查电源再检查外部线路。PLC 程序出问题的情况比较少,当外部可能出现故障的线路点都排除后,再考虑 PLC 可能出现的问题。

1. 线路连接问题及对策

线路连接问题主要表现在元件和模块之间的相互连接和通信网络之间的连接出现故障,具体情况一般是两者之间接触不良造成的短路,导致相关数据无法进行有效传输,从而发生 PLC 处理模块无法接收信号等。通常,盾构电气线路具有线路长、连接点多等复杂的特点,因此,当盾构电气连接线路出现问题时,解决此问题一般都有较大困难。但是,现场工程技术人员发现并总结出了处理盾构电气线路连接问题最有效的方法,该方法就是将电箱里的线路一端进行短接,然后测量另外一端线路的电阻,如果测量显示为短接则此条线路为正常线路,如果测量显示内容为电阻值或者是断路,就可以确定这条线路出现了连接问题。电气线路连接问题可通过检查线路是否在接头处松动或者中间线路是否断开等。找准线路的连接问题后进行重新连接,继而解决电路无法正常工作的情况。

2. 电器元件损坏及对策

电器元件的损坏,如传感器和电磁阀出现破损或者烧毁等故障,将造成电气设备无法正常工作。对于这类损坏问题的处理方法一般是,检查屏幕上所显示的该电气元件的故障异常状况现象,如盾尾油脂量程为 2 MPa 的压力传感器出现故障问题时,在电气屏幕上就会显示盾尾油脂压力传感器的读数值为 −2 MPa,对于这种故障性问题的检修通常可以采用排除法,即把传感器连接到相同且为正常工作的传感器接口上,如果传感器能够正常运行,然后再用其他正常工作的传感器进行替代连接在故障接口,检查传感器是否依然正常工作,如果不能正常工作,则可以确定是传感器接口出现了故障。应用这种检测方法,也可以在传输线路和显示接口上发现问题,若元件接头损坏就必须重新更换新的元件或者接头,保证盾构设备的安全稳定运行。

3. PLC 丢失程序出错或部分程序出错及对策

当 PLC 程序出现错误时,则会导致程序混乱,甚至在屏幕上显示乱码或者显示全是问号。当出现程序丢失这种故障时,会有命令已经正常执行,但是模块不能正常执行，从而导致工作不正常的情况。此类问题的解决措施是：把 PLC 的程序重新连接到机器上的 PLC 模块中，通过出现的问题检查哪段程序出错或丢失；发现问题后，重新修改，或者重新把以前正确的程序输入到模块中，就可解决问题。

（四）其他注意事项

应做好设备元件故障的详细记录，确保再出现问题的时候，技术维修人员在维修检验中能够有据可查，做到少走弯路，降低排除故障的时间。另外，对盾构电气系统设施设备做好日常的维护和保养，确保在使用过程中设备具有低故障率。同时，对设施设备进行定期、不定期保养也是有效延长设备使用寿命的有效方法。

第三节　常见的灾害与预防措施分析

盾构推进过程中掘进参数的变化会影响并扰动施工地层，诸如引起地表沉降，地层孔隙水压力、强度和承载力等物理力学参数的变化都是不可避免的；而扰动土体到一定程度又可能引发一系列环境灾害，如造成周围建筑物开裂、倒塌、隧道内涌水漏水、工作面漏砂等。如何采取合理的施工技术和辅助工艺措施避免或减轻环境灾害，是盾构法施工的难点。

盾构在施工过程中，引发灾害的根本性原因是对施工地层状况、地层特点及其物理性能的认识不够充分，对土层卸荷的收敛规律、流变特性等认识不足，而在施工过程中采用的施工参数不够科学合理、辅助工艺措施不到位，一句话，就是施工方法与实际地质条件不协调造成的。因此，在盾构施工过程中努力做好相关施工问题的预防，是控制施工问题发生的有效措施。

一、地面沉陷与隆起

（一）灾害分析

地面沉陷与塌陷问题通常在隧道施工的整个过程中都可能发生，甚至在施工结束后的一段时间内也会发生。产生地面塌陷的原因大多是在隧道施工过程中，发生了长期涌水和抽取了大量地下水，还有相当一部分地面塌陷是由于隧道顶板发生超挖、冒落或塌方等状况引起的。但是，统计发现，在埋深小于 30 m 的隧道施工的开始阶段也往往会发生地面的沉陷问题。地面的沉陷和塌陷不仅影响施工中的隧道，更严重的是还会影响到地面上的道路、建筑，如导致道路开裂、毁坏和房屋建筑倾斜、倒塌等。地面沉陷和塌陷问题所导致的地质灾害不仅会给隧道施工本身带来更大的施工难度，而且会威胁到地表建筑，因此，应引起盾构施工企业的高度重视。

（二）原因分析

（1）开挖面水土压力不平衡导致开挖面失去稳定性；压力仓压力大于开挖面土压力和水压力时产生地基隆起，相反则会出现地基沉降。

（2）盾构推进对围岩的扰动；盾构壳板和围岩的摩擦以及对围岩的扰动会引起地基隆起和沉降。

（3）盾尾空隙的产生和壁后注浆的不足；盾构施工必然产生盾尾空隙，这一空隙会引起地基的应力释放而产生弹塑性变形。

（4）管片的变形和变位；管片从盾尾脱出后，受到围岩荷载作用发生一些变形或变位，造成地基沉降，但其量一般较小。

（5）地下水位下降。

（三）防治措施

盾构施工过程引起的地面沉陷与塌陷，可通过以下两方面进行防治：

（1）减少对开挖面土层的扰动。施工过程中采取灵活合理的掌子面支撑或适当的气压值来防止土体塌陷，保持土体的稳定；在盾构掘进过程中，严格控制出土量，防止超挖和欠挖，即使是对地层扰动较大的局部挤压盾构，只要严格控制其进出土量，仍可控制地表变形；控制盾构推进一环时的纠偏量，以减少盾构在地层中的摆动和对土层的扰动，同时尽量减少纠偏，并且对需要的开挖面进行局部超挖，适当提高施工速度和连续性。

（2）做好盾尾建筑空隙的充填压浆。确保施工过程盾尾注浆压力、注浆及时性和压注浆量，尽可能缩短盾尾脱出衬砌的暴露时间，以防地层塌陷；改进压浆材料的性能。

（四）地面沉陷的安全判断

因不同城市地铁隧道工程的地质条件、地面环境、隧道埋深、上部结构等对地基变形的适应能力和使用要求具有很大差异，地铁隧道地面沉陷的安全判断通常需要考虑地面建（构）筑物和地下管线的安全及地层稳定等因素后综合确定。

工程实践表明，根据不同地区、不同地质和周边环境及地面、地下建（构）筑物安全性对地表沉降和隆起的要求，确定科学、合理且经济的盾构施工地表沉降和隆起安全控制标准非常必要。

二、进出洞漏水漏浆

(一) 灾害分析

盾构进出洞时地基处理不当、失效,将产生突然涌水、涌砂、大幅度地表沉降,甚至导致工作井坍塌,盾构机掩埋。

(二) 原因分析

洞口土体加固质量不好,强度未达到设计或施工要求而产生塌方,或者加固不均匀,隔水效果差,造成漏水漏泥现象;地下水丰富,土体软弱自立性极差;洞门密封装置安装不好,止水橡胶帘带内翻,造成水土流失;洞门密封装置强度不高,经不起较高的土压力,受挤压破坏而失效,漏水漏浆;盾构外壳上有突出的注浆管等物体,使密封受到影响;封门拆除工艺不合理或施工中发生意外,造成封门外土体暴露时间过长;进洞时土压力未及时下调,致使洞门装置被顶坏,大量井外土体塌入井内。

(三) 防治措施

(1) 洞口土体加固应提高施工质量,保证加固后土体强度和均匀性。

(2) 洞口封门拆除前应充分做好各项进、出洞的准备工作。

(3) 洞门密封圈安装要准确,在盾构推进的过程中要注意观察,防止盾构刀盘的边刀割伤橡胶密封圈;密封圈可涂牛油增加润滑性;洞门的扇形钢板要及时调整,改善密封圈的受力状况。

(4) 在设计、使用洞门密封时要预先考虑到盾壳上的突出物体,在相应位置设计可调节的构造,保证密封性能。

(5) 盾构进洞时要及时调整密封钢板的位置,及时将洞门封好。

(6) 盾构进入洞口土体加固区时,要降低正面的平衡压力。

(7) 布置井点降水管将地下水位降至能保证安全出洞水位。

(四) 治理方法

将受压变形的密封圈重新压回洞口内,恢复密封性能,及时固定弧形板,改善密封橡胶带的工作状态;对洞口进行注浆堵漏,减少土体的流失。

三、盾构管片接缝渗漏

(一) 灾害分析

地下水从已拼装完成的管片的接缝中渗漏进入隧道。

（二）原因分析

管片的拼装质量不好，接缝中有杂物，管片纵缝有内外张角、前后喇叭等，管片之间的缝隙不均匀，局部缝隙太大，使止水条无法满足密封的要求，周围的地下水就会渗漏到隧道；管片碎裂，破损范围达到止水条的止水槽时，止水条与管片之间不能密贴，水就从破损处渗漏进隧道；纠偏量太大，所贴的楔子垫块厚度超过止水条的有效作用范围；止水条质量不好，粘贴不牢固，使止水条在拼装时松脱或变形，无法起到止水作用；止水条不符合质量标准，强度、硬度、遇水膨胀倍率等参数不符合要求，而使止水能力下降；对已贴好止水条的管片保护不好，使止水条在拼装前已遇水膨胀，管片拼装困难且止水能力下降。

（三）预防措施

（1）提高管片的拼装质量，及时纠正环面，拼装时保证管片的真圆度和止水条的正常工况，提高纵缝的拼装质量。

（2）对破损的管片及时进行修补，运输工程中造成的损坏应在贴止水条之前修补好。对于因为管片与盾壳相碰而在推进或拼装过程中被挤坏的管片，也应原地进行修补，以对止水条起保护作用。

（3）控制衬垫的厚度，在贴过较厚的衬垫处的止水条上应按规定加贴一层遇水膨胀橡胶条。

（4）应严格按照粘贴止水条的操作规程进行操作，清理止水槽，胶水不流淌以后才能粘贴止水条。

（5）采购质量好的止水条产品，在施工过程中定期抽检止水条的质量，产品须检验合格后方能使用。

（6）在施工现场增设雨棚等防护设施，加强对管片的保护；根据情况也可以对膨胀性止水条涂缓膨胀剂，确保施工的质量。

（四）治理方法

对渗漏部分的管片接缝进行注浆；利用水硬性材料在渗漏点附近进行壁后注浆；对管片的纵缝和环缝进行嵌缝，嵌缝一般采用遇水膨胀材料嵌入管片内侧预留的槽中，外面封以水泥砂浆以达到堵漏的目的。

四、工作井塌方

（一）灾害分析

盾构进出洞时，大量的土体从洞口流入井内，造成洞口外侧地面大量沉降甚至是工作井塌方。

(二) 原因分析

洞口土体加固质量不好，强度未达到设计或施工要求而产生塌方，或者加固不均匀，隔水效果差，造成漏水漏泥现象；在凿除洞门混凝土或拔除封门钢管桩后，盾构未及时靠上土体，使正面土体失去支护造成塌方；洞门密封装置安装不好，止水橡胶帘带内翻，造成水土流失；洞门密封装置强度不高，经不起较高的土压力，受挤压破坏而失效；盾构外壳上有突出的注浆管等物体，使密封受到影响；进洞时未及时安装好洞圈钢板；进洞时土压力未及时下调，致使洞门装置被顶坏，大量井外土体塌入井内。

(三) 预防措施

（1）洞口土体加固应提高施工质量，保证加固后土体的强度和均匀性。

（2）洞口封门拆除前应充分做好各项进、出洞的准备工作。

（3）洞门密封圈安装要准确，在盾构推进的过程中要注意观察，防止盾构刀盘的边刀割伤橡胶密封圈；密封圈可涂牛油增加润滑性；洞门的扇形钢板要及时调整，改善密封圈的受力状况。

（4）在设计、使用洞门密封时要预先考虑到盾壳上的突出物体，在相应位置设计可调节的构造，保证密封的性能。

（5）盾构进洞时要及时调整密封钢板的位置，及时将洞门封好。

（6）盾构进入洞口土体加固区时，要降低正面平衡压力。

（7）加强监控量测，实现信息化施工。

(四) 治理方法

将受压变形的密封圈重新压回洞口内，恢复密封性能，及时固定弧形板，改善密封橡胶带的工作状态；对洞口进行注浆堵漏，减少土体的流失；提高土体的加固强度，减少对土层的扰动；做好基坑的降水工作。

第六章 盾构工程施工典型案例

第一节 水压平衡盾构工程案例

一、土压平衡盾构机穿越房屋沉降控制技术

(一) 工程概况

广州市轨道交通七号线 8 标南村站—中间风机房（不含）盾构区间，区间线路最小曲线半径 R=350 m，线路纵断面为下坡，最大坡度 26‰，线路埋深 12.04～36.73 m，隧道顶覆土 7.86～32.55 m。线路主要穿过 <7> 强风化泥质粉砂岩、<8> 中风化泥质粉砂岩、<6Z> 混合花岗岩全风化带、<7Z> 混合花岗岩强风化带、<8Z> 混合花岗岩中风化带、<9Z> 混合花岗岩微风化带等。

<8Z> 中风化混合花岗岩：灰黄色、褐黄，细粒花岗变晶结构，条带状构造。裂隙发育，岩体破碎，岩芯呈碎块状局部短柱状，岩质较硬。天然单轴极限抗压强度值为 11.43～58.30 MPa，平均值为 26.76 MPa。<9Z> 微风化混合花岗岩：浅灰、灰白色、青灰色，花岗变晶结构，条纹、条带构造。局部裂隙较发育，岩芯呈柱状，局部机械破碎呈碎块状，RQD 为 50%～90%，岩质坚硬。天然单轴极限抗压强度值为为 26.4～107.3 MPa，平均值为 73.0 MPa。

盾构区间左线长 1 678.269 m，硬岩地层 962.57 m，占左线线路的 57.35%；盾构区间右线长 1 703.560 m，硬岩地层 776.806 m，占右线线路的 45.6%。

地下水水位普遍较浅，局部埋藏较深，稳定水位埋深为 1.0～3.6 m，地下水位的变化与地下水的赋存、补给及排泄关系密切。每年 5～10 月为雨季，大气降水充沛，水位会明显上升，而在冬季因降雨减少，地下水位随之下降，年变化幅度为 2.5～3.0 m。

（二）土压平衡盾构机情况

本标段选用的 S475、S476 两台盾构机先后于 2008 年 8 月、10 月从广州海瑞克隧道机械有限公司出厂。两台盾构机均为液压驱动式土压平衡盾构机，具有高转速、大推力和大扭矩的特点，可以用于复合地层隧道掘进施工。盾体中盾和尾盾之间采用铰接连接，便于在曲线上掘进。盾构机配备有适用该标段地层掘进的刀具、渣土改良系统、完善的人仓和保压系统、同步注浆系统和二次注浆系统，且人仓位于中隔板的上部，以方便刀具更换。

1. 盾构机的构成

盾构机由主机及后配套辅助系统构成。主机包括刀盘、刀盘驱动、盾体、推进系统、操作室、人闸、螺旋输送机、管片拼装机等。后配套系统包括出渣系统、渣土改良系统、管片运输系统、同步注浆系统、液压系统、油脂系统、控制系统、供电系统、压缩空气系统、水循环系统和通风系统等。

2. 盾构机的相关参数

盾构机刀盘设计为辐条面板式，开口率为 28%（全盘滚刀安装时），开挖直径为 6 280 mm。配置 64 把齿刀、31 把单刃滚刀、4 把双刃滚刀、8 把边刮刀、1 把超挖刀。

其中单刃滚刀和双刃滚刀可以更换为羊角刀，刀盘由液压马达驱动，最大转速可达 4.5 rpm，额定扭矩为 4 500 kN·m，脱困扭矩为 5 300 kN·m。

盾构机的管片设计为外径 6 000 mm、内径 5 400 mm、管片长度 1 500 mm。

渣土运输系统为螺旋输送机加皮带输送。螺旋输送机最大扭矩 224 kN·m，理论出土量 385 m^3/h，通过卵石尺寸直径 290 mm。

盾构推进系统由 10 组双油缸和 10 组单油缸组成，总推力可达 34 210 kN，行程为 2 000 mm。

管片拼装系统为液压驱动式拼装机，有 6 个自由度，可以正负 200 度旋转。

人闸系统有两个主副人仓保压系统组成，工作压力可达 3 bar，有良好的保压性能，可以进行带压作业。

盾尾密封装置为三道钢丝刷组成的两腔式油脂密封。

尾盾和中盾的铰接密封为橡胶唇形密封，可通过调节压紧块来调整密封压力，并有紧急气囊可在唇形密封失效时紧急充气，防止铰接渗漏。

同步注浆系统有两台 KSP12 泵（每台泵注浆能力为 10 m^3/h）实现同步注浆，在盾尾有 4 个 +4 个备用注浆口。

盾构机配有一套二次注浆系统，可实现双液浆或单液浆的注入。

渣土改良系统由泡沫系统和泥浆（膨润土）注入系统组成，两个系统相互独立。泡沫注入口：刀盘4个，压力仓壁4个，螺旋输送机6个，最大泡沫注入量10 m³/h。刀盘有4个膨润土注入点，泵流量10 m³/h。

装机总功率约为1 630 kW，总长度约为80 m。

（三）盾构机的适应性分析

1. 刀盘及刀具的适应性分析

本区间盾构机多次通过<8Z>混合花岗岩中风化带、<9Z>混合花岗岩微风化带地层。<8Z>中风化混合花岗岩：天然单轴极限抗压强度值为11.43～58.30 MPa，平均值为26.76 MPa。<9Z>微风化混合花岗岩：天然单轴极限抗压强度值为26.4～107.3 MPa，平均值为73.0 MPa。施工过程中，经取芯实测岩石抗压强度值122 MPa，石英含量高达40%～45%。

（1）刀盘结构设计为带有进料口的切割式圆盘，带有4条支撑臂的厚壁法兰板支座用来连接主驱动和刀盘，在刀盘后部装有一个旋转接头装置，将盾体内的泡沫剂等液体供给旋转的刀盘。刀盘设计充分考虑了本段岩石较硬的特点，在磨损较多的部位，如刀盘进土口、刀盘开挖面、搅拌棒、刀盘边缘等处，大量堆焊了网格状耐磨硬质合金，并在刀盘轮缘上设计了3道耐磨合金环，大大提高了刀盘的耐磨性能和使用寿命。

（2）在本标段地层下，刀盘上安装有64把齿刀、8把边刮刀、31把单刃滚刀、4把双刃滚刀、1把超挖刀。工程采用标准钢刀圈滚刀，滚刀的承载力为25 t，适应掘进的岩石强度为50～150 MPa，高于本标段岩石的最高强度。刀具在刀盘上的超前量较大，正面滚刀的超前量为175 mm，齿刀超前量为140 mm，滚刀高出齿刀35 mm，以便在硬岩地段掘进时保护齿刀和刮刀。滚刀与齿刀层次间距为40 mm，滚刀的轨迹间距为10～100 mm，利于硬岩的破碎。该刀具配置能满足对地层的破岩要求。

刀具采用背装式换刀，更换刀具较快，且易于操作。

2. 推进系统的适应性分析

盾构推进系统由20组推进油缸、10组双油缸和10组单油缸组成。在推进过程中，推力8 000～15 000 kN，就能满足盾构在硬岩中掘进的需要。盾构机有足够的推进能力，总推力可达34 210 kN。

盾构采用的SLS-T隧道激光导向系统，盾构的姿态可以随时反映在操作室内，结合人工对管片的姿态测量结果，通过调整推进油缸的推力可以对盾构的姿态进行灵活的调整。推进油缸分4个区域，每个区域可以单独调整其推力而改变盾构的掘进方向。盾体中盾和尾盾之间采用铰接连接，这样可以减少盾构的长径比，从而使盾构姿态容易改变，使盾构保持正确的姿态。

3. 出渣系统的适应性分析

渣土运输系统为螺旋输送机加皮带输送。在施工过程中，螺旋输送机的扭矩 20～110 kN·m，而螺旋输送机的最大脱困扭矩为 224 kN·m，理论出土量 385 m³/h。

盾构机刀盘的转速为 0～4.5 rpm，在硬岩中掘进时通过提高刀盘的转速来破碎岩层。刀盘背面焊接的搅拌棒能进一步破碎岩块，可有效防止大块硬岩进入螺旋机。螺旋输送机的出土速度可以从 0～22 rpm 无级调速，能对硬岩地层进行进一步破碎，防止卡死。

在水量较大的岩层地段施工时，通过渣土改良系统向土仓内加入泡沫剂或者膨润土，以减少进入螺旋机的各岩块之间的摩擦力，防止碎石块在螺旋机内堆积将螺旋机卡死。

4. 注浆系统的适应性分析

同步注浆系统由两台 KSP12 泵、四根管路来实现同步注浆。每环的设计注浆量为 6.0 m³，而每台注浆泵注浆的能力为 10 m³/h，满足施工需要。

在硬岩段施工时，围岩稳定性较好，盾构开挖直径略大于盾体直径，盾体与围岩之间有一定空隙，并且在硬岩段掘进时土仓压力较小，在掘进过程中同步注浆无法一次填充管片与围岩之间的空隙。如果注浆压力过大，则浆液会在高压下流向盾体前方，进入土仓，从而造成浆液浪费。因此，过岩层段注浆采用单液浆、双液浆结合使用的方式，双液浆注浆采用 KBY50/10-11 注浆泵通过凿穿管片的吊装孔，利用注浆头进行注浆。每隔 1～2 环在管片上部 1 点、11 点位进行同步二次补注浆，以填充同步注浆过程中遗留的空隙，从而保证管片与围岩之间填充密实。注双液浆时，控制注浆压力在 0.4 MPa 以下，并在盾尾倒数第 4 环开观察孔，防止注浆压力过大击穿盾尾刷，损坏盾尾密封系统。采用单液浆、双液浆结合使用可保证注浆效果满足施工要求。

5. 密封系统的适应性分析

由于基岩裂隙水发育且同步注浆不密实形成流水通道，在掘进过程中水量较大，水压较高，需确保盾构的密封系统完好，保证土压平衡盾构机在高水压环境下顺利、安全掘进。

盾构机盾尾密封装置为三道钢丝刷组成的两腔式油脂密封，有油脂管 8 个。盾尾有良好的密封性，理论上每个密封室可承受 10 bar 压力。本盾构有三道盾尾刷具有两个密封室，只要油脂注入饱满即能确保密封效果，可以确保在 36 m 高水压状况下盾尾不漏水，满足在硬岩段的掘进施工。

尾盾和中盾的铰接密封为橡胶唇形密封，可通过调节压紧块来调整密封压力，并有紧急气囊可在唇形密封失效时紧急充气防止铰接渗漏。

主轴承密封系统由内密封和外密封两个密封系统组成，内密封系统负责盾体常压部分的密封，外密封系统负责开挖舱的密封，主轴承密封系统可以承受7.5 bar 的压力。

螺旋机出料口门完全关闭后，可承受 4.5 bar 的压力。在硬岩地段中，隧道上方有较厚的隔水层，最大水压远小于 4.5 bar，因此盾构机密封系统满足在硬岩掘进施工。

6. 管片质量控制的适应性分析

盾构在掘进过程中，易出现管片上浮、渗漏水、错台、破损等质量病害，该盾构机施工中通过采取如下措施，能保证管片质量。

（1）调整同步注浆配比，缩短浆液凝固时间，并及时进行二次补注浆。将管片与围岩间的空隙填充密实，形成管片第一道防水屏障，同时稳定管片。

（2）每隔 10 环做一道止水环，截断管片壁后集水，减少地下水浮力，增加衬砌环顶部受力，防止管片上浮。

（3）勤测管片姿态，根据管片实测姿态的变化规律，将盾构机竖直方向姿态调整到 –40 ～ –30 mm 之间，以抵消管片脱出盾尾后的上浮量。

（4）管片拼装前，检查管片的完整性及止水条的粘贴情况，将盾尾和管片止水条清理干净，再拼装管片，防止管片错台和渗漏水。

（5）管片拼装后，顶出推进油缸的过程中，将油缸撑靴扶正，确保管片受力均匀。在盾构推进过程中，严格控制油缸推力，保证管片受力均匀，控制油缸的推力差值在 50 bar 以内，防止管片受力不均造成破损。

（6）在掘进过程中，对盾尾三环的管片螺栓进行再次复紧，以免管片受力不均造成错台、渗漏水等。

二、盾构过江段硬岩富水地层二次注浆施工技术

广州市轨道交通工程七号线一期工程南村站～中央间机房段（不含）西起于南村站，北至中间风机房。线路由南向北大跨度穿越总宽度约为 600 m 的珠江沥滘航道，采用 2 台德国海瑞克公司的 EPB ϕ 6 280 mm 盾构机一先一后在左右线分别进行隧道掘进施工，盾构主要穿过 <8Z> 中风化混合花岗岩、<9Z> 微风化混合花岗岩地层，局部含 <7Z> 强风化混合花岗岩。场地内地表水为沥滘水道水，勘察期间测得水深在 11 ～ 17 m 不等，水位变幅随涨落潮而升降。地下水类型主要为孔隙水和裂隙水。由于隧道位于江底以下地层，地下水丰富，强风化、中风化岩裂隙发育，渗水性强。

盾构机在静止状态时，土仓上部压力可在 5 min 内由 0 增加到 2.5～3.0 bar；盾构机在掘进过程中，基本上是全程喷涌；从盾尾倒十环左右的管片上凿出观察孔，水压很大，如在 3 点或 9 点凿开管片吊装孔，水可喷出 2 m 距离，掘进十分困难，因此在过江段需要全程二次注双液浆以提高施工效率。盾构机穿越珠江区段地质情况见表 6-1。

表6-1　盾构机穿越珠江区段地质情况

地层层号	岩土名称	岩土特征	渗透系数 k/m/d	透水性类别
<2-2>	淤泥质粉砂	饱和，松散，局部软塑，层厚 1.00 m	3.00	中等透水
<6Z>	混合岩全风化带	岩石坚硬程度为极软岩，岩体完整程度属极破碎，遇水易软化崩解，层厚 2.50～2.67 m，平均 2.60 m	0.1～0.5	弱透水
<7Z>	混合岩强风化带	岩石坚硬程度为极软岩，岩体完整程度属极破碎，层厚 2.60～13.80 m，平均 8.64 m	0.5～0.8	弱～中等透水
<8Z>	混合岩中风化带	岩芯较破碎，岩石质量指标 RQD 平均约 40%，取芯率平均约 70%，岩石坚硬程度为软岩～较软岩，岩体完整程度属较破碎，层厚 6.90～12.00 m，平均 9.99 m	0.5～0.8	弱～中等透水
<9Z>	混合岩微风化带	岩芯完整，岩石质量指标 RQD 平均约 90%，取芯率平均约 90%，岩石坚硬程度属较硬岩，岩体完整程度属较完整～完整，层厚 4.40～11.40 m，平均 7.55 m	0.3	弱透水

（一）二次注浆目的

广州市轨道交通七号线一期 8 标盾构区间珠江段，地下水丰富，强风化、中风化岩裂隙发育，渗水性强。

如果在掘进过程中没有进行二次注双液浆，会有以下不良影响出现：①一般情况下，地下水会流向土仓造成喷涌；②地表沉降是不可控制的，因为同步注浆注入量按照理论计算，应该为盾构穿越地层产生空隙量的130%～180%，但是在实际施工中，同步注浆注入量即使达到180%也不能完全控制住地面沉降值，原因可能有4个：一是同步注浆的浆液不可能完全填充满盾构穿越产生的空隙；二是同步注浆的浆液在凝固时体积会产生收缩；三是因为水流过大，冲散同步浆液的结构，使其不能凝固；四是小里程方向来水的水压过大，击穿盾尾刷，使同步浆液流到隧道里面；③同步浆液基本上全部汇集到隧道下方的间隙，隧道上方的间隙没有被填充，这样极易造成管片的上浮，使成型管片的姿态发生偏差。

此时，二次注浆尤为重要，其目的为：①补充同步注浆未填充的部分和体积减少的部分，确保管片的稳定性和姿态。特别是在硬岩中掘进时，同步注入的浆液基本上全部汇集到隧道下方的间隙，隧道上方的间隙没有被填充，这样极易造成管片的上浮，使成型管片的姿态发生偏差。此时若及时在管片上方的注浆孔二次注入双液浆，可在隧道上方的间隙快速形成一道有一定强度的固体浆液，防止管片上浮，保证成型管片的姿态。②及时、快速地减缓土体的下沉速率。当地面监测到某点的下浮速率过大时，及时注入足量双液浆，可以有效地缓解土体下沉速率。③形成封环，阻截后方来水。在下坡段掘进时，若遇到富水地层，极易造成喷涌，这样施工就会形成排水泄压→掘进→喷涌→抽水清泥→拼装→排水泄压的恶性循环，大大降低施工效率。此时，及时封环便可阻截后方来水，使盾构掘进进入正常循环状态。

（二）二次注浆施工

1. 机械器具

KBY50/10-11液压注浆泵1台；水泥搅拌罐1个：直径1 m，高0.8 m；自吸泵1个；干净的盾尾油脂桶2个；二次注浆头若干个，二次注浆转弯头若干个，球阀若干个，三通及变径若干套，管钳2把，锤子1把，钢钎2个（直径为16 mm或18 mm，长度为50 cm和100 cm）。

2. 二次注浆的工序流程

二次注双液浆工序流程如图6-1所示。

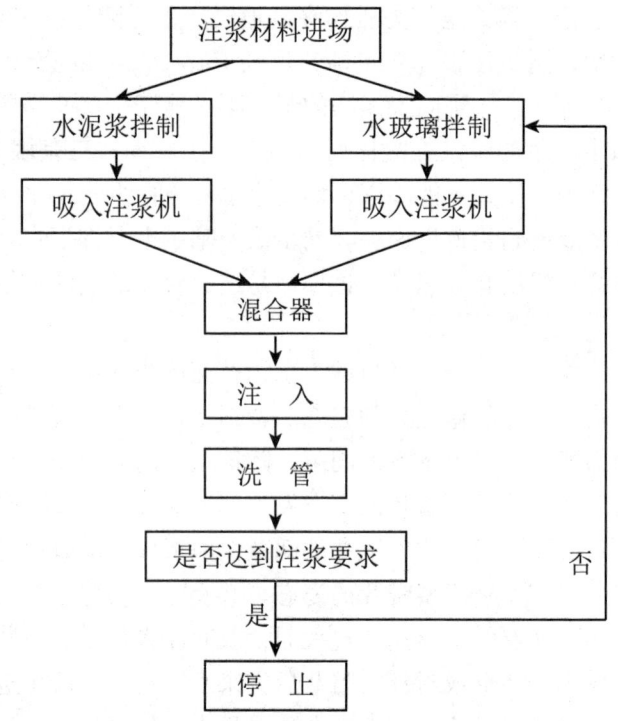

图 6-1 二次注双液浆工序流程

(三) 原料及配比

水泥为 42.5R 普通硅酸盐水泥,波美度为 40°Bé 的水玻璃,水泥浆液的水灰比为 1.05±0.05,水玻璃与水按 1∶1 进行稀释,注入时水泥浆液与水玻璃液的体积比为 1∶1。

(四) 二次注浆施工工艺

(1) 合理利用连接桥空间。注浆设备放在盾构机连接桥上,并在上面放 2 个已经洗干净的盾尾油脂桶,一个桶存放清水用于洗管,一个桶用作水玻璃液的混合容器。

(2) 根据注浆不同的目的来选择同步二次注浆或者停机二次注浆。一般以减小地表沉降速率和防止管片上浮为目的的二次注浆,可以选择一边掘进一边注浆,根据掘进速度来选择注浆位置,掘进速度较快时选择倒数第 4 环,掘进速度较慢时选择倒数第 5 环,点位选择 11 点或 1 点(不选 K 块);以封环为目的的二次注浆,建议选择停机封环,注浆环数为倒数 8、9、10 环中的两环。

(3) 二次注浆封环时,由下往上错孔注浆,需要注意的是,在停机前,将盾构机推到合适的行程,避免盾构机上方桁架挡住注浆点位。

(4)水玻璃管和水泥管的区分。如果不区分混乱着用，会造成管内残余的水泥与水玻璃接触凝固，越聚越多最后造成严重堵管。区分这两根管有一个简单的方法，就是在水泥管上系一根抹布，以后这根管就只吸水泥液。

(5)在注浆前，用水来检查注浆管路是否通畅，三通及球阀上面的孔洞直径大不大，若孔洞太小，则先清理上面已经凝固的双液浆。

(6)卸压孔与观察孔。一般情况下，在含水量较大的硬岩地层下坡段，水主要来自小里程方向（后方），所以卸压孔可以开在注浆环的后方4~5环，卸压孔可以开1点、3点、9点、11点。观察孔可以开在倒数第4环。在注双液浆前，先开卸压孔放水，再注浆，若卸压孔有浆液流出，就可以关闭卸压孔。

(7)浆液搅拌要均匀。水玻璃溶液的搅拌很重要，因为水玻璃的密度大于水的密度，先往空桶加水玻璃再加水，水容易浮到上面，使水玻璃溶液混合得不彻底。

(8)在注浆的过程中适当调节双液浆的配比。配比好不好，最直接的判断依据就是双液浆的凝胶时间快不快。在浆液注完后建议不要打开注浆头球阀让清水通过二次注浆头来冲洗注浆头，而是直接关闭注浆头球阀，开启泄压球阀清洗管道，这样做的目的是便于10 min后观察注入的浆液是否已经凝固。若凝固，说明该配比比较适用该现场情况，若不能凝固，就需要调整配比。

(9)注浆是否饱满的判定。注浆是否饱满最直接的判定方法是看注浆压力表，一般控制在0.3~0.5 MPa。

(五)特殊情况的处理

(1)在自吸泵故障或者时间较紧的情况下，不会将水玻璃抽到空桶里面再加水稀释搅拌，而会直接将水玻璃管插到水玻璃原液中。这个时候可以将水管也插到水玻璃原液的最下方，因为水的密度小于水玻璃密度，所以水会上浮，在上浮的过程中，就会和水玻璃结合，达到稀释水玻璃的效果。此时一边出水玻璃溶液一边加水，保持水玻璃溶液一直是满桶状态，等到水泥浆液剩下0.2 m^3时（因为盛水玻璃的桶为0.2 m^3），停止加水。这个过程需要一个责任心较强的人一直观察着水玻璃，切不可双液浆某一浆液注完后，另一种浆液单独注入。

(2)注浆途中断电。若在注浆途中突然断电，机电人员需马上停止手上工作检查电路，在此过程中，马上从三通处拆下注浆管，电路短时间恢复不了马上清洗管道。若恢复电路的时间不是很长，浆液出来较小或者打不出来，可以尝试边打浆液边用力磕注浆管。

第二节　软土地层盾构施工案例

一、上海软土地层盾构施工概述

（一）引言

1956年，上海市就开始地铁建设的前期准备，1956年8月，上海市政建设交通办公室向上海市人民委员会提交了《上海市地下铁道初步规划（草案）》。1958年8月，上海市地下铁道筹建处成立，以"平战结合"的功能要求，对上海地下铁道开始规划设计、方案论证和试验研究。当时苏联专家断言上海是软土地层，含水量多，因此不宜建设隧道工程。1959年8月，上海警备区领导机关提出，上海地下铁道应以"平战结合、以战为主"的指导思想规划建设，地铁尽可能深埋入基岩层。市地铁筹建处组织科研、大专院校和设计单位，对上海地下铁道的埋深进行了浅、中、深3种方案的研究论证。对深埋方案探索后认为，如将地铁置于地下$300 \sim 350$ m的基岩层，对功能要求、工程技术和建设经济均不合理。

1960年2月，上海市隧道工程局在浦东塘桥开始作盾构掘进试验。1962年2月，上海市城市建设局隧道处开始在浦东塘桥用直径4.16 m的手掘形式盾构，分别在覆土4 m和12 m处进行盾构掘进试验研究，于1963年3月建成25.2 m和37.8 m的装配式钢筋混凝土管片衬砌试验隧道，用于验证粉砂性土质和淤泥质黏土中建设隧道的可行性。

1964年11月，上海市决定结合战备在地铁规划线上的衡山路段实施地铁扩大试验工程。1965年3月，由上海隧道工程设计院设计、江南造船厂制造的两台直径5.8 m的网格挤压盾构，于1966年完成了一井一站和660 m区间的两条平行隧道。

与此同时，1966年5月，上海市打浦路越江公路隧道工程采用由上海隧道工程设计院设计、江南造船厂制造的$\phi 10.22$ m的网格挤压盾构施工，掘进总长度1 322 m。打浦路隧道于1970年底建成通车，这是中国第一条水底公路隧道。

1973年，采用一台$\phi 3.6$m的水力机械化出土网格盾构和两台$\phi 4.3$ m的网格挤压盾构，在上海金山石化总厂修建了一条污水排放隧道和两条引水隧道。

1978年，漕溪路段试验工程批准开工。1980年11月—1982年12月，上海市进行了地铁1号线试验段施工，采用了一台直径6.412 m网格挤压盾构，掘进长度为565 m。与此同时，1982年，上海外滩的延安东路北线越江隧道工程1 476 m圆形主隧道采用上海隧道股份设计、江南造船厂制造的ϕ11.3 m网格挤压水力出土盾构施工。1983年6月—1984年10月又进行了试验掘进，在淤泥质黏土地层中掘进隧道1 130 m。通过试验段的掘进，取得了以下成果：盾构掘进的轴线误差和地表沉陷都可控制在允许的范围之内；隧道用单层装配式钢筋混凝土管片衬砌可满足地铁隧道结构要求，防水达到同期国际标准；初步掌握槽壁地下连续墙的设计与施工技术。

（二）上海地铁工程概况

上海地铁1号线是我国第一条采用盾构法施工的地铁线路。目前的1号线从南部闵行区莘庄站到北部宝山区富锦路站共长36.39 km，28个车站。1号线试验段始建于1980年，一期工程（南起锦江乐园，北至上海火车站）于1990年全线开工，18 km区间隧道引进了7台由法国FCB公司制造的ϕ6.34 m土压平衡盾构施工。1993年5月28日，1号线南段（徐家汇—锦江乐园）建成通车，使上海成为继北京、天津之后中国大陆第3个拥有地铁的城市。1995年4月10日，1号线一期工程全线（上海火车站站—锦江乐园站）建成通车。

1号线一期工程建成后，南向莘庄的延伸线开工；2号线工程开始筹备建设。1996—1999年，上海地铁2号线工程西起中山公园站，东至龙东路站，双线（上、下行）全长24 km，采用10台ϕ6.34 m土压平衡盾构施工。

2000—2007年的8年中，上海地铁4、6、8、9号线约140 km区间隧道采用40余台盾构掘进施工，并首次应用5台双圆DOT盾构掘进8.2 km隧道。

（三）上海地质情况

上海地铁隧道的埋深最浅的为11 m，最深的达35 m（穿越黄浦江底）。上海市区的地层从地表以下一般依次为杂填土、黏土、灰色淤泥质黏土、灰色淤泥质粉质黏土、灰色粉质土、粉砂、暗绿色黏土。盾构穿越的地层大多为淤泥质黏土、淤泥质粉质黏土，也有粉质土、粉砂。如图6-2所示。

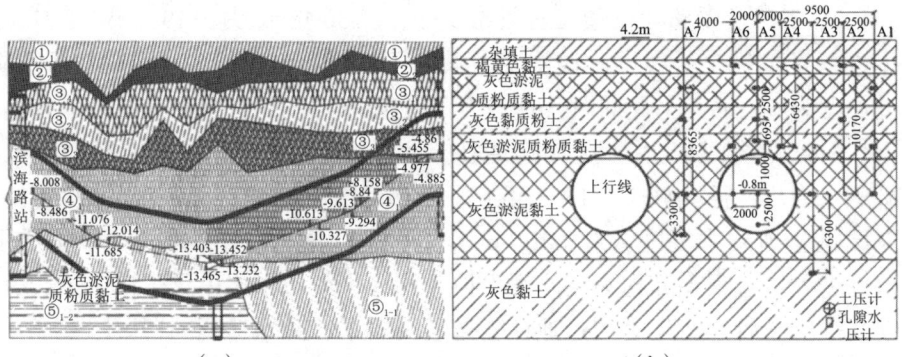

图6-2 上海地铁隧道地质剖面图

淤泥质黏土和淤泥质粉质黏土具有含水量饱和（40%～55%），孔隙比大（1.0～1.4），黏聚力小（1.0～13 kPa），内摩擦角小（7°～15°），易塑流等特点，属高压缩性土。土的主要指标见表6-2。

表6-2 上海地铁隧道穿越地层土的主要指标

土 层	重度γ /kN·m⁻³	含水量 W/%	孔隙比 e	内摩擦角 φ/°	标准贯入度 N
灰色淤泥质粉质黏土	17.7	43	1.16	15	2
灰色淤泥质黏土	17.2	51	1.45	8	<1
灰色淤泥质夹粉砂	18.2	34	1	11	3
粉质黏土	18.2	36	1	18	20

（四）地铁隧道衬砌

上海地铁隧道衬砌外径为6.2 m，内径为5.5 m。衬砌为预制钢筋混凝土管片，管片厚度为350 mm。每环宽度有1 000 mm和1 200 mm两种。每种管片有两种型号。

1.管片分块

Ⅰ型管片：84°×1.65°×4.16°×1；

Ⅱ型管片：67.5°×3、68.75°×2、20°×1。

2.管片拼装方式

Ⅰ型管片：通缝拼装，封顶块搭接1/2；

Ⅱ型管片：错缝拼装，封顶块搭接 1/3。

Ⅰ型管片每环由封顶块（F）、邻接块（L_1 及 L_2）、标准块（B_1 及 B_2）和落地块（D）6 块管片拼装而成，如图 6-3 所示。

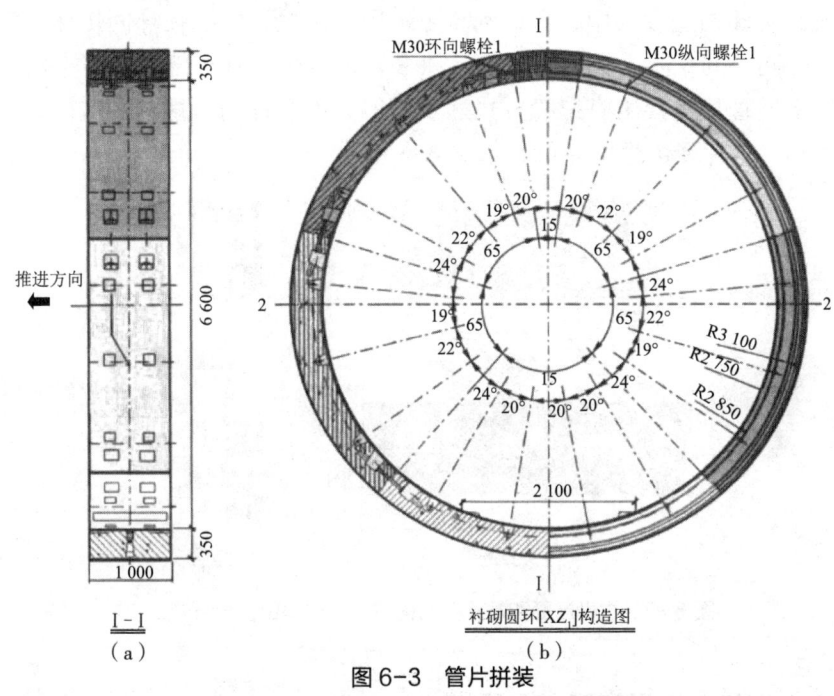

图 6-3　管片拼装

Ⅱ型管片每环由封顶块（F）、邻接块（L_1 及 L_2）、标准块（B_1、B_2 及 B_3）6 块管片拼装而成，如图 6-4 所示。

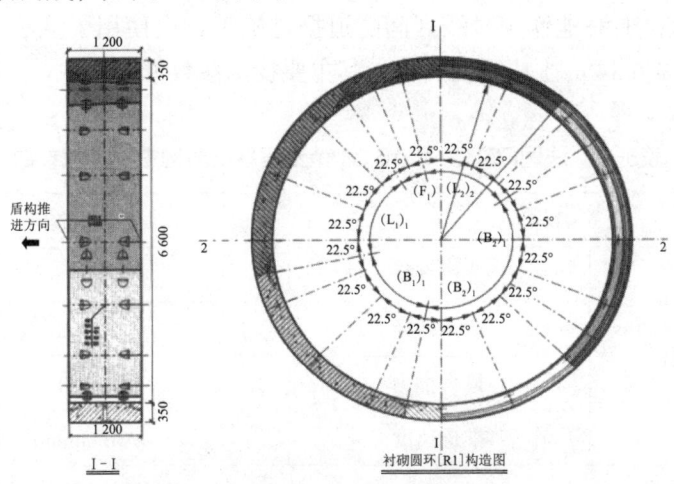

图 6-4　上海地铁Ⅱ型管片结构示意图

两相邻管片的纵向、环向均采用 M30 螺栓连接，管片设计强度等级为 C50，抗渗为 S8，接缝防水采用水膨胀性橡胶和氯丁橡胶复合而成的弹性密封垫。

在衬砌接缝构造设计中，考虑到软土地层的特性，便于在环间传递一定的剪切力，控制环间踏步，同时方便管片拼装时的定位，在环缝和纵缝上均设计成凹凸榫槽。管片连接由直螺栓方式逐步发展为更合理的弯螺栓，这样，内弧面开孔更小，管片受力性能更好，如图 6-5 所示。

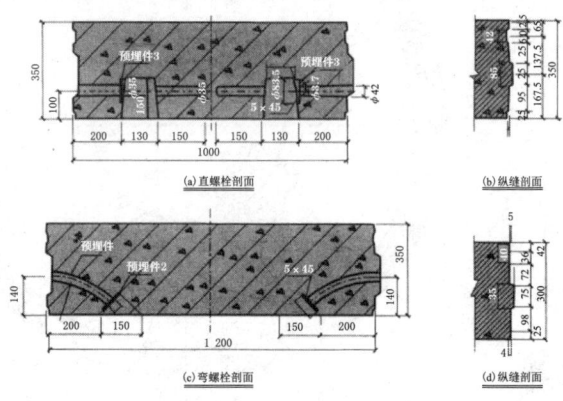

图 6-5　衬砌断面和螺栓孔结构图（尺寸单位：mm）

二、上海软土地层施工典型盾构

（一）φ6.34 m 土压平衡盾构

1990 年，上海地铁 1 号线区间隧道掘进施工首次使用了从法国 FCB 公司引进的 7 台 φ6.34 m 土压平衡盾构，其主要技术参数见表 6-3。

表6-3　法国FCB公司 φ6.34 m 土压平衡盾构主要技术参数

名称		参数
盾构本体	开挖直径	6 350 mm
	盾体外径	6340mm
	最大推力	33 300 kN
	推进速度	30 mm/min

续表

名称		参数
切削刀盘	最大扭矩	4 635 kN·m
	转速	0～0.8 r/min
螺旋输送机	螺杆直径	700 mm
	扭矩	0～15 kN·m
	排土量	200 m³/h
拼装机	回转速度	0～1.5 r/min
	回转角度	±210°
	提升重力	82 kN
	提升行程	650 mm
	平移行程	1 050 mm

1995年以后，上海地铁分别从法国、日本的盾构制造商购置20余台φ6.34m土压平衡盾构，其主要工作性能参数基本相近。2004年以来，上海隧道工程公司机械厂制造的"先行号"φ6.34m土压平衡盾构逐渐在上海地铁区间隧道工程中应用，至今已有30余台投入施工，占上海地铁工程使用盾构的30%以上。先行号φ6.34 m土压盾构主要技术参数见表6-4。

表6-4 "先行号"φ6.34 m土压盾构主要技术参数

序号	名称	单位	参数
1	盾构外径	mm	6 340
2	盾构主机长	mm	8 581
3	盾构主机重量	kN	2 500
4	盾构总推力	kN	35 200
5	推进速度	mm/min	60

续表

序 号	名 称	单 位	参 数
6	管片拼装机	提升力	kN	197
		回转力矩	kN·m	100
		转速	r/min	0.5/1.0
		平移行程	mm	1 000
7	螺旋输送机	螺杆直径	mm	740
		螺杆节距	mm	700
		转速	r/min	0～16
		输送量	m³/h	260
		驱动扭矩	kN·m	45
8	刀盘系统	刀盘转速	r/min	0～1
		刀盘额定扭矩	kN·m	4 070
9	皮带机输送能力		m³/h	310

（二）6 520 mm×11 120 mm 双圆形土压盾构

2003 年，上海地铁从日本引进了 4 台 6 520 mm×W11 120 mm 双圆形土压平衡盾构。盾构主机长 12 745 mm，总推力 68 600 kN。盾构有 2 组拼装机和 2 组螺旋输送机。

双圆盾构的特点是可有效减少断面，节约地下资源；有效减少工作井宽度，降低工程造价；可一次性完成两条隧道的掘进，缩短施工周期。使用双圆盾构施工的地铁隧道如图 6-6 所示。双圆盾构主要技术参数见表 6-5。

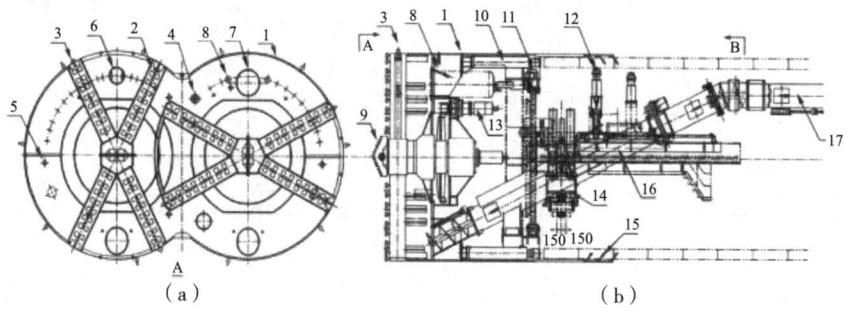

1-盾壳；2-刀盘；3-仿形刀；4-可更换土压计；5-固定土压计；6-观测孔；7-人仓；8-球形注射管；9-中心刀；10-推进油缸；11-管片顶托装置；12-真圆器；13-刀盘驱动；14 管片拼装机；15-盾尾密封；16-1 号螺旋机；17-2 号螺旋机

图 6-6 双圆形土压平衡盾构构造

表6-5 双圆盾构主要技术参数

名　称		技术参数	名　称		技术参数
盾构本体	外径	6 520 mm × 11 120 mm	拼装机	回转角度	±220 内径
	内径	6 370 mm × 10 970 mm		旋转驱动	液压马达驱动
	长度	12 745 mm		设备数	2 台
	盾尾密封	3 道	加油装置	位置	刀盘驱动部、轴承部
	总推力	68 600 kN		方法	供油脂泵方式
刀盘	支撑方式	中心轴支撑方式	排土装置	形式	带轴螺旋
	同步控制	变频控制		排土量	140 m³/h
	驱动方式	电机驱动		设备数	2 台
	转速	1 r/min	润滑油脂	密封形式	土砂密封
	最大扭矩	5 766 kN·m		供脂方法	供油脂泵方式
	额定扭矩	3 844 kN·m	修正装置	形式	油压千斤顶
	超挖刀行程	120 mm		偏向行程	±65 mm

(三) ϕ6.39 m 土压平衡盾构

上海地铁施工中使用了德国海瑞克公司制造的 ϕ6.39 m 土压平衡盾构。其主要技术参数见表6-6，主要性能特点如下：

（1）铰接式盾构便于小半径曲线掘进和掘进方向纠偏；铰接位置在支撑环与盾尾之间，便于盾尾部分的转动，延长盾尾密封的寿命，而且铰接油缸受力小。

（2）刀盘采用典型的面板式结构，刀盘上安装了泥土型专用刀具，装有1把中心刀、120把切刀、16把切刀及1把扩挖刀。扩挖刀用于曲径开挖。切刀安装在进渣口的左右两边，刀具覆盖了整个进渣口的长度。切刀安装在刀盘边缘。刀盘开口率为34%，有16个渣槽，渣槽布置与土渣开挖量对应。其中有8个渣槽接近中心，以防止刀盘中心部位泥饼的产生，提高了刀盘开挖效率。

（3）刀盘及密封隔板设计有泡沫、膨润土注入管路，可调节土渣的塑性及黏度，降低透水性及内摩擦力，便于不同地质的开挖，保持土压稳定和工作面的稳定，减少功率消耗。

（4）配置有超前钻机及注浆设备，针对易液化的地层及特殊地层可实现地层超前加固及处理；推进油缸中心线与管片中心重叠，管片受力良好，油缸行程全部为1 900 mm，同步注浆管路另有四根备用注浆管路，堵管时，可保证同步注浆的可靠性。

（5）激光导向保证掘进方向的准确性和盾构姿态的控制。

（6）采用液压驱动，便于刀盘调速及过载保护，保证驱动系统的安全，而且驱动功率大，有足够的刀盘开挖性能储备。

表6-6　ϕ6 390 mm土压平衡盾构主要技术参数

名　称	参　数
盾构直径	6 390 mm
刀盘功率	2×315 kW
刀具	中心刀1把、切刀120把、切刀16把、扩挖刀2把
刀盘开口率	34%
刀盘转速	0～3.05 r/min
刀盘扭矩	Ⅰ挡620 kN·m /Ⅱ挡4 377 kN·m
掘进速度	60 mm/min
推进油缸	32根，行程1 900 mm
总推进力	31 650 kN
螺旋输送机功率	160 kW
盾尾密封	三排钢丝刷

（四）ϕ14.87 m泥水盾构

上海上中路越江隧道工程起点为上中路—龙川路交叉口东侧，与中环线南段上中路衔接；终点为浦东规划华夏西路—公园大道交叉口西侧，工程全长2.8 km。隧道穿越黄浦江底，黄浦江宽400 m，深15 m。盾构法隧道长1 250 m，两岸各设一座工作井，矩形暗埋段和引道段共长1052 m。盾构法隧道江底最浅覆土10 m，隧道纵坡4.5%，使用法国NFM公司ϕ14.87 m泥水盾构施工，盾构主要参数如下。

（1）盾构直径ϕ14.87 m，长11.65 m，总长120 m。

（2）盾构主机重量19 000 kN，后配套装置重量14 200 kN，总重量33 200 kN。

（3）推进油缸：19组双联油缸，总推力为184 300 kN，推进速度0～40 mm/min。

（4）刀盘额定扭矩36 000 kN·m，最大扭矩为43 200 kN·m，刀盘转速0～1.4 r/min，功率3 500 kW（250 kW×14台）。

（5）拼装机转速0～1.5 r/min，旋转角度±220°，6个自由度，真空吸盘式。

（6）泥水输送系统：送排泥管20″，送泥流量2 020 m³/h；排泥流量2 450 m³/h。

（五）ϕ15.43m泥水盾构

上海长江隧桥工程采用"南隧北桥"方案进行穿越，南起浦东五号沟，途经长兴岛，向北止于崇明陈家镇，全长约25.5 km。由上海隧道股份承建的上海长江隧道工程作为上海长江隧桥"南隧北桥"的一部分，穿越长江南港水域8.9 km。隧道分为上下两层，上层为公路层，采用双管双向六车道高速公路设计，设计行车速度为80 km/h；下层为轨道交通层，连接的是轨道交通9号线（松江大学城—徐家汇—崇明岛）。

圆隧道内径为13.7 m，外径15 m，采用通用楔形管片错缝拼装工艺，环宽2 m，厚度为0.65 m。每环管片重约160 t，由10块组成，包括1块封顶块，2块邻接块和7块标准块。两条隧道间共设8条连接通道，在两隧道的最低点设有4座江中泵房，便于雨水的收集和处理。

上海长江隧道工程采用两台德国海瑞克公司制造的ϕ15.43 m泥水盾构施工，是当时世界上最大直径的泥水盾构。盾构总长132 m，共有3个后配套车架。1号车架安装有驱动和输送物料所需的设备，所有推进的主体设备都集中于此，如主控室、泥浆泵、配电柜、注浆系统液压泵站；2号车架为联系车架，连接1号和3号车架，2号车架设置了联系梁和行车（门吊），供管片吊装和运输；3号车架摆放着盾构的通风设备和同步管路的延伸设备等。盾构一次性穿越长江南港沿线7.5 km，一次性顶进距离为世界之最。

海瑞克公司ϕ15.43 m泥水盾构主要技术参数见表6-7。

表6-7　φ15.43 m泥水盾构主要参数

名称	参数
盾构直径	15 430 mm（含堆焊层时为15 440 mm）
刀盘开挖直径	15 470 mm
最高工作压力	7.5 bar
刀盘功率	15×250 kW
刀具	切刀157把（其中8把带有磨损监测系统，66把采用可更换型设计），周边刮刀24把（其中2把带有磨损监测系统），可更换中心刀7把，仿形刀2把。可以在大气压状态下从刀盘臂内进行可更换刀具的更换，无需带压进仓
刀盘开口率	28%
刀盘转速	0～1.6 r/min
刀盘扭矩	39 945 kN·m
掘进速度	60 mm/min
推进油缸	19组，每组3个油缸，6个分区油缸尺寸360/280 mm，行程3 000 mm
总推进力	203 066 kN
排泥流量	3 000 m³/h

三、φ6.34 m土压平衡盾构施工概述

(一) 盾构安装验收及施工准备

上海地铁车站之间的区间隧道采用土压平衡盾构施工，盾构始发和接收一般在地铁车站的两端。区间隧道上下行线一般采用两台盾构并行施工。

盾构安装前先在端头井下安装盾构基座，盾构基座为钢结构预制件，需满足支撑盾构出洞时的本体重量，并起到一个导向作用，如图6-7所示。支座材料采用43 kg/m重型轨道，共布置2根。盾构始发基座位置按设计轴线准确放样，安装时按照测量放样的基线，吊入井下就位。两根轨道中心线与始发基座上的盾构必须对准洞门中心，且与隧道设计轴线反向延长线基本一致，并在基座四周加设支撑，保证整体稳定。

盾构吊装一般采用大型起重机将盾构后配套拖车依次吊入井下并移至地铁

车站站台层,盾构本体分块吊入井下,在盾构基座上正确就位、组装,最后由专业技术人员进行系统调试和井下验收。

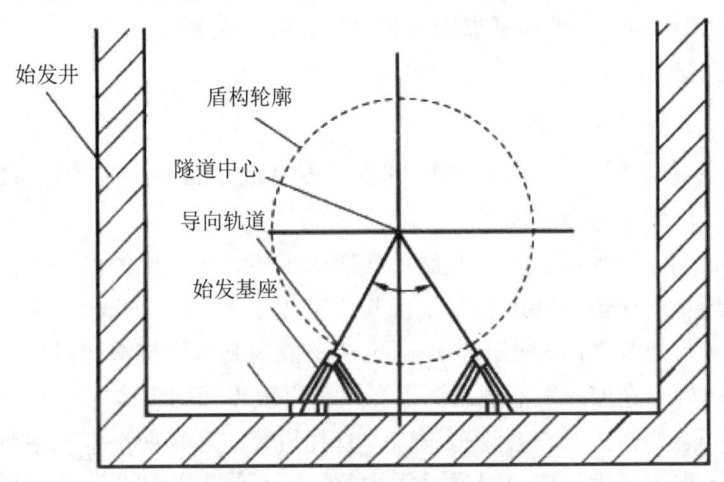

图 6-7　盾构始发基座示意图

在最后一环负环和井壁结构之间加设反力架,反力架与负环管片之间的间隙灌注水泥砂浆(或混凝土),使混凝土管片受力均匀,环面平整。为保证管片脱出盾尾后不产生变形,在管片外弧面加设支撑,予以固定。第一环闭口环与反力架之间采用 4 根 ϕ 609 mm 钢管传递轴向力。

考虑到区间隧道上下行线两台盾构同时施工,一般在井口处布置一台 32 t 门吊(也称行车)用于上、下行线推进时的垂直运输;另外布置一台 5 t 行车,用于场内管片吊运,在 5 t 行车工作范围内布置管片堆场。在端头井边侧设置集土坑,集土坑容积具备 20 环的存土量。场内布置拌浆间,浆液通过送浆管路送至井下浆车内。

井下运输配 14 t 电瓶车 5 辆,凹式平板车 10 节,砂浆车 4 节,容积 10 m³ 渣车 8 只。

(二) 洞门密封和端头土体加固

由于盾构工作井的洞门直径与盾构外径存有一定的间隙,为了防止盾构进出洞施工期间土体从该间隙中流失,在洞门的洞圈周围安装帘布橡胶带、环板、铰链板等组成的密封装置,并设置注浆孔,作为洞口防水堵漏的预防措施。为确保区间隧道施工过程中盾尾的密封防水效果,在盾构调试结束后,向盾尾钢刷之间涂抹盾尾油脂。

为防止盾构洞门凿除后发生洞口土体塌落,必须对洞口外土体进行加固处理,一般情况下采用深层搅拌法进行加固。一般加固范围为长 6 m,宽 3 m,深度为洞圈向下 3 m,洞圈向上 3 m。设计强度要求无侧限抗压强度达到 0.5~0.8 MPa。盾构出洞前对井外地基加固质量进行验收,在洞门上钻 5~9 个样孔至加固土体检查有否渗漏水。

(三)盾构始发施工

洞门混凝土凿除后,盾构向前推进,刀盘抵靠加固土体并开始旋转刀盘、启动顶在开口环上的推进油缸。

盾构始发穿越加固区时,刀盘切削加固土体,土压力的设定可低于按原状土计算的静止土压值,推进速度放慢些(宜小于 10 mm/min)、推力小些,并注意洞门密封处有否渗漏水。当加固土体不能顺利从螺旋输送机出土时,应根据需要在盾构土仓加入发泡剂或润滑泥浆,以改善切削土体的塑流性。

盾构姿态严格控制在容许范围内,管片拼装注意环面平整和错台。盾尾脱出洞圈进入加固区后,应及时通过盾构的注浆系统进行同步注浆,做好隧道衬砌环与洞圈的永久密封。

(四)盾构掘进参数的设定和调整

盾构穿越加固区进入原状土后,设定土压增大,略大于静止土压值,推进速度逐步提高至 30 mm/min 以上,盾构推力、刀盘转速、螺旋输送机转速等工作参数应作相应调整,并根据地面隆沉监测数据优化盾构掘进参数。在上海地区,一般盾构始发 100 m 为盾构掘进参数调整优化的阶段,对推进时的各项技术数据进行采集、统计、分析,摸索地面沉降与施工参数之间的关系,争取在较短时间内掌握盾构的操作性能及盾构在本标段地质条件下的掘进参数的设定范围。

盾尾脱出始发井后,在盾构推进的同时进行盾尾同步注浆,以充填盾构外径与管片外径之间的空隙。采用 ϕ 6.34 m 土压平衡盾构施工时,推进 1 m 的盾尾空隙约为 1.4 m³。在上海地区,注浆浆液一般采用以粉煤灰、黄沙、膨润土为主的单液浆,泵送性好,但其收缩性大。因此,注浆充填率为 150%~200%,施工中可根据地面隆沉量调整确定。

(五)盾构在软土中推进时总推力与埋深关系分析

盾构推力主要承担开挖面的水土压力和盾壳与周围土层的摩擦阻力。盾构在同一地层条件下总推力的大小随埋深增加而增大。图 6-8 是根据有关数据拟合成的线性关系图。

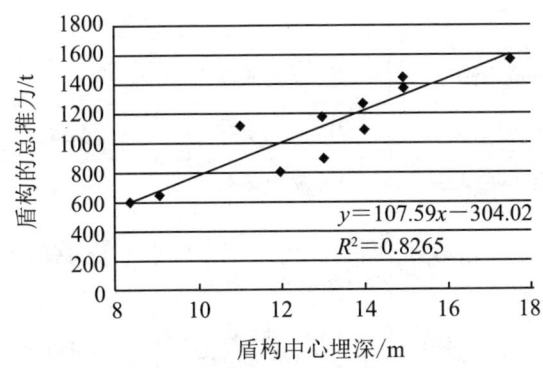

图6-8 上海不同工地盾构总推力与盾构中心埋深关系图

上海地铁隧道穿越的地层主要为淤泥质黏土和淤泥质粉质黏土，也有粉质黏土、粉砂、粉细砂，深埋隧道会遇到暗绿色黏土。盾构设定的土仓压力一般略大于盾构中心处的静止土压P_0。其计算方法可采用朗肯土压公式：

$$P_o = \gamma h \tan^2(45°-\varphi/2) - C\tan^2(45°-\varphi/2)$$

式中：γ——土的重度；

h——隧道埋深（地面至盾构中心）；

φ——内摩擦角；

C——黏聚力。

也可采用侧压系数的简易公式：

$$P_o = K_o \gamma h$$

在淤泥质黏土和淤泥质粉质黏土地层中K_0约为0.7，在粉质黏土、粉砂、粉细砂地层中K_0为0.6～0.7。

（六）土仓压力与埋深的关系

上海几个工程盾构推进时土仓压力与埋深统计见表6-8。土仓压力设定与埋深关系购见图6-9。

表6-8 上海工程土仓压力取值

工程名称	土层	埋深/m	土仓压力/MPa
4号线19标成—滨	④₁淤泥质黏土	9	0.17
1号线漕宝路—上体馆	淤泥质黏土	11	0.17
4号线19标成—滨	灰色淤泥质黏土	12	0.12

续 表

6号线高清路—成山路	④₁淤泥质黏土	14	0.179
6号线高清路—成山路	④₁淤泥质黏土	14.38	0.174
4号线19标成—滨	④₁淤泥质黏土	14.24	0.2
2号线西延伸古北路—中山公园	④₁淤泥质黏土、⑤₁₋₁灰色黏土	14.948	0.241
2号线西延伸古北路—中山公园	⑤₁₋₁灰色黏土、⑤₁₋₂灰色粉质黏土	17.487	0.338
8号线复兴路—陆家浜路	④淤泥质粉质黏土	14.948	0.254

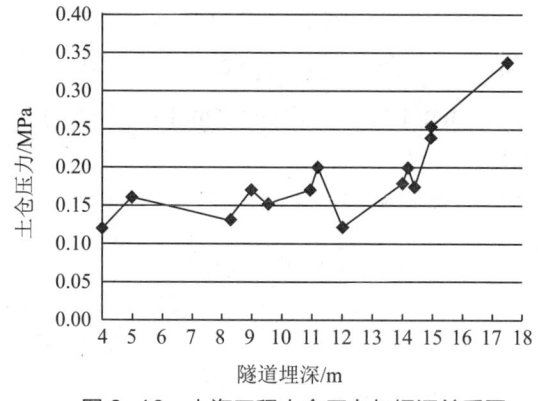

图6-10 上海工程土仓压力与埋深关系图

从上面的图表可得到结论：在上海地区，当隧道埋深小于12 m时，土仓压力的设定基本上在0.12～0.20 MPa之间；当埋深大于12 m时，土仓压力的设定与埋深成基本上正比。

四、盾构穿越既有地铁隧道及保护技术

（一）地铁2号线盾构穿越1号线施工

在上海地铁2号线人民公园站—河南路站区间隧道施工中，盾构出洞段需穿越营运中的地铁1号线区间隧道。盾构出洞后仅12 m距离与地铁1号线隧道呈85°斜交，且1号线隧道底部与2号线隧道顶部间距仅为1 m，隧道埋深达20.6 m，如图6-10。

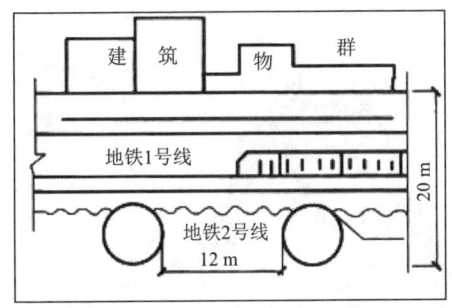 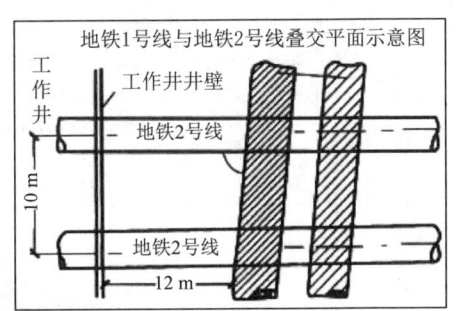

图 6-10　盾构穿越地铁 1 号线示意图

地铁 1 号线隧道在 2 号线车站建造过程中已下沉 12 mm，其累计沉降量不能超过 15 mm。为此，盾构穿越 1 号线隧道时沉降必须控制在 3 mm 以内；地铁 1 号线隧道底部已采用多种方法进行加固，有水泥水玻璃双液浆、聚氨酯浆的分层注浆以及旋喷水泥注浆等。盾构出洞后即进入加固区，并受邻近商业建筑物以及地铁 1 号线隧道的影响，增加了施工参数准确设定的难度。

盾构的土压力设定为 0.22 MPa（$P_0=k_0 \gamma h_0=0.7 \times 0.18 \times 17.5=0.22$ MPa）。每环出土量控制在理论值的 95% 左右，掘进速度控制在 10 mm/min，加注发泡剂或水等润滑剂，减小刀盘所受扭矩，同时降低总推力。加强对地铁 1 号线的监测，及时优化调整掘进施工的参数，做到动态施工信息化管理。合理控制注浆量，控制地铁 1 号线隧道以及地面的沉降。沉降控制在 3 mm。

（二）地铁 7 号线穿越 1 号线施工

地铁 7 号线常熟路站—肇嘉浜站区间隧道从常熟路站南端头井出洞后 18 m 与地铁 1 号线隧道呈 79°斜交下穿，最小净间距为 1.4 m。隧道交叠的投影长度上行线约为 22 m，环号为 14～32，下行线投影长度约为 20 m，环号为 13～29。区间隧道最大纵坡为 4‰，隧道中心最低标高——21.031 m，最高标高约为——17.441 m，隧道上部覆土厚度 17～22 m。

图 6-11 为 7 号线上、行线盾构推进过程中引起的 1 号线隧道的隆沉变化历时曲线图。从图 6-12 中可以看出，当盾构离隧道 15 m 至盾尾通过时，隧道呈逐步向上隆起，上、下行线最大隆起量分别为 +1.39 mm 和 +2.09 mm；盾尾脱出后下沉，30 天后的沉降值在 -1 mm 内，如图 6-12 所示。隆沉量均满足既有隧道结构纵向沉降与隆起不大于 ±5 mm 的要求。

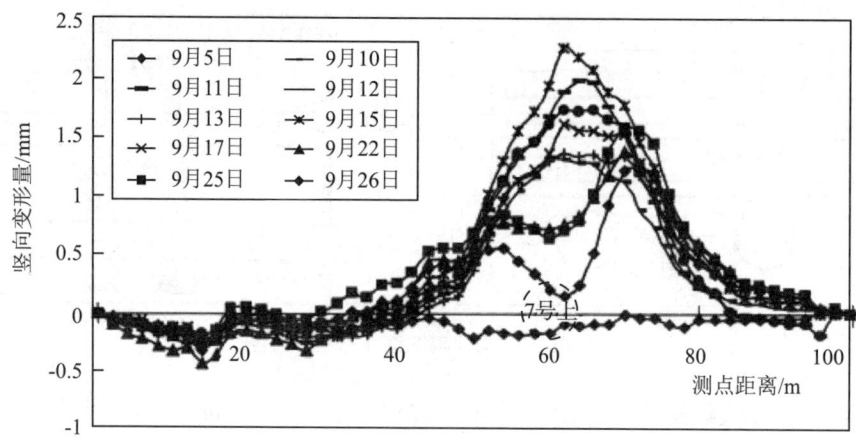

（a）1号线下行线的竖向变形曲线（9月10日刀口到达，11日盾尾脱出）

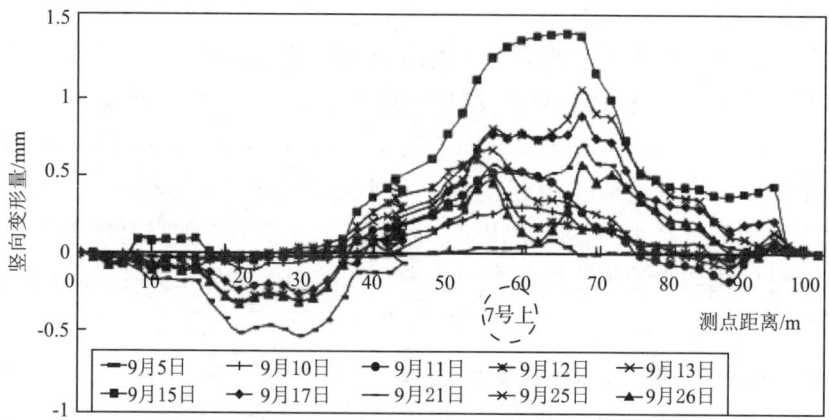

（b）1号线上行线的竖向变形曲线（9月12日刀口到达，15日盾尾脱出）

图6-11　7号线上行线推进引起1号线的竖向变形曲线

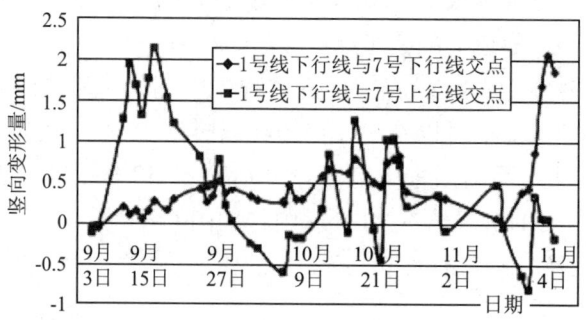

图6-12　1号线下行线与7号线上、下行线交点变形时程曲线

盾构穿越运营隧道掘进施工采用了信息化施工、降低推进速度、降低设定土压值、隧道壁后多次补压浆的技术措施。推进速度从 3.5 mm/min 降到 1.5～2.5 mm/min。密闭土仓的设定土压值在穿越隧道中从 0.25 MPa 逐步下降至 0.2 MPa，如图 6-13 所示。同步注浆量控制在 2～2.5 m³/环，充填率为 150%～180%，见图 6-14。

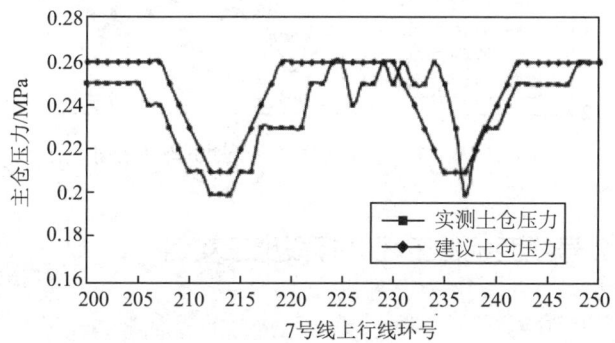

图 6-13　7 号线推进过程中土仓压力设定值

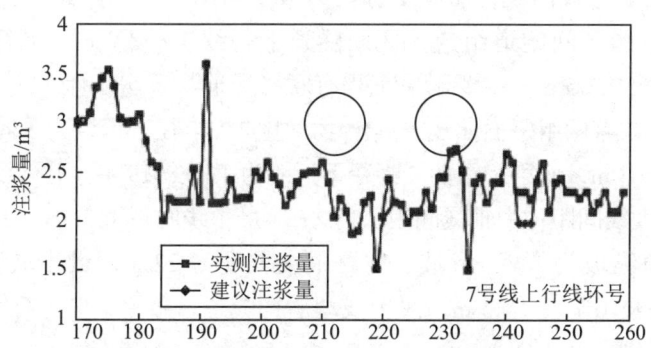

图 6-14　7 号线推进过程中注浆量设定值

图 6-15 为 1 号线的长期沉降曲线图。从图 6-15 中可以看出，7 号线穿越施工结束后 130 d 内，既有 1 号线的竖向变形呈现出波浪形的变化，并未出现一致的隆起或沉降，但既有 1 号线的最大绝对竖向变形量不大于 ±1.5 mm，相对施工期的最大变形幅度为 3.89 mm，不影响既有线路的正常运营。结合盾构穿越期间既有线的变形可知，施工期变形大的测点其长期变形量也较大，如 1 号线上、下行线与 7 号线下行线交点在施工期和后期的最大竖向变形量分别为 +1.38 mm、+2.07 mm 和 -1.13 mm、-1.6 mm。

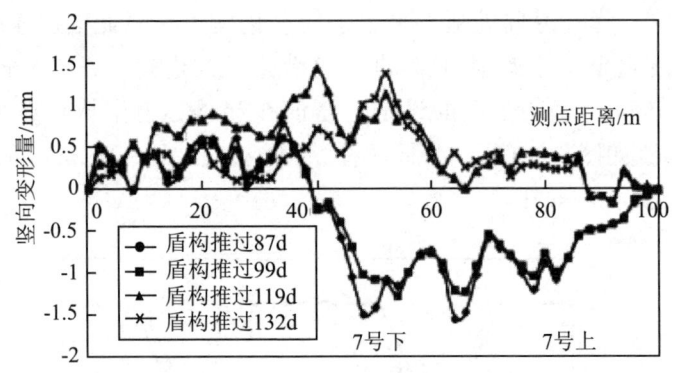

图 6-15　1 号线下行线横向长期沉降曲线图

五、地铁 2 号线西延伸工程 2 标段施工实例

(一) 工程概况

1. 工程范围

上海地铁 2 号线西延伸工程 2 标段为威宁路站—古北路站。工程主要由一组双线单圆盾构区间隧道组成，区间隧道上行线 1 353.9 m，下行线 1 296.75 m，合计为 2 650.65 m。主要附属工程有联络通道与泵房 1 座。

区间隧道共有两组平面曲线，其中第一组曲线半径下行线为 1 999.956 m、上行线为 1 999.963 m，而第二组曲线半径下行线为 1 999.919 m、上行线为 1 999.907 m。左右线最大线间距（中轴线间距）13.2 m，最小线间距 12.0 m。

区间隧道纵坡为"V"形坡。线路最大坡度为 22‰，最小坡度 5.2‰。隧道顶部覆土厚度 6.7～14.3 m，属中浅埋盾构隧道。

2. 工程地质

工程区域内地势基本平坦，地表高程在 3.26～4.17 m 之间。工程区域内主要为河口滨海和滨海沼泽相地层，上部浅层有人工填土层出现，主要岩层特性分述如下。

（1）人工填土：沿线均匀分布，以杂填土为主，含煤屑、碎石、垃圾，层厚 1.3～2.5 m。

（2）褐黄色黏土：均匀分布，饱和，可塑，含铁锰质结核及氧化铁斑点，局部为粉质黏土，层厚 0.8～2.5 m。

（3）灰色黏质粉土：欠均匀，湿，稍密，中压缩性，局部夹砂质粉土，层厚 1～3.3 m。

（4）灰色淤泥质粉质黏土：均匀分布，饱和，流塑，夹有少量薄层粉砂或团状粉砂，欠均匀，层理紊乱，中压缩性，层厚 0.9～5.0 m。

（5）灰色黏质粉土：呈不连续分布，湿，稍密，尚均匀，含少量云母片，局部段夹砂质粉土，中压缩性，层厚 0.5～3.5 m。

（6）灰色淤泥质黏土：均匀分布，饱和，流塑，夹少量薄层粉砂，具水平层理，层底见贝壳碎层，常有沼气溢出，高压缩性，层厚 6.5～10.5 m，为隧道的主要组成地层之一，主要位于隧道的中上部。

（7）灰色黏土：均匀分布，饱和，软塑，含少量腐殖根茎，高压缩性。层厚 3.6～7.3 m，是隧道的主要组成地层之一。

（8）灰色粉质黏土：均匀分布，饱和，软塑，含少量钙质结核及半腐殖根茎，高压缩性，层厚大于 2.2 m。

（9）灰色粉质黏土：均匀分布，饱和，软塑至可塑，局部夹薄层粉砂，含少量腐殖物及钙质结核，中压缩性，层厚大于 2.2 m。

隧道掘进范围内主要为灰色淤泥质黏土和灰色黏性土，土性较均匀；土质呈饱和至软流塑状，具有高压缩性，低透水性，是盾构掘进的良好地层，但由于其高含水量、大孔隙比和强度低等特点，又极易产生流变。土层的黏粒含量均大于 10%，施工中不存在液化现象，但由于其高黏粒含量的特点，容易在刀盘产生泥饼。在古北路以西 5 个地质勘探孔中有沼气溢出，喷出高度最大达 11 m，燃烧持续时间最长达 20 min，估计沼气溢出压力达 17 bar。而根据提供的钻孔资料，该区段内各探孔的地层起伏变化不大，地层土质差异较小，因此从仅有个别孔沼气溢出可以说明，沼气在地层中呈不规则透镜体或在薄夹层中存在。

3. 水文地质

根据钻探揭示的地层结构，工程区域内受影响的地下水为潜水。补给来源主要为大气降水与城市人工活动排泄水，水位动态为气象型。

渗透系数参见表 6-9，从表 6-9 中可以看出除③$_2$ 黏质粉土层为中等透水外其他各层渗透性均较弱。

表6-9　地层渗透系数

土层序号	土层名称	渗透系数	
		K_{V20}/m/s	K_{H20}/m/s
③$_1$	灰色淤泥质粉质黏土	2.17×10^{-9}	6.25×10^{-8}
③$_2$	灰色黏质粉土	1.72×10^{-6}	2.67×10^{-6}

续 表

土层序号	土层名称	渗透系数	
		K_{v20}/m/s	K_{H20}/m/s
④	灰色淤泥质黏土	1.18×10^{-9}	1.22×10^{-9}
⑤$_{1-2}$	灰色粉质黏土	4.05×10^{-9}	4.72×10^{-9}

4. 地面建筑物及地下管线情况

隧道线路基本分布于与隧道线路平行的天山路路面下，下行线偶尔穿越天山路北侧人行道或部分临街建筑物。受影响的建筑物主要集中在天山路北侧。

根据调查资料显示，在本标段工程中，受盾构掘进影响的区域内管线设施密集，涉及种类较多，主要为给水、排水、煤气、信息、电力、路灯照明管线。这些管线按与隧道轴线平行和横交两类划分，其中沿天山路的管线属平行类管线，而其他管线主要属横交类管线。其中在芙蓉江路路口有一南北走向 ϕ 3 600 mm 的污水管道，管底埋深达 8.4 m，是施工控制的重点。

（二）施工概述

上海地铁 2 号线西延伸工程 2 标段威宁路站—古北路站区间隧道采用一台德国海瑞克公司制造的 ϕ 6.39 m 土压平衡盾构施工（刀盘为中铁隧道自主制造）。盾构自威宁路站始发（出洞），先行掘进下行线，在古北路站进行盾构调头后进入上行线进行第二次出洞，然后掘进上行线至威宁路站后吊出、拆卸。盾构施工过程如图 6-16 所示。

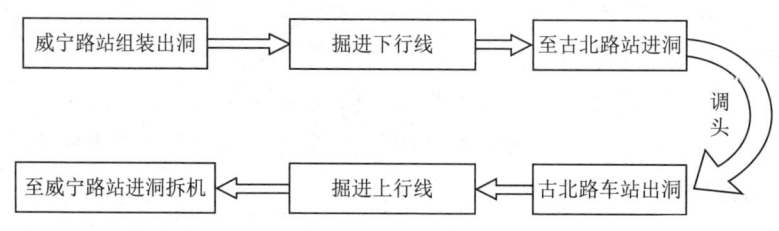

图 6-16　盾构施工过程示意图

盾构隧道采用管片装配式单层衬砌结构，管片环宽 1.2 m，通缝拼装，管片之间采用高弹性复合膨胀材料三元乙丙弹性橡胶密封圈，以获得高弹性和遇水膨胀的双重止水效果。

管片由上海市建筑构件制品公司制作和运输，为满足工程总体进度要求，共投入6套管片模具,左右转弯环模具各1套,标准模具4套,管片制作采用蒸汽养护以提高管片质量。

管片与围岩之间的环形间隙采用微膨胀可硬性水泥砂浆进行同步注浆回填,砂浆采用粉煤灰作填料,并添加一定量的具有膨胀与硬化性能的专用复合材料,以使管片背衬空隙填充密实,同时具有加固管片和增强防水的双重效果。

盾构区间隧道水平运输采用24 kg/m钢轨铺设单线、25T变频电力机车牵引重载大编组列车,使得每环掘进的进出料实现一组列车一次性运进(出),从而提高推进效率。垂直运输由1台32 t门吊负责卸渣和所有进洞材料的供应。整个盾构施工过程采用监控量测跟踪,实施信息化施工,对掘进参数实施动态管理,以有效控制地层变形和确保施工安全。

(三) 盾构法施工

1. 端头土体加固

区间隧道端头穿越的地层为淤泥质黏土层和黏土层,需进行端头土体加固,施工中采用了深层搅拌法。

加固范围为出洞端头纵向6.0 m,进洞端头纵向3.5 m,横向为隧道轮廓范围外3 m。采用双轴搅拌桩机施工,桩径ϕ700 mm,间距500 mm×500 mm,梅花形布置;对于搅拌桩加固区和车站围护结构之间的加固盲区,采用分层劈裂注浆加固。

端头地质及加固断面范围详见图6-17。深层搅拌加固时,严格控制水灰比,一般为0.45~0.55,充分拌和水泥浆,每次投料后拌和时间不得少于3 min。深层搅拌桩的七天无侧限抗压强度为0.3~0.5 MPa;浆液黏度80~90 s;双液浆在黏性土中劈裂注浆浆液凝固时间一般为1~2 h。

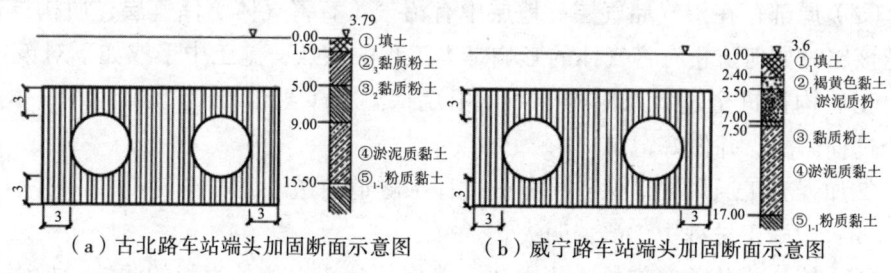

(a) 古北路车站端头加固断面示意图　　(b) 威宁路车站端头加固断面示意图

图6-17　端头井地质及加固断面示意图(尺寸单位:m)

分层双液注浆时,注浆孔布置在连续墙与搅拌桩搭接处,孔间距为0.8 m,使注浆加固后的土体在加固范围内连成一个完整的帷幕;在出洞口搅拌桩加固区外布置一排，孔间距 1.0 m，以保证有效加固范围。

采用取芯进行强度试验的方法进行检验，保证加固土体的强度在 0.8 MPa 以上。每个洞门取一组岩芯进行检验，钻孔位避开隧道轮廓。加固后的土体应具有良好的防水性，以确保盾构在土压平衡状态未建立阶段的施工安全。土体加固完后，在预留洞门处将车站连续墙凿九个孔，透水量小于 0.03 m^3/d。

2. 工程重难点及对策

（1）深埋管线段施工。芙蓉江路路口有一路南北向的合流污水管，管径 ϕ3 600 mm，在盾构施工影响区范围仅有一个窨井，井深 9.2 m，其管底深 8.4 m。由于这条管线埋深较深，盾构推进中如何控制对管线的影响，确保施工安全是本工程的重点。在施工过程中采用下列措施：

①为了保证盾构安全、顺利地通过管线，在盾构进入管线影响范围内之前，对盾构及配套设施进行全面的检查和保养，确保在通过此管线时不出现因盾构故障而引起停机及地表沉降。

②严格控制盾构掘进参数，减小地层沉降值。及时对环形空隙进行充填，并做好二次补压浆工作。

③加强地面沉降监测，尤其是对管线分布点监测并及时分析评估施工对管线的影响，根据施工和变位情况调节观测的频率，及时反馈监测信息并指导施工。

④在盾构进入管线重要影响范围内以前，以通过段所得到的地层变形实际监测结果为基础，再次对管线区内的地面沉降做出进一步预测，以准确反映实际情况并据此做出正确的管线保护方案。

⑤在盾构到达雨污合流管影响范围内时，对地面情况进行巡视，一有异常及时通知值班工程师、主司机，以采取必要措施。

（2）局部存在沼气储气层。地层中有沼气（有害气体）储气层，盾构推进穿越该层时如何防止有害气体的影响是本工程的重点，施工中采取如下对策：

①盾构推进全过程采用光干涉型甲烷探测仪（AQG-1型）对洞内气体进行全过程监测，并做好记录。

②加强施工通风，确保盾构掘进过程中隧道内送入新鲜空气。

③盾构施工过程中，严禁明火。

④在管片拼装前仔细检查止水条，确保管片止水条外表面的清洁。加强管片拼装质量控制，在确保隧道防水效果的同时，防止土层内的气体通过管片接缝渗入隧道内，以确保隧道建成后运营的安全。

（3）地表监测及沉降控制。盾构法隧道施工，会引起土层的扰动而导致不同程度的沉降与位移,通过对周围环境等的监测,掌握由盾构施工引起的周围地层和房屋沉降变化数据,分析出周围环境的变形规律和发展趋势,及时采取必要的技术措施改进施工工艺,将施工引起的环境变形减小到最低程度,确保盾构法施工隧道影响范围内的地下管线、建(构)筑物的安全;与此同时,隧道也会发生相应的变形和位移,必须加以监测,以确保盾构法隧道的结构免遭破坏。由于盾构穿越地层有沼气储气层的存在,因此在隧道掘进时进行了CH_4气体的监测与预报工作。

①主要监测项目。上海地铁2号线西延伸目标施工开展的现场监测项目如下:a.地表沉降和地下管线安全监测;b.地面建筑物监测;c.隧道管片变形监测;d.盾构掘进过程有害气体监测。

测试仪器及量测频率见表6-10。

表6-10　上海地铁2号线西延伸段II标监测项目

监测项目	监测仪器	频 率
地面沉降	精密水准仪、钢钢尺	盾构前20 m、盾构尾50 m:1~2次/d;盾构尾过50 m:1~2次/周;基本稳定或盾构掘进完成后1~2次/月,直至竣工
建筑物沉降倾斜、裂缝	精密水准仪、钢钢尺、经纬仪、测缝仪	
地下管线沉降	精密水准仪、钢钢尺	
隧道沉降水平收敛	精密水准仪、钢钢尺、坑道收敛计	

②监测基准值。依据经验,工程类比、结构计算结果及管线状况、材质,有关规范、规程和设计要求,制订了监控量测管理基准值,见表6-11。

表6-11　监控量测管理基准值

监测项目	监测报警值(控制标准)mm		标准来源
	累计报警值	单次报警值	
地面隆陷	+10/-30	+3/-3	上海地铁技术标准
建筑物沉降	-30,差异沉降1/800	+5	上海地铁技术标准及经验
地下管线安全监测	+10/-30	+3/-3	有关规范
隧道沉降与收敛	+30/-30	+5/-5	上海地铁技术标准及经验

3. 测点布置

（1）地表沉降和地下管线安全监测。地表沉降点沿隧道轴线按 5 m 间距埋设，地表横向沉陷测点按 50 m 间距埋设。沿区间隧道施工影响范围内（距隧道边线约 15 m）的主要地下管线上方地表纵向每隔 30 m 布置一个测点。

（2）地面建筑物监测。在区间隧道两侧距隧道边线约 15 m，特别是对隧道两侧 10 m 范围内地面建筑物进行监测，测点主要布置在建筑物基础或承重柱上。

（3）隧道管片变形监测。隧道管片变形监测，含拱顶下沉测点与水平收敛测点等，管片变形测点布置见图 6-18。

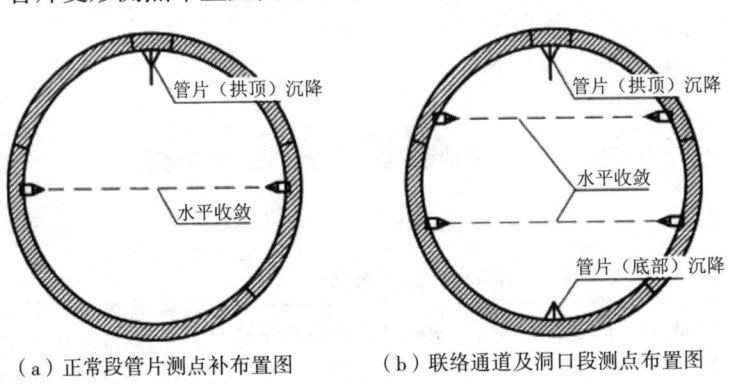

（a）正常段管片测点补布置图　　（b）联络通道及洞口段测点布置图

图 6-18　隧道沉降及水平收敛测点布置图

在盾构进出洞 50 m 范围内、曲线段及联络通道处每 6 m 布置 1 个测试断面，其他地段按 50 m 间距布设测量断面。

（4）盾构掘进过程有害气体监测。用 AQG-1 型 CH_4 探测仪在螺旋输送机出渣口固定监测。

4. 盾构掘进监测结果及分析

（1）纵向地表沉降。上海地铁 2 号线西延伸工程 2 标，盾构主要在灰色淤泥质黏土中掘进，上行线地表沉降在 -63.59～+17.08mm 间，多数沉降稳定在 -30 mm 左右，见图 6-19。

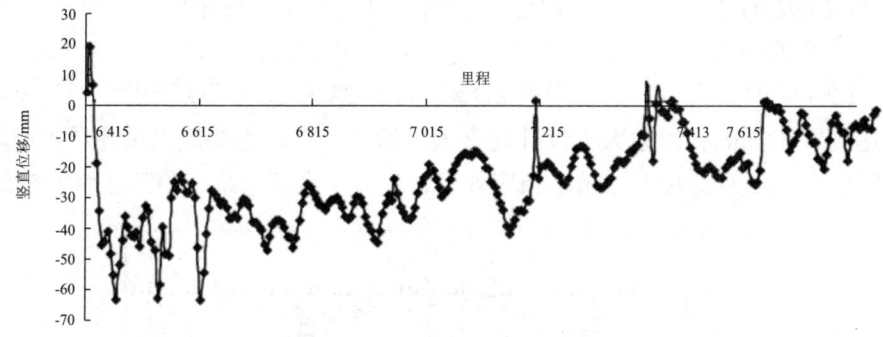

图 6-19 上行线地表沉降曲线

地表沉降最大的地段分布在威宁路站端头井附近及芙蓉江路附近。

威宁路站端头沉降较大的原因：其一是盾构进站时调整盾构姿态的需要，导致了地表的沉降过大；其二是由于附近给水管线的施工导致沉降过大；其三是地质勘探孔的冒浆导致地层损失。

芙蓉江路地段地表沉降较大的主要原因是因为该地段的地质情况较差，多为流塑状黏土，流变性强，受扰动后沉降较大。

作为本工程施工重点的芙蓉江路下部的大型合流污水管线沉降控制较好，最大沉降量仅为 −27.16 mm，对管线安全没有影响，主要是由于在盾构掘进至此管线下部时，采取了积极有效的施工措施，合理调整了注浆施工参数，控制了掘进速度。

下行线地表沉降变化在 −53.3 ～ +11.4mm 之间，多数沉降值稳定在 −30 mm 左右，见图 6-20。

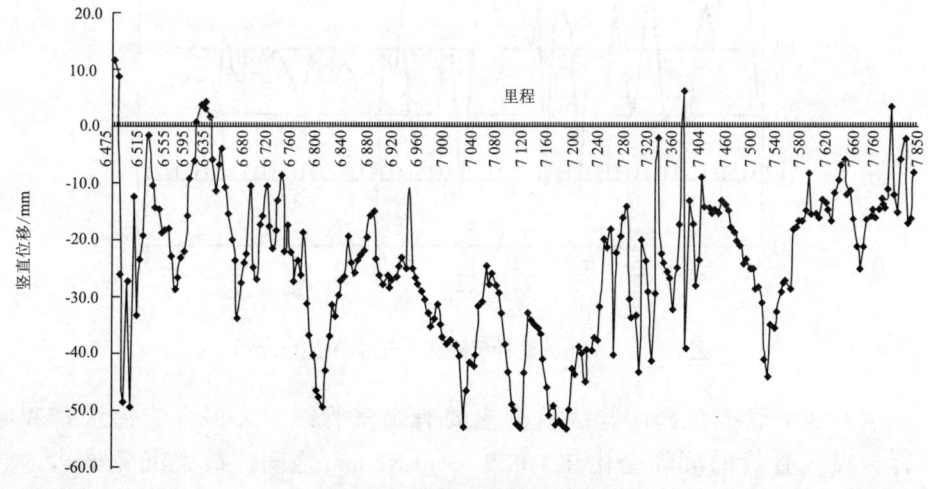

图 6-20 下行线地表沉降曲线

（2）地面建筑沉降。地面建筑物的沉降比较小，控制在 −25 ～ +3 mm 之间，详见图 6-21。

（3）管片沉降。下行线管片沉降如图 6-22 所示，可以看出，管片上浮最高达到了 81 mm，远远大于设计允许值。管片上浮的主要原因是地层中有沼气储气层存在。对管片上浮做了相应处理，进行了底部放浆、顶部注浆的措施。

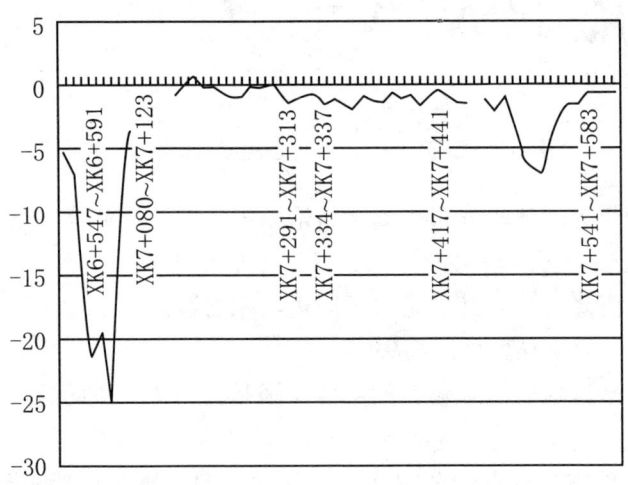

图 6-21　建筑物沉降图（尺寸单位：mm）

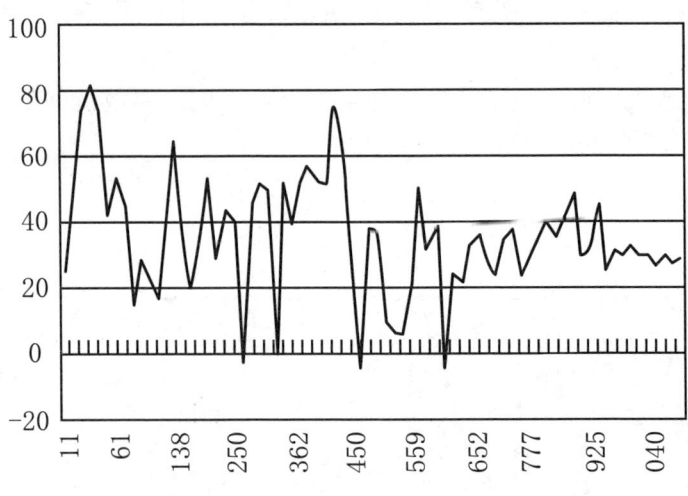

图 6-22　下行线管片沉降图（尺寸单位：mm）

（4）地下管线沉降。管线监测主要有煤气管线、大型合流污水管和给水管。煤气管线的沉降变化在 −38.5 ～ +1.87 mm 之间，最大沉降虽然达到

了 –38.5 mm，但煤气管为钢管，仍然小于控制值。合流污水管的沉降变化在 –23 ～ +1.86 mm 之间。给水管沉降变化在 –20.97 ～ –8.01 mm 之间。管线沉降控制较好，沉降规律与地表基本一致，在盾构掘进主要影响区内的管线沉降大，主要影响区外的沉降较小。

第三节　复合盾构施工案例

一、珠机城际铁路隧道盾构施工重难点分析

(一)项目概况

珠海市区至珠海机场城际轨道交通项目一期工程金融岛站—横琴站盾构区间为双洞单线隧道，起点为金融岛站，终点为横琴站，工程位于珠海市横琴岛经济开发区，金融岛站位于横琴镇金融岛汇通五路，横琴站位于环岛东路、横琴北侧，线路沿线有多条道路分布，水陆交通便利。线路位于海积平原区，沿南海海岸线前行，地势平坦开阔，地面高程 1.44 ～ 7.22 m。其中，线路 DK10+200 ～ +700 临近南海海边，水位高度受潮汐影响较大。

1. 工程结构形式及主要工程量

金融岛站—横琴站区间隧道起讫里程：左线 DK9+752 ～ DK12+403.685，全长 2.651 km，右线 YDK9+796.198 ～ YDK12+421.840，全长 2.625 km，均采用盾构法施工。隧道结构形式如图 6-23 所示。

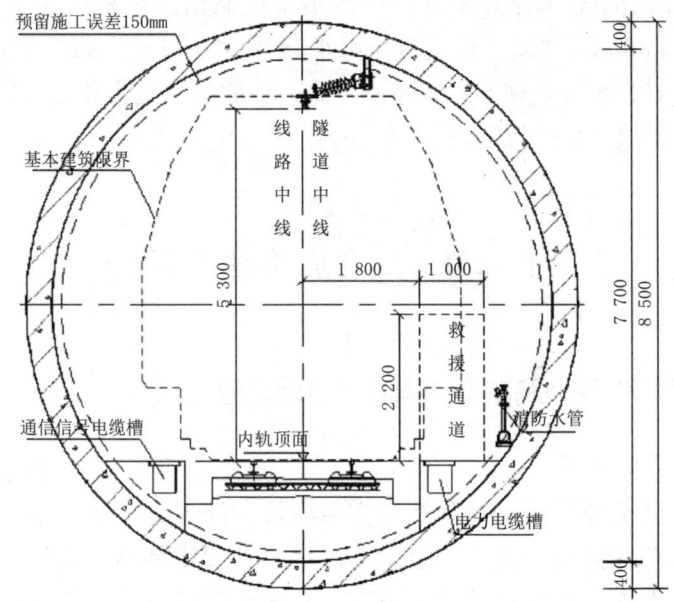

图 6-24 隧道横断面图

本工程隧道管片采用钢筋混凝土单层衬砌，通用楔形环管片。管片环宽 1.6 m，管片厚度 400 mm，6+1 的分块形式，错缝拼装，管片接缝采用双道防水。管片外径 8500 mm，管片内径 7700 mm、管片厚度：400 mm，管片宽度：1 600 mm，单环管片 1+6 块，单块最大重量：6.8t。

本工程主要工程量见表 6-12 所示。

表 6-12 金横区间主要工程数量表

序 号	工程内容	单 位	数 量
1	盾构机组装、调试	台	2
2	隧道区间加固(高压旋喷桩)	m	747 555.649
3	盾构掘进	m	5 277.327
4	衬砌(管片)安装	环	3298
5	砌衬压浆	m³	57 695.657
6	横通道	条	6
7	洞门	座	4

续 表

序 号	工程内容	单 位	数 量
8	隧底结构	m	5 277.327

隧道区间加固共分四种形式：区间端头加固；隧底软弱地层加固；横通道地层加固；建筑物隔离保护加固。隧道区间加固均采用高压旋喷桩施作。

2. 工程地质特征

（1）本区间主要地层。

①人工填土层（Q_4^{ml}）。人工填土，杂色，潮湿，松散～稍密，成分复杂，主要为黏性土、花岗岩碎块石、砂类土等，部分地段表层有薄层混凝土。广泛分布于隧道范围内，揭示层厚1.7～17.9 m，平均层厚5.37 m。

②第四系全新统海陆相交互沉积层（Q_4^{mc}）

a. ①$_{1-1}$ 淤泥（Q_4^{mc}），淤泥，灰褐色，流塑，土质均匀，有少许土腥味。场区普遍分布，揭示层厚1.9～31.0 m，平均层厚13.36 m；埋深0～41.75 m，平均埋深7.84 m。推荐地基基本承载力 σ_0=40 kPa。

b. ①$_{1-2}$ 淤泥质黏土、粉质黏土（Q_4^{mc}），灰色～灰褐色，软塑，土质均匀、细腻，局部夹腐殖物、中粗砂、贝壳渣、花岗岩碎石等，广泛分布于全线地段，层厚2.7～16.0 m，平均层厚7.88 m；埋深2.9～28.10 m，平均埋深17.68 m。推荐地基基本承载力 σ_0=60 kPa。

c. ①$_{1-3}$ 淤泥质黏土（Q_4^{mc}），灰色，可塑，地层厚3.0 m，埋深24.80 m。推荐地基基本承载力 σ_0=80 kPa。

d. ②$_{1-1}$ 粉砂（Q_4^{mc}），灰色、灰绿色、褐黄色等，饱和，松散，主要成分为石英，局部夹有黏性土，分布不连续，局部层厚1.2～4.7 m，平均层厚2.07 m；埋深0～112 m，平均埋深276 m。推荐地基基本承载力 σ_0=70 kPa。

e. ②$_{1-2}$ 粉砂（Q_4^{mc}），灰色、褐灰色，饱和，稍密，局部夹贝壳及腐殖物。分布不连续，局部层厚1.9～5.4 m，平均层厚3.06 m；埋深7.4～20.7 m，平均埋深10.85 m。推荐地基基本承载力 σ_0=90 kPa。

f. ②$_{2-1}$ 细砂（Q_4^{mc}），褐黄色，松散，饱和，其成分为石英，夹少许贝壳碎屑。分布不连续，局部层厚1.6～2.4 m，平均层厚2.01 m；埋深19～3.6 m，平均埋深2.99 m。推荐地基基本承载力 σ_0=90 kPa。

g. ②$_{2-2}$ 细砂（Q_4^{mc}），褐黄色，稍密，饱和，其成分为石英，夹少许贝壳碎屑。层厚1.55～1 90 m，平均层厚1.73 m；埋深3.40～13.6 m，平均埋深8.55 m。推荐地基基本承载力 σ_0=110 kPa。

h. ②$_{3-3}$中砂（Q_4^{mc}），褐黄色、灰白色等，中密，饱和，其成分为石英，夹少许砾石、粗砂、黏性土。层厚 1.2～7.9 m，平均层厚 3.51 m；埋深 15.4～34.6 m，平均埋深 25.6 m。推荐地基基本承载力 σ_0=150 kPa。

i. ②$_{3-4}$中砂（Q_4^{mc}），灰白色、黄褐色、灰褐色，密实，饱和，主要成分为石英，局部夹有少许黏性土、粗砂、粗圆砾、贝壳等，分布较广泛，层厚 0.5～17.5 m，平均层厚 5.69 m；埋深 25.2～50.4 m，平均埋深 35.56 m。推荐地基基本承载力 σ_0=200 kPa。

j. ②$_{4-2}$粗砂（Q_4^{mc}），灰黄色，稍密，饱和，局部夹有少量贝壳。层厚 4.15 m，埋深 32.25 m。推荐地基基本承载力 σ_0=150 kPa。

k. ②$_{4-3}$粗砂（Q_4^{mc}），棕黄色、褐黄色、灰色等，中密，饱和，局部夹黏性土及少许砾砂。分布不连续，层厚 1.9～13.4 m，平均层厚 6.64 m；埋深 142～453 m，平均埋深 29.97 m。推荐地基基本承载力 σ_0=200 kPa。

3. 基岩

场区下伏基岩为燕山期侵入岩——花岗岩（γ52-3），岩性较为简单，性质差异相对较小。基岩根据岩石风化程度及强度的差异可分为全风化带、强风化带、弱风化带。各风化带岩性特征如下：

⑤$_1$花岗岩（γ52-3），全风化（W4），灰白色、褐黄色、褐灰色等，岩芯已风化成砂土状，矿物成分主要为石英、长石和云母。岩面起伏较大，分布不连续，层厚 0.6～17.65 m，平均层厚 5.39 m；埋深 14.8～48.0 m，平均埋深 32.36 m。推荐地基基本承载力 σ_0=200 kPa。

⑤$_2$花岗岩（γ52-3），强风化（W3），灰绿色间灰白色，岩芯破碎，呈块状，夹短柱状，平均层厚 2.38 m；埋深 21.8～48.15 m，平均埋深 34.13 m。推荐地基基本承载力 σ_0=500 kPa。

⑤$_3$花岗岩（γ52-3），弱风化（W2），灰白色，夹灰黑色、褐红色等，中粗颗粒结构，块状构造，节理裂隙较发育，岩质坚硬，层面埋深起伏较大，层厚 0.2～15.9 m，平均层厚 5.9 m；埋深 9.70～50.4 m，平均埋深 30.76m。推荐地基基本承载力 σ_0=1 000 kPa。

（二）不良地质及特殊岩土

1. 不良地质作用

（1）砂土液化。沿线范围内揭露的砂层为海陆交互相粉细砂层、中粗砂层，呈松散至稍密状，该层含水量大，渗透性弱～中等，开挖时易产生管涌或流砂，在地震或其他外震动力的作用下，埋深小于 5 m 的砂土层易产生液化。

(2)地面沉降。隧道洞身基本位于海陆交互相沉积的淤泥质黏土及砂土地层中,盾构施工中,软土及砂土易渗入隧道,引发地面沉积灾害,施工中应加强洞身防护措施。

(3)孤石及花岗岩不均匀风化。初勘钻孔 Jz-112- 金横 47-1(DK11+690左8m),孔深标高 -23.65～-29.65 m 花岗岩全风化地层中夹弱风化碎块,碎块埋深标高 -26.35～-27.45 m,钻孔揭示不均匀风化碎块厚 1.10 m。由于勘测手段的局限,不排除其他地段隧道洞身范围内有孤石的存在。

(4)软硬不均或全断面硬岩。根据本工程初勘地质资料及地质补勘结果,对地质报告的分析,本区间部分地段地层软硬不均或全断面硬岩,共有两段:

第一段不良地质段(DK10+360～DK10+673、YDK10+382～YDK10+713)部分位于河道内,距离盾构始发站(金融岛站)仅 608 m。

第二段(DK11+680～DK11+880)隧道埋深 16～22 m,地面存在高压天然气管、高压水管、高压及低压电缆、通讯等管线,以及市政道路、排洪渠、涵洞等结构物。

不良地质情况见表 6-13。

表6-13 区间不良地质地段分置情况统计表

区间		里程	长度	地质情况
左线	第一段	DK10+360～DK10+427	67	弱风化花岗岩⑤$_3$地层,软硬不均
		DK10+427～DK10+560	133	全断面硬岩,弱风化花岗岩⑤$_3$地层
		DK10+560～DK10+673	113	弱风化花岗岩⑤$_3$地层,软硬不均
	第二段	DK11+680～DK11+880	200	弱风化花岗岩⑤$_3$地层,软硬不均
	其他地段	DK11+100-DK11+700	600	淤泥质黏土①$_{1-2}$

续 表

区 间		里 程	长 度	地质情况
右线	第一段	YDK10+382～YDK10+530	148	弱风化花岗岩⑤$_3$地层，软硬不均
		YDK10+530～YDK10+655	125	全断面硬岩，弱风化花岗岩⑤$_3$地层
		YDK10+655～YDK10+713	58	弱风化花岗岩⑤$_3$地层，软硬不均
	第二段	YDK11+645～YDK11+766	121	弱风化花岗岩⑤$_3$地层，软硬不均
		YDK11+766～YDK11+960	194	全断面硬岩，弱风化花岗岩⑤$_3$地层
	其他地段	YDK11+175～YDK11+700	525	淤泥质黏土①$_{1-2}$

2. 特殊岩土

（1）填土。勘察揭示隧道 DK11+760～DK12+100 附近洞顶位于人工填土层中，填土成分主要为花岗岩碎块石及黏性土，结构松散，施工中洞顶易坍塌，需加强防护措施。

（2）软土。隧道沿线穿越海积平原区，软土和松软土广泛分布，主要为海陆相交互沉积的淤泥、淤泥质黏土、粉质黏土等，一般厚 30～40 m，多具高含水量、高压缩性、低强度等特征，易产生变形，该层对隧道侧壁稳定性、地基承载力有较大影响，需进行处理。

3. 水文地质特征

（1）地表水。隧道沿线临近南海，地表水极其丰富。

（2）地下水。隧道范围内，根据地下水的分布特征，可分为第四系松散岩类孔隙水、深部基岩裂隙水。

①第四纪孔隙水。主要赋存于场区浅部人工填土及其下部粉砂性地层中，水量丰富，富水性好。砂土及花岗岩全风化层透水性强。砂土层中地下水大部具有承压性。

②基岩裂隙水。位于下伏燕山期侵入岩——花岗岩（$\gamma 52\text{-}3$）地层中，基岩裂隙水主要靠上层的孔隙水沿基岩裂隙下渗补给，水量贫乏。

二、项目重难点分析

(一)项目重难点分析

(1)盾构始发和到达施工是本区间施工的重点。始发和到达段洞口上部为淤泥质粉质黏土、淤泥质黏土及人工填土,盾构的始发和到达容易发生土体失稳、塌陷及涌水事故,盾构始发和到达是盾构法隧道施工的重要环节,是盾构施工中风险最大的环节之一,非常容易发生质量和安全事故,是本区间施工的重点。

(2)上软下硬地段盾构掘进的施工是本区间施工的重点和难点。本区间范围内有两段上软下硬地段:第一段不良地质段(DK10+360~DK10+685、YDK10+382~YDK10+730)地质是上软下硬地层或全断面硬岩地层,部分位于河道内,第二段(DK11+680~DK11+880、YDK11+645~YDK11+960)地质是上软下硬地层或全断面硬岩地层,隧道埋深16~22 m,地面存各种管线,以及市政道路、排洪渠、涵洞等结构物。区间内上软下硬地层从最高达140 MPa的花岗岩到洞顶即为人工填图的淤泥质黏土或石块,属于复杂的复合地层,盾构施工的难度非常大,安全风险高,这两段不良地质是施工的重点及难点。

(3)孤石处理是施工的重点。区间内已经探明的孤石有两处,多次人工抛填石块离洞顶也比较近,孤石位置、大小的探明以及预处理是盾构施工的重点之一。

(4)盾构机的安拆是施工中的重点与难点。盾构机吊装采用300t履带吊、200 t汽车吊配合翻转,要求地基基础有足够的承载力。履带吊和吊机紧靠着地连墙,所吊物体体积大、重量重。吊装过程中极易发生安全事故,是盾构施工的重点之一。

(5)盾构机的换刀是施工过程中的重点与难点。由于本标段隧道主要位于淤泥质黏土或粉质黏土层,区间还有两段上软下硬的不良地质段,地质复杂,必须根据现场实际选择合适的换刀方式,选择不正确的换刀方式极易引发坍塌,选取换刀地点及方式是换刀施工中的重点及难点。

(6)客商汇总部基地在基坑施工时,采用锚索支护,YDK11+180~YDK11+340段落部分锚索侵入隧道断面,约有80个锚头留在隧道洞身范围内,对盾构掘进产生严重的影响,该段施工也是重点之一。

(7)DK11+040~DK11+172与横琴市政基础设施一期工程A-1号路(琴海东路)设置的共同沟相交,共同沟基础采用ϕ500 mm PHC桩,桩基穿越隧道洞身范围，形成障碍。对障碍桩的处理是盾构施工的重点。

（8）周边管线较多，比较集中的有环岛东路 DK11+680～DK11+880、YDK11+645～YDK11+960，主要的管线有高压天然气管、高压水管、高压及低压电缆、通信管线等；DK11+040～DK11+172 共同沟内布置有真空垃圾输送管、供水管等管线，对管线的保护是施工控制重点。

（9）因地质变化大，交叉多，盾构掘进中防止喷涌、结泥饼是控制的重点。

（二）工程重难点应对措施

（1）盾构始发和到达的应对措施：

①按设计要求做好始发、到达端头地基旋喷桩加固，并且正式开工之前要认真进行试桩施工。地基加固施工完成以后按规范要求做好抽芯检查，在洞口位置进行水平抽芯检测和竖向抽芯检测，以检查加固效果。

②严格做好始发、接收托架的设计、加工和安装，始发托架安装时要适当抬高，保证盾体安装后轴线比隧道轴线提高 2～3 cm，同时始发托架要焊好防扭装置。

③如果使用普通钢筋，洞门要按规定顺序进行凿除，最后一层钢筋网必须等盾构刀盘靠近洞口时才能割除。

④严格制定始发段的盾构掘进方案，制定合理的刀盘扭矩、推力和土仓压力等。

⑤加强始发段的土体沉降和位移监控、地下水位的监测，预备应急救援物资，如果发生涌砂、涌水等异常情况立即展开救援工作。

（2）上软下硬地段施工的应对措施。加强与设计和上级单位的沟通，最好提前做好旋喷桩等加固，对硬岩进行预爆破等措施。同时盾构机进入上软下硬地层时加强对盾构机的掘进控制、刀具配置的合理选择、换刀位置和换刀方法的选择等。

①在水中段，即 DK10+380～DK10+685（YDK10+440～YDK10+730），初勘地质资料显示，该地段属于海陆交互相沉积（Q_4^{mc}）的淤泥、淤泥质黏土、黏土、粉质黏土地层，以软塑为主，局部可塑。洞顶普遍位于人工填土和人工填石层，弱风化花岗岩平均强度在 80～100 MPa 之间，是一种极端的上软下硬地层。主要采取以下应对措施：a. 在初勘地质资料的基础上再进行地质补勘，在水中段，加密地质探孔至每 10m 一个，再根据最新地质资料制定详细的施工方案。b. 邀请专家对方案的技术可行性、经济性等进行讨论，力求制定最合理的施工方案。

②在第二段上软下硬及全断面硬岩地段，即 DK11+680 ～ DK11+880 和 YDK11+645 ～ YDK11+960 地段，地面存在高压天然气管、高压水管、高压及低压电缆、通信管线等，其中有澳门的 2.2 万伏主供电缆，如果盾构掘进到这一地段时产生地面下沉，很可能引起管线破裂，使环岛东路地面交通受影响，将会产生不良的社会后果，甚至给国际社会造成不良影响。主要采取以下措施：

a. 提前做好管线的保护措施。b. 严格按既定的施工方案进行盾构掘进施工，选择合理的掘进模式，各项施工参数包括盾构推力、刀盘扭矩、掘进速度、土仓压力等必须严格控制，确保盾构机的安全和隧道的安全。c. 制定科学合理的监测方案，建立监测管理制度，加强对管线和地面的沉降观测，发现异常情况或沉降值超出预警值时必须立即停止盾构施工，查找原因，对管线采取保护措施。d. 建立事故应急救援机制，发生意外事件时立即采取应急救援措施，确保事件的影响程度降到最低。e. 与设计院、专家等沟通，采用对硬岩预爆破及洞顶预加固的措施，或者改变为矿山法施工，盾构空推通过等技术可行、施工安全的方案。

（3）如果遇到了孤石，可根据孤石的大小、位置、形状、周边环境等因素确定处理措施。既有地层注浆加固、钻孔爆破、人工挖孔桩破碎和冲击破碎等地面处理方法，也有盾构机超前注浆孔注浆、静态爆破、岩石分裂机破碎等洞内处理措施，还有盾构机直接推进通过的措施。

在 DK9+753 ～ DK10+200 地段，即汇通五路和堤岸地段遇到孤石，该地段为市政道路，因地基处理已造成地段局部损坏，需在盾构通过以后再恢复，地势较空旷，可采用人工挖孔桩或冲孔桩破碎的方法。

在线路经过的客商艺术中心、华策大厦、环岛东路地段，即在 DK10+673 至线路终点，这些地段处在已有建筑物区域，或在市政交通主干道路下方，且存在多种管线，如果遇到了孤石，很难从地面进行处理，必须进行洞内处理，可用静态爆破的方法。

（4）地基基础必须夯实，并用触探检测其地基承载力，承载力必须大于 450 kPa，对吊机作业范围铺设两层钢筋网，浇筑 20 cm 厚的 C30 砼。在对盾构机吊装时，对地连墙做监测，地连墙一旦出现变形，应立即停止吊装，将履带吊和汽车吊退出作业区。盾构吊装选择有相应经验、资质的单位。

在盾构吊装时应采取如下安全保证措施以保证盾构顺利吊装。

①场地准备：将盾构吊装范围以内的杂物全部清理干净，以满足吊装设备与车辆行驶的空间需求。

②对吊装作业范围内的地下管线进行仔细排查,并根据管线情况采取相应的处理措施。

③对现场所有作业人员进行安全技术交底,并做安全培训工作,技术人员及作业人员必须认真阅读拆卸、安装方案有关技术资料,核对构件空间就位尺寸以及相互之间的关系,掌握结构的长度、宽度、高度、重量、型号、数量及构件间的连接方法。

④成立应急预案小组,项目经理任组长,准备相应的应急物资。

⑤检查盾构吊装井口四周防护栏和安全网是否安装牢固。

⑥在盾构机吊装下井期间将车站吊装端围挡范围内设置为施工禁区,无关人员不得入内。

⑦配备8块吊车支腿承压路基箱,在吊装作业时减少地面集中受力,路基箱尺寸应合适。

⑧测量控制点通过联系测量已引测到结构底板上,并完成报验。

⑨在盾构吊装下井前对在盾构出厂时已加工焊接好的吊耳外观、焊缝质量、吊耳位置等进行全方位的检查。

⑩井下准备:吊装下井前需确认盾构基座及后配套轨道铺设完毕,盾构反力架、台车钢轨安装完毕后立即上报业主、监理等相关单位及专业工程师对其进行验收,验收合格后再进行吊装作业。

⑪进行地面试吊,吊装时设置拉绳,专人统一指挥。

(5)盾构施工常用换刀方式有常压换刀与带压换刀,换刀方式的选择主要根据地层自稳条件,自稳条件较好,掌子面比较稳定采取常压换刀,反之则采用压气换刀。

根据区间线路及地质条件,本区间存在两处基岩突起,在盾构进出基岩段时需要更换刀具,可以选取合理的位置,提前进行地基加固,对盾构刀具、刀盘进行全面检查,并更换刀具。对于软弱地带,可通过高压旋喷桩、袖阀管注浆等地面加固的方法,加固掌子面上部软弱地层稳定掌子面,为刀具更换创造条件。如果需要更换刀具的位置位于建筑物或者河道下方,无法进行地面加固,可以采用盾构机盾壳上预留的一些孔道,通过这些孔道钻孔进行注浆可以封闭前方的掌子面。经过注浆,如果地层条件仍无法满足常压开仓的需求,需要进行带压开仓作业。

(6)加强与客商汇业主的沟通,并请求横琴新区政府有关部门进行协调,针对锚索锚头的侵入制定切实有效的处理方案。

(7)与横琴新区政府有关部门沟通,请原先共同沟的设计单位制定如管线临时迁移、共同沟拆除、拔除障碍桩，最终再恢复共同沟的处理方案。

（8）对周边管线的保护应做到

①加强安全风险意识教育，加深项目部职工对风险管理的认识，全体职工必须充分认识管线保护的重要性。

②施工前重新调查管线的位置、数量、类别，做好标识，对有条件进行迁移的管线迁出施工范围。

③部分管线可采取临时迁改，完成盾构施工后再恢复原样。

④盾构通过时，加强施工监控监测，防止管线下沉损坏。

（9）防止喷涌、结泥饼的措施

①盾构掘进时，密切关注地质的变化，根据不同的地质情况调整盾构的控制参数。

②利用泡沫剂、膨润土等对渣土进行改良。

三、复合地层盾构施工技术在珠机城际铁路隧道的应用

孤石和基岩突起复合地层是盾构法施工的特殊地层，孤石一般岩石强度较高，分布在砂层及粘土层中，由于强度差异，在盾构掘进过程当中，孤石会被盾构挤压而向土体方向移动，产生不了足够的破碎反力，挡在刀盘前面，造成盾构刀具偏磨或者冲击损坏，进而危及到刀盘及盾构机安全，在这样的情况下只能被动采取洞内处理措施，对刀盘前方孤石进行清除。如果地层不稳定，清除孤石对于作业人员和工程项目都非常危险，鉴于工程地质的复杂多样性，施工过程中如遇到刀盘刀具磨损或者损坏、不具备带压进仓和地面处理条件时，将导致整个工程项目的失败，因此要提前考虑孤石的地面处理。而基岩突起地层一般处在岩土交界面，隧道上部是软塑状土层，下部为岩层，地层特点是上软下硬。在这种地层施工，隧道容易发生塌方，产生刀具偏磨、损坏、线路偏移等问题，严重时不能掘进就会可能导致整个项目前功尽弃。最近几年来，由于人们对孤石和基岩突起的底层结构的认识逐渐增多，以及类似的施工经验的总结，孤石和基岩突起等复合地层施工技术在勘探、地面辅助工法预处理、洞内处理等方面有了长足的进步。

（一）复合地层孤石基岩突起勘探

1. 孤石和基岩突起地层成因

孤石主要存在于花岗岩地层中，它存在于残积土中或者发生风化的岩层中，这是一种比较常见的风化残积的现象，这是因为受到了矿物质不同方向的排列以及分裂缝隙不同分布的影响。这种现象形成的原因主要有两个方面：第

一是由于人工的原因造成的，如人工回填；第二是岩石的岩性分布不均匀，它们抗风化的能力差别比较大，再加上断裂的构造不同导致整个岩体的破裂，进而导致岩层抗风化能力的进一步减弱，这是在风化情况比较大时发生的。举个例子，花岗岩的发育有交叉的几组，这些交叉的节理可以把整个岩石分为几个棱角的型块，值得注意的是，这些风化主要集中在上面所说的相互交叉的棱角的相关部位，这些部位风化的速度比较快，时间长了这些棱角就会逐渐地变圆滑。这样，在风化不断地发生时，花岗岩很容易就变成了孤石。

基岩突起是由于线路选择时，综合考虑线路走型、隧道埋深、施工工法、地面建筑物、工程运营、工程经济等，使隧道通过岩土交界层面，其下伏基岩成因多种多样，隧道断面基岩上部通常为黏土、砂层等。

2.孤石和基岩突起地层特点

孤石大部分为花岗岩球状风化体，有花岗岩质地坚硬致密、强度高的特性。其分布特点主要是离散性比较大，而且埋藏的深度也比较大，还有就是空间的特征不是很规则。我们对其可以总结为以下几个方面：第一，这些特点主要发生在全风化带和强风化带，也有一些比较偶尔的情况发生在填土层中；第二，上多下少、上小下大这个特点集中发生在垂直风化的剖面上，而且高程增加，球状的风化也会越来越集中，但是体积会变小；第三，随着风化程度的增加，孤石会变小，相反，数量会增加，这和第二个特点是相互吻合的；第四，球状的风化大小是和局部岩性以及地质条件的因素相关的。比如，我们可以经常发现，较大的孤石存在于全风化带中，而较小的孤石可能存在于强风化带中。

基岩突起地层具有以下特点：①基岩突起地层处必存在岩土交界面，下伏岩体因不同地区多种多样。②除断裂带外，基岩突起地层连续起伏，占隧道断面比例有一定趋势上升或下降。③地层上伏土层和下伏基岩岩土力学性能差异明显。

（二）孤石和基岩突起勘探施工技术

1.孤石和基岩突起地层勘探方法

设计阶段的隧道勘探，因为时间、资金以及地面建（构）筑物的原因，对区间地层情况的探明不是很详细。要降低或消除盾构施工面对复合地层孤石和基岩突起的风险，隧道施工前应探明孤石的分布情况和基岩突起情况。隧道传统超前地质预报勘探多采用钻探取芯试验验证的勘探方法。随着物探技术的发展，瞬变电磁法、地震波反射法、地质雷达勘探、水平声波反射法、红外探水法、跨孔电阻率层析成像勘探等物探手段在隧道超前地质勘探的应用，复合地层孤石和基岩查探采取钻孔取芯与一种或多种物探方法联合运用相互印证的综合探测方案,具体根据工程环境和工程经济进行比选。

2. 孤石和基岩突起勘探技术在珠机城际项目隧道工程的应用

珠机城际项目隧道工程初勘和详勘钻孔交叉布置在隧道结构边缘外侧 3~5 m,勘探点间距 30~50 m。在此基础上,根据地面条件,为保证勘探的准确性,隧道补勘在隧道中轴线两侧采用跨孔电阻率层析成像法,这样我们就可以大概地将相关的轴线洞身及孤石的分布和发育情况、接触关系等都能探明清楚。接着再根据相关的物探来确定孤石的位置,结合区间隧道中线和开挖轮廓线,布设地质探孔,进行取芯补勘。具体勘察按钻孔实际里程沿线路测量定位,钻探设备采用 XY-100A 型钻机 2 台,开孔直径为 110 mm,终孔直径为 91 mm,第四系土层及风化岩采用硬质合金钻头全面取芯钻进,标准贯入试验采用自由落锤式标准贯入器,取土样采用厚壁取土器静压法或重锤少击法取得,委托相关单位进行土工试验。对孤石的探明采取在揭露有孤石存在的区域中心,利用起初的物探进行相关孔眼的开发,然后再依据岩层的相关情况判断是不是要继续向外或者向内延伸和收缩,然后再沿着纵向和横向的轴线增加相关的新孔,直到最后将孤石的大小和分布范围探明清楚。如果显示可能存在孤石,那么我们就将第一个钻点作为中心以两米为半径进行画圆,接着在圆的不同的四个方向上确定出四个不同的点位继续勘探,直到最后将孤石的具体位置大小和深度等一一确定清楚,最后再将得到的地质报告和提供的相关地质情况进行认真核实和对比,看看是不是相符。

3. 孤石和基岩突起勘探技术在珠机城际项目隧道工程的应用效果验证

复合地层孤石和基岩突起施工的特殊性,要求对地层的勘探非常准确,否则会导致意外碰到该类地层,造成工期延误和安全质量事件。隧道勘探往往只有通过盾构掘进才能验证勘探的准确性。本项目通过采取同样的勘探方法在车站范围进行勘探,经车站开挖来验证勘探准确率。经过金融岛车站和横琴站车站地层开挖验证了勘探的准确性,说明现行物探结合地质钻探取芯的勘探方法对孤石勘探是行之有效的。

四、复合地层盾构施工预处理

复合地层孤石和基岩突起隧道采用盾构施工难度大,风险系数高,严重时可导致整个工程失败.随着施工技术的发展,已研究采用辅助工法对此类地层进行预处理,然后盾构施工通过。目前通常的预处理方法有矿山法开挖盾构空推通过、地面冲孔桩处理孤石及基岩、钻孔爆破孤石及基岩、密集钻孔破碎孤石及基岩方法、洞内处理孤石方法、软弱地层加固方法等。

（一）复合地层盾构施工预处理原理和原则

1. 预处理原理

在当前盾构设备制造技术条件下，针对复合地层盾构施工掘进困难主要是开挖面介质强度严重不均匀导致。采取辅助工法施工原理主要是通过技术手段改善开挖面介质强度均匀状况，从而达到盾构适应通过的目的。无论采取何种预处理措施，都是以改善开挖面不同质岩土层为目的。

2. 预处理原则

能进行地面预处理的，提前进行地面预处理；地面不具备处理作业条件的，进行洞内处理。

（二）盾构施工预处理工法比较

辅助工法的具体采取需要根据孤石和基岩突起地层情况（如分布、强度、大小等）、地面环境、盾构机参数、工程经济综合比较，选取合适的方法。各种方法优劣势见表6-14。

表6-14 复合地层辅助工法处理对比分析表

序号	预处理工法	地面场地要求	工程经济	工期影响	备注
1	洞内破碎处理	不需要	工程费用较少	对整体工期影响大	需要具备洞内开仓条件，有一定的风险
2	矿山法开挖、盾构通过	需要	工程费用相对最高	相对节省总体工期	适应范围较大的地层处理
3	人工挖孔桩处理	需要	工程费用相对较高	工期影响不大	适应地层稳定、孤石体积较小的地层处理
4	密集钻孔破碎处理	需要	工程费用相对较高	工期影响不大	适用孤石体积小地层处理
5	冲孔桩破碎处理	需要	工程费用相对较高	工期影响不大	适用孤石体积小地层处理
6	地面钻孔爆破处理	需要	工程费用相对较低	工期影响不大	适用范围较大的地层处理
7	加固软弱地层处理	需要	工程费用相对最高	工期影响不大	根据设备参数选择

城际项目金融岛站——横琴站盾构区间工程结合工程环境，经分析评估，对孤石采取地面注浆加固和基岩地面深孔爆碎预处理工法。

(三) 复合地层注浆加固辅助施工

1. 地面加固

（1）加固范围。加固范围为沿线路纵向加固长度刀盘前后各 3 m，横向加固宽度为隧道范围及隧道两侧各 2 m，竖向加固高度为隧道范围及拱顶以上 1.5 m，且加固土层能将孤石包含在内。

（2）注浆孔布置。孤石注浆加固注浆孔平面布置采用梅花形，孔距为 1.2 m，浆液扩散半径为 0.75 m。

（3）注浆顺序。先外围后中间，从下向上，即施工周边孔→内部孔，在各序孔内跳孔进行注浆，以防止注浆时串孔。

（4）注浆施工。注浆采用劈裂注浆工艺。

①注浆材料：根据地层情况浆液采用水泥—水玻璃双液浆作为注浆材料

②配制浆液：根据拌浆桶体积及水灰比计算出每桶需加水及水泥用量，搅拌至少 5 min，待缓凝剂充分溶解后，加入水泥继续搅拌。

③在注浆的时候要按照一定的顺序，即先外面再里面。为了提高钻孔的效率，避免串孔的发生，在施工的时候应该在跳空的时候进行间隔的注浆。如果地下水是流动的，那么在水头高的那一端就要开始注浆。

④注浆结束标准：外围孔注浆控制以限制注浆量为主，内部孔以注浆压力控制。

⑤施工中问题的处理：注浆过程中，若出现每步距注浆量能满足要求，而注浆压力太低，可采用间歇注浆和减少浆液胶凝实践，同时增加注浆量，以保证注浆效果。

2. 仓内加固

当盾构机无法继续掘进，且地质条件不具备带压开仓要求时，盾构机刀盘又不在预加固体内，则须对盾构机刀盘前方土体进行加固，以达到开仓条件进行刀盘前方硬岩处理。注浆用钢花管会对盾构机掘进造成障碍，在孤石处理后盾构机掘进前，需从超前注浆孔将钢管拔除。

（1）安装注浆管。在地面做好注浆管，拿到隧道内，刚开始插的时候比较容易，可以用大锤打击，等钢花管进入土体一定深度后大锤难以将其继续打入，可以采用铁链拴在花管尾部，铁链的两头分别与挂在盾构机吊环上的倒链连接，吊环的安设位置可根据现场情况而定，然后两个倒链同时拉铁链的两头，这样铁链就会带动花管将花管插进预定深度。

（2）在钢花管的尾部焊接球阀，与注浆管路连接，做好注浆施工的前期工作。

注浆所采用的水灰比例是 1∶1 做成的水泥浆液，然后将压力控制到 0.2 MPa 以下，如果超过的话，注浆就自动停止。注浆机具：注浆机（可注双液浆）一台，拌浆机一部，各种管钳、扳手各一把。注浆人员：每台注浆机操作手一名，拌浆倒水泥工人两名、现场技术人员一名。

（3）注浆施工程序。将钢花管插入盾构机预留超前注浆孔内（插入深度根据检查的掌子面的稳定情况而定）→连接管路→开机注浆→压力控制在 0.2 MPa 以下→停止注浆→关闭花管尾部球阀→注浆设备以及管路泄压→拆卸管路→等浆液初凝→拔出注浆钢花管。

（4）注浆孔位的先后顺序，采取先注低位置的孔，由两边的孔向拱顶孔位依次进行注浆。

（5）当注浆时长时间无注浆压力显示时，可以考虑采用注双液浆。

（6）开始注浆前土仓注入膨润土，并且在注浆过程中每隔 30 min 转动刀盘一周到两周，防止注入土层的浆液流入刀盘把刀盘固结。

（7）开仓检查注浆效果，当强度以及稳定情况满足工作人员进入刀盘前方工作的条件后，可以准备下一环节的工序。

（8）为了避免注浆用钢花管对盾构机掘进造成障碍，在孤石处理后，从超前注浆孔将钢管拔除。

五、复合地层盾构施工掘进与沉降控制技术

（一）盾构施工掘进姿态控制

通常情况下，地层的软硬程度是不均匀的，再加上隧道坡度和曲线的变化等因素的影响，盾构在推进的时候就不会完全按照设计的隧道轴线进行，也可能会产生一些偏差，如果这种偏差超过一定的界限，可能使尾部的间隙变得越来越小，这样管片的局部受力情况就会越来越不理想，最终导致地层的损失逐渐加大，同时地表的沉降也会越来越大，所以，在施工的过程中，我们有必要采取相关的措施来控制盾构掘进姿态，这样还能及时纠正相关的一些偏差。

1. 盾构掘进方向控制技术

（1）监测隧道的自动导向系统以及人工测量辅助的监测。我们所说的自动导向系统应该配置一些显示器和相关的软件，如关于自动定位和掘进的相关软件，这样在一天的每一个时段都能监测机器当前的位置以及轴线是不是有偏差和变化的趋势。我们可以根据这些不同的方面保证它始终处于比较合理的偏差中。

在系统基准点前移的过程中，我们要保证通过相应的人工测量来进行精确的定位。同时，在确保推进方向比较精确的情况下，最好每周进行两次人工监测，以便能很好地使系统的数据自动核对，并保证正确的位置和姿态。

（2）采用分区的操作控制相关的掘进方向。我们应该按照线路相关分段的轴线和控制计划相拟合，还可以同时拟合系统所反映的姿态的相关信息，这样就能够将地层的相关情况相结合，再通过合理的分区控制盾构的掘进方向。

2. 调整盾构姿态纠正

在实际的施工过程中常常会因为地质突然变化的原因，盾构推进的方向有可能会和原来的轨道轴线发生偏离，严重的话会超过管理的警戒值。如果地层比较稳定，在掘进过程中，这种地层所提供的相关阻力就比较小，因此就可能会产生一定的偏差；如果线路变陡或者急转弯的情况下，产生的偏差就可能比较大，所以我们应该及时纠正盾构机的姿态，以便更好地控制偏差。

（1）我们采用上面这种分区的操作来推进油缸，进而调整盾构机的姿态，纠正相关的偏差，使盾构机的方向符合施工的要求。

（2）如果路线曲率半径小或者坡度大，那么在必要的情况下，我们可以采用盾构机的超挖刀来纠正偏差。

（3）如果滚动超过极限的话，那么盾构机就会自发发出警报，这样可以及时纠正相关的滚动偏差。

（4）我们在切换刀盘的转动方向时，切换的速度不应该太快，如果太快的话，可能就会导致管片的受力情况发生突然地变化，这样管片就容易受到损害。

（5）我们应该按照地层的相关情况调整参数，同时要在调整掘进方向的时候设定一些相关的极限值，当超过这些值的时候就会自动报警和程序纠正。

（6）线路纠偏应该缓慢纠正，如果我们操作过快的话，蛇形的情况反而会越来越明显。当在直线进行的情况下，盾构的当前位置和设计的方向应为一条直线，再以这条直线为基准进行相关的管理。在进行曲线推进的情况下，我们要保证这个位置点和远端点的连线和上面设计的曲线相切。

（7）盾构拼装时推进油缸的伸缩速度不应该太快，用力也不应过大，如果速度过快用力过大，管片的局部很容易破裂。

（8）管片拼装应该正确地进行，管片的选择一定要保证拼装的精确度和质量，这样，管片的端面和原来计划的方向就可能和掘进的方向垂直。

（9）对于盾构的始发和到达这两个关键工序，方向控制是很重要的，因此，应该按照始发和到达的相关技术要求把相关的测量和定位工作做好。

(二)地面沉降控制

1. 地面沉降机理研究分析

迄今为止,世界范围内涌现出一大批相关专家面向盾构地表起伏趋势以及底层变形开展了探索,他们将极多的理论数据投入到实践中去,收获了理想的研究成果。在此之中尤为突出的应当为 Peck 函数,其是专家 Peck 在 1969 年借助于极多的地表沉降真实数据统计分析而构建,此函数主动舍弃了土壤固结(soil consolidation)、排水(drainage)、土壤流失(soil loss)和剪胀特性(dilatancy behaviour),与此同时定义地表起伏槽波动跟随正态分布趋势。盾构深入推挖环节内,无法杜绝由此带来的其纵断层中的底层变形,由于盾构装置的工作深入开展,相应的变化趋势近似水上的水波一般往外扩散。

(1)横向地表沉降。盾构掘进带来的隧道横断层之上地表沉降槽波动趋势能够借助于 Peck 函数加以阐释。此函数评估地表沉降趋势与真实情况十分接近,很多专家按照相应地层参数的差异对 Peck 函数进行完善补充,构建得到各种优化后的函数,投入到各种土壤参数的盾沉降模型中去,Peck 函数表达式为

$$S(x) = S_{max} e^{\frac{x^2}{2i^2}}$$

式中,$S(x)$ 表示隧道的中轴线地段上的地表沉降数据;S_{max} 表示地表水平方向极限沉降数据;x 表示地表沉降槽。我们借助于宽度值 i 定义地表沉降槽趋势中宽度和两者内在联系,即

$$i = \frac{Z}{\sqrt{2\pi} \tan\left(45° - \frac{\varphi}{2}\right)}$$

式中,φ 指盾构隧道周围地层内摩擦角;Z 指盾构隧道埋深。

(2)地层水平位移。盾构在于挖掘环节将导致地表出现一定程度上的活动现象,对距隧道不远的住宅房屋和相应的地基造成相应程度上的冲击,最终作用于住宅的整体架构引发安全隐患。经观察分析沉降可被划成 5 个步骤。

①先行沉降:为从隧道施工层离开地表标准点存在较大路程(盾构装置中的刀盘抵达前接触面上 3~12 m)的情况下计算,截至施工层抵达标准点前由此引发的沉降,均为盾构推挖由于地底水平面下沉导致的。此类沉降一般被定义为因为基础有效上覆土层(overlaying soil)提高导致的集中、固结沉降。

②开挖层前的沉降以及隆起:为施工层离标准点很短路程(大概若干米)的情况下开始一直到施工层处在标准点正下方,两者内部导致的起伏情况,该

环节沉降是开挖层的破坏、盾构装置产生的冲击太强等因素导致的施工层土壤受力不均的后果。其属于因为土壤的应力受激或者盾构施工层的逆向土壤冲击力、盾构装置附近的摩擦力等多种因素的影响导致基础塑性波动的后果。

③盾尾沉降：为自施工面抵达标准点的正下方开始一直至盾构装置末端离开标准点截至此阶段导致的沉降现象，大致原因为土壤中各种类型的力的相互作用产生的后果。

④盾尾空隙沉降：为盾构装置的末端离开标准点的正下方开始导致的沉降现象，大致由于盾尾缝隙中土壤应力受激导致的弹塑性波动。

⑤后续沉降：为固结以及累积残余变形（residual deformation）的沉降现象，大致由于基础层中各种类型的力的相互作用产生的后果。

其中，第一步骤拥有总沉降程度的0%～4.5%的贡献度，第二步骤拥有总沉降程度的0%～44%的贡献度，第三步骤拥有总沉降程度的15%～20%的贡献度，第四步骤拥有总沉降程度的20%～30%的贡献度，第五步骤拥有总沉降程度的5%～30%。

2. 地面沉降控制分析

根据地面沉降机理，盾构掘进施工时采取相对应的措施和方法，对地面沉降进行控制，保证地面建构筑物的安全，以便盾构施工顺利实施。地面沉降控制措施和方法主要有针对现行沉降、开挖面前的沉降、盾尾沉降的预处理控制措施和盾构掘进控制措施，针对盾尾空隙沉降同步注浆控制措施，针对后续沉降采取的二次补注浆控制措施。

（1）预处理沉降控制措施。在盾构施工通过重要建筑物及管线，对沉降控制要求非常高，而地质情况复杂，通过掘进控制、同步注浆及二次注浆措施满足不了沉降控制要求时，通常采用预处理措施进行沉降控制，预处理主要有以下措施。

①地面注浆加固预处理，是当前施工中采取较多的一种方法，主要适合地面具备施工条件、地质条件适合的地层。

②洞内注浆加固预处理，是当地面不具备施工条件、地质条件不适合时采取的方法，该方法对工期影响较大。

③地层冷冻固结预处理，对地面沉降控制非常有效，但经济性差。

④回灌法，该方法补充岩土失水，保证地面稳定。

（2）盾构掘进开挖沉降控制技术。

①合理设置土压力值。掘进过程中，根据螺旋机实际压力、刀盘扭矩和千斤顶总推力及时调整设定土压力，确保正面的土压保持平衡，严格控制出土数

量,防止超挖。

②减少纠偏次数及纠偏量。在掘进开挖环节内,盾构操作手按照检测误差值机动改变盾构装置的掘进路线,极大限度下调误差,尤其必须要注意的是避免较大程度的变动,减少土体的扰动,从而保证盾构机平稳穿越。

③渣土改良土仓压力控制。通过盾构机配置的专用装置向刀盘面、土仓或螺旋输送机内注入添加剂,利用刀盘的旋转搅拌、土仓搅拌装置搅拌或螺旋输送机旋转搅拌使添加剂与渣土混合,其主要目的就是要使盾构切削下来的渣土具有好的流塑性、合适的稠度、较低的透水性和较小的摩阻力,以满足在不同地质条件下采用不同掘进模式掘进时都可达到理想的工作状况,保证出土的顺畅,土仓压力稳定,防止地面沉降及坍塌。添加材料大致包括泡沫以及膨润土,相应的比例以及添加量按照具体的施工参数和项目条件决定。

④提高监管力度,根据监测结果及时调整掘进参数,避免对地层造成大的扰动。

(3)同步注浆和二次注浆。

①同步注浆。借助于同步注浆技术调整控制地表沉降程度,必须注意浆液压力超过其静水和土壤压力相加值,兼顾最大限度灌注的条件下避免劈裂现象的发生。注浆压力太强,管片附近的土壤就可能随着浆液的相互作用导致后期地表和隧道主体的沉降,与此同时很可能导致跑浆现象的发生;另一方面如果注浆压力太弱,浆液灌注效率太低,灌注存在缺陷,将导致地表沉降程度提高。广泛采用的同步注浆压力相对于土壤压力超过 0.1～0.2 MPa,一般上部为 0.15～0.2 MPa,下部为 0.2～0.3 MPa,因地质、盾尾间隙、是否在曲线段等因素,注浆率有所不同。一般情况下,注浆率 1.3～2.5,并应通过地面变形观测来调节。

此方式是为了掘进施工开展后,通过盾构机自带的同步注浆系统进行同步注浆,立即灌注施工留下的空隙,按照盾构机设备的施工效率,采取各循环完成总注浆量进而平衡灌注,施工收尾即注浆过程停止。有效地控制地表沉降。

②二次补充注浆控制。同步注浆环节完成后,灌注的浆液于凝固的环节内将出现 1 个百分点上下的形状减小,另一方面由于浆液出现部分流失的情况,管片后面将出现空腔。正是因为空腔的出现,该地段的土壤很可能出现坍塌情况,随着围岩松动区间增加,将导致地表沉降、隧道上浮。借助于再注浆技术立即灌注管片后面的空腔,让地表失去出现变形的条件,科学地阻止地面活动、隧道上浮。

参考文献

[1] 洪开荣. 软硬不均与极软地层盾构处理技术 [M]. 上海：上海科学技术出版社，2018.

[2] 周质炎，温竹茵，戴仕敏，等. 道路盾构隧道穿越机场设计与施工技术——虹桥综合交通枢纽迎宾三路隧道工程 [M]. 上海：上海科学技术出版社，2018.

[3] 何川，曾东洋. 盾构隧道结构设计及施工对环境的影响 [M]. 成都：西南交通大学出版社，2015.

[4] 姚占虎，石振明，石新栋. 水下隧道盾构检测与维修技术 [M]. 上海：上海科学技术出版社，2019.

[5] 谢宝亮. 煤岩巷道盾构施工状态监测与预警系统的应用 [J]. 煤矿现代化，2021，30(3):151–153,156.

[6] 宋臣昭. 考虑盾构下穿施工影响的桩板结构参数优化研究 [J]. 国防交通工程与技术，2021，19(3):18–22,54.

[7] 韦猛，方中杨，柴冰冰，等. 砂卵石地层盾构隧道地表最大沉降量预测 [J]. 重庆交通大学学报(自然科学版)，2021，40(5):110–115.

[8] 刘建文，施成华，雷明锋，等. 差异变形下地铁盾构隧道结构动力响应研究 [J]. 振动与冲击，2021，40(9):212–220.

[9] 陈枰良，耿萍，陈昌健，等. 考虑接头正接触非线性的盾构隧道管片接头力学模型研究 [J]. 土木工程学报，2021，54(5):87–97.

[10] 乔泽源，李海鹏，孙双磊，等. 基于互联网+CIM 的工程管理一体化平台 [J]. 中国建设信息化，2021(9):62–65.

[11] 韩霖磊，张孟喜，吴惠明，等. 盾构隧道施工诱发地层变形特征的透明土模型试验 [J/OL]. 公路工程,[3][4][5]:1–7[2021–05–25].http://kns.cnki.net/kcms/detail/43.1481.U.20210513.1520.008.html.

[12] 黄君，刘军. 特殊煤层盾构式"三位一体"开采方式的研究 [J]. 煤，2021，30(5):1–3,23.

[13] 朱炜健，王德乾，廖剑平，等. 盾尾密封油脂的抗水压密封性能评价标准研究 [J/OL]. 隧道建设(中英文),[3][4][5]:1–9[2021–05–25].http://kns.cnki.net/kcms/

detail/44.1745.U.20210507.1621.006.html.

[14] 任磊, 朱颖, 崔天麟. 盾构超近距离侧穿铁路桥桩保护方案探讨[J]. 地球科学, 2021, 46(06):2278-2286.

[15] 卢泽霖, 王旭春, 冯磊, 等. 复合地层盾构隧道近距离下穿桥基施工控制技术[J]. 青岛理工大学学报, 2021, 42(2):10-18.

[16] 丁智, 何晨阳, 董毓庆, 等. 含气地层盾构施工引起的土体变形理论研究[J/OL]. 岩石力学与工程学报, [3][4][5]:1-14[2021-05-25]. https://doi.org/10.13722/j.cnki.jrme.2021.0158.

[17] 李翔宇, 李新源, 李明宇, 等. 基于实测数据的地铁隧道长期沉降预测模型研究[J]. 西安建筑科技大学学报(自然科学版), 2021, 53(2):186-193.

[18] 艾国平, 陈刚, 刘维正, 等. 地铁盾构隧道穿越既有桥桩及排水渠的施工影响与对策[J]. 现代交通技术, 2021, 18(2):68-74.

[19] 吕丁, 胡桂戎, 杨飞. 城市占道施工区域交通组织及安全保障研究[J]. 内蒙古公路与运输, 2021(2):48-54.

[20] 本刊编辑部. 工程动态[J]. 建设机械技术与管理, 2021, 34(2):8-9.

[21] 刘长荣. 综合管廊工程在市政工程建设中的技术研究[J]. 绿色环保建材, 2021(4):83-84.

[22] 刘堂. 新型胶轮机车运行方式在大坡度盾构隧道施工中的应用[J]. 中国建材科技, 2021, 30(2):108-109,35.

[23] 苟学登, 杨琛, 芮胜利, 等. 深厚软土地区地铁工程施工关键技术研究——以绍兴市轨道交通2号线一期工程土建施工4标段为例[J]. 中国建材科技, 2021, 30(2):122-124.

[24] 杨新强. 盾构隧道下穿既有隧道地面变形分析[J]. 中国建材科技, 2021, 30(2):140-141,139.

[25] 任瑞乐. 地铁盾构法施工地面沉降监测与控制[J]. 居舍, 2021(12):42-43.

[26] 黄强. 地铁中间风井隧道通风系统布置优化研究[J]. 建筑热能通风空调, 2021, 40(4):81-84,91.

[27] 张卫国. 地铁盾构隧道暗挖空推段管片上浮问题研究[J]. 低碳世界, 2021, 11(4):270-271.

[28] 宋晓峰. 海陆交互相复杂地层盾构机适用性研究[J]. 设备管理与维修, 2021(8):23-24.

[29] 邢慧堂, 王健, 黄永亮, 等. 隔离桩对不同埋深隧道邻近高铁桥桩的保护效果分析[J]. 隧道与地下工程灾害防治, 2021, 3(1):68-74.

[30] 杨定强. 一种地铁长大隧道洞内控制测量方法[J]. 天津建设科技, 2021,

31(2):18-21.

[31] 刘恒,周学彬,张宇,等.深圳市地铁盾构渣土利用与处置技术路径及管理策略优化研究[J].工程管理学报,2021,35(2):50-55

[32] 张照煌,纪玮,翁子才.锥面刀盘盾构主参数确定理论及模拟分析[J].机械工程学报,2021,57(11):243-255..

[33] 杨克形,董凌岳,刘涛,等.基于神经模糊推理法的复合地层盾构推力预测[J].北方交通,2021(4):71-74.

[34] 郭成祥.砂卵石地层地铁隧道下穿既有隧道影响分区与控制研究[J].路基工程,2021(2):51-58.

[35] 张珣.盾构近接施工对既有构筑物的影响[J].铁道建筑,2021,61(4):71-74,106.

[36] 付琪生.电力隧道下穿铁路沉降控制技术研究[J].铁道建筑技术,2021(4):32-36.

[37] 邵金超.大直径穿江泥水盾构干法接收关键技术研究[J].铁道建筑技术,2021(4):139-143.

[38] 赵峰.大盾构造价指标影响因素及测算体系研究[J].工程经济,2021,31(4):35-38.

[39] 曹明飞.盾构维护常用密封套装设计与分析[J].建筑机械化,2021,42(4):27-31.

[40] 卓旭炀,李立云.盾构隧道垂直下穿加油站的风险分析[J].交通科技,2021(2):105-108.

[41] 雷升祥,王飞,于介,等.浅谈黄土隧道未来技术发展[J].现代隧道技术,2021,58(2):1-7.

[42] 孙金鑫,钟小春,孙鹤明,等.砂卵石地层盾构带压开舱泥膜闭气能力研究[J].地下空间与工程学报,2021,17(2):445-452,460.

[43] 李二伟,郑兵,段艳飞.圆形隧洞现浇后张法无粘结预应力混凝土施工技术[J].云南水力发电,2021,37(4):165-170.

[44] 钱茂春,廖龙君,王良俊,等.地铁区间软土隧道复合式土压平衡盾构适应性改造技术[J].贵州科学,2021,39(2):102-106.

[45] 申婧.泥水分离系统关键设备选型的计算与探讨[J].居舍,2021(11):173-174.

[46] 杨悬.基于ANSYS的地铁盾构机刀盘扩径改造与加固设计[J].科学技术创新,2021(11):142-145.

[47] 李鹏飞.盾构近距离穿越地铁车站安全性评估及沉降控制[J].交通世界,2021(11):12-13.

[48] 刘飞，王腾，曹勇，等.盾构穿越既有地铁结构施工影响及保护研究[J].产业科技创新，2021，3(2):74-78.

[49] 杨君华.新能源锂电池牵引机车在长大隧道施工中的应用[J].中国设备工程，2021(7):25-27.